丛书主编　曾天山　陈才明

G20

国家教育研究丛书

韩国基础教育

索　丰　孙启林　著

同济大学出版社
TONGJI UNIVERSITY PRESS

图书在版编目(CIP)数据

韩国基础教育/索丰,孙启林著. --上海:同济大学出版社,2015.9
(G20国家教育研究丛书/曾天山,陈才明主编.第1卷,基础教育卷)
ISBN 978-7-5608-5925-5

Ⅰ.①韩… Ⅱ.①索…②孙… Ⅲ.①基础教育—研究—韩国 Ⅳ.①G639.312.6

中国版本图书馆CIP数据核字(2015)第182252号

G20国家教育研究丛书
韩国基础教育
索 丰 孙启林 著
责任编辑 陈佳蔚 **责任校对** 徐春莲 **封面设计** 王国樑 **出版策划** 曹 建

出版发行 同济大学出版社 www.tongjipress.com.cn
(上海市四平路1239号 邮编200092 电话021-65985622)
经 销 全国各地新华书店
印 刷 上海晨熙印刷有限公司
开 本 710 mm×1 000 mm 1/16
印 张 18
字 数 449 000
印 数 1—5 000
版 次 2015年9月第1版 2015年9月第1次印刷
书 号 ISBN 978-7-5608-5925-5
定 价 80.00元

G20国家教育研究丛书
基础教育编委会

丛书主编

曾天山　　陈才明

执行主编

王　素　　朱维炳

分册主编

（按姓氏笔画为序）

冯俊华　　刘定鸣　　朱俊红　　肖　京
杨　明　　郑武天　　郭晋保　　徐钦福
徐晓蓉　　曹　岩　　喻　进

特约编辑

（按姓氏笔画为序）

计　琳　　宋旭辉　　沈勉荣　　张国强
陆志丰　　顾晓寒

视觉设计

王国樑

统　筹

陈征峰　　顾根荣　　谢　震　　郑　伟

资　助

上海文帆教育科技发展有限公司

序

"G20国家教育研究"丛书已经部分出版了,这套丛书由基础教育、大学教育、职业教育及幼儿教育四卷组成,已经出版的是"基础教育卷"部分,是一套分量不轻的丛书。

这套丛书首先引起我关注的是研究对象。从国内外来看,把G20国家的教育作为研究课题,将世界教育的发展情况进行系统的、全面的、集中的比较研究的丛书,目前尚未发现。G20,即20国集团,由美、俄、英、法、德、日本、意大利、加拿大8个发达国家,加上中国、阿根廷、澳大利亚、巴西、印度、印度尼西亚、墨西哥、沙特阿拉伯、南非、韩国、土耳其11个新兴工业国家以及欧盟组成。G20总人口约40亿,GDP占全球经济的90%,贸易额占全球的80%。G20教育发展的情况,一定程度上代表了世界教育的发展趋势和方向。其发展过程中的得与失,可为中国的教育改革向纵深发展提供可资借鉴的经验。由此可以说,出版发行这样一套书很有必要,也应该关注。

这套丛书的构思,不拘泥于国别的研究,它把国别教育的变革与发展放在全球化、信息化的大背景下展开,并与国际教育潮流有机地结合起来,使本丛书具有21世纪的时代特征。

从国别教育(基础教育部分)所写的内容来看,是比较丰富多彩的。它既有史诗般的展开,又有现实改革中的各种举措;既有各国改革的共同关注方面,又有各国在改革中的重点、特点和亮点。编写的内容比较全面、系统,涵盖了招生考试制度的改革、学校管理、教师队伍的建设、课程设置和教育装备等诸多方面。

其次,编写基础教育部分的作者是中国教育科学研究院和部分高等院校的中青年理论研究者,他们都在所著书的国家生活、学习、工作过,了解、熟悉编写所在国的基础教育的状况及发展趋势。这是一件可喜的事情，我国教育理论队伍亟须不断壮大并注入新鲜血液，需要大量的新生力量参与，才会显得更有朝气、更有活力。我衷心希望这支队伍能真正成为有战斗力的教育理论队伍中的生力军。

第三，引起我关注的是此丛书可资借鉴的积极意义。当前，教育资源在全球进行配置，教育要素在全球加速流动，世界各国教育相互影响、相互依存的程度不断提高，各国教育相互交流、相互竞争、相互包容、相互激荡，共同促进世界的繁荣和发展。各国在人才培训目标的确定、教育内容的选择以及教育手段和方法的采用等方面，不仅要满足来自本国、本土化的要求，而且还要适应国际间产业分工、贸易互补等经济、文化交流与合作的新形势。各国都想充分利用国内和国际两个教育市场，优化配置本国的教育资源和要素，抢占世界教育的制高点，培养出在国际上有竞争力的高素质人才，为本国的最高利益服务。

党的“十八大”以来，习近平总书记对教育工作作出了一系列重要论述，深刻阐明了新时期我国教育改革发展的重大理论和实践问题，丰富发展了中国特色社会主义教育理论，这是推进教育事业改革发展的强大思想武器。这些重要论述揭示了教育的本质属性，阐明了教育在实现中国梦伟大征程中的重要作用和战略地位。

中国自古以来就是一个教育大国，先人为我们留下了极其丰富的办学、治学遗产，我们一定要把扎根于祖国大地的这份遗产中最精华部分传承、发扬、光大。只有坚持从历史走向未来，从延续民族文化血脉中开拓前进，才能做好今天的事业。

然而，要坚守传承民族教育文化精华，还必须要有国际视野。所以，我们必须坚持改革开放。深化教育改革要有全球的视野，海纳百川，兼收并蓄，吸收国际先进经验，为我所用，推动我国教育事业健康发展。当今世界各国无不把教育改革与创新作为应对时代挑战和提高竞争力的重要举措，“提高质量，促进公平，推动发展”已成为许多国家教育改革的共同主题。在各国教育发展过程中，没有哪国的教育发展不需要参考和借鉴其他国家的经验。为此，我们希望有一套丛书来全景式地展示世界各国教育的现状、改革举措和教育成果，为我们揭示世界教育的共同点，比较不同点，寻找各国教育改革得失的原因，提出可资借鉴的可行性建议，为我国教育工作者提供一套不出国门就能知晓全球教育的权威资料性丛书。我希望这套丛书能起到这个作用。

第四，此套丛书也是教师素养培训的好教材。如果说科教兴国是国家的基本国策，那么，教师就是教育事业之本。强国必强教，强教必强师，教育质量本质上是师资质量。一个庞大的教育体系，必须要有一支庞大且道德高尚、业务精良的教师队伍。因此，要加强教师的继续教育。在这里，我特别强调一点，要大力提倡教师多看书，多读书，阅读是教师职业的本能。有了教师大量的阅读，才能对学生进行“传道、授业、解惑”。尤其在今天这个知识不断更新的时代，更要不断吸收新营养，来充实自己。此套丛书可以拓展教师的眼界，为其教育、教学和科研工作提供可资借鉴的经验，吸收营养，加强理论修养，提高业务水平。中国知识分子历来有手不释卷的习惯，而现在很多年轻人却手不释“机”。我希望我们的教师能成为社会阅读的榜样，至少在学校里为学生做一个努力阅读的楷模。当然，我们所有的教育工作者都应该如此。

最后，我要感谢“G20国家教育研究”丛书的策划者、组织者、编写者以及出版者，感谢他们经过数年潜心研究，为我国基础教育推进国际化进程，融入全球化，加强国际教育文化交流，奉献了这样一套有时代意义的丛书。

郝　平

（作者为教育部副部长）

Brief Summary of 'Basic Education in the ROK'

The people of the ROK are actually the descendants of "Samhan" or the three tribal unions-Mahan, Jinhan and Byeonhan-in the late primitive society in the southern part of the Korean Peninsula. After being occupied by Japan in 1910, the people on the peninsula started the unyielding struggle until the invaders were driven out on August 15, 1945. Three years later, the Republic of Korean (ROK) was established in the southern part of Korean Peninsula.

Korea was under Japanese colonial rule for 36 years. After WWII, the southern economy was on the brink of collapse. In the early 1960s, the ROK government began to implement the export-oriented economic strategy and successfully accomplished four*Five-Year Economic and Social Development Plans*, achieving positive results and creating a "Miracle on the Han River". The ROK thus became one of the fastest growing economies in the world after the WWII.

There are various contributory reasons, but the contribution of education is fairly large. In the 1960s, the ROK government put forward the strategy of "developing the country by education" and mapped out the education development priority policy. In the mid-1960s, when its per capita GDP was still US $ 200, basic education had become universal. Entering the 1970s, efforts in popularizing the secondary compulsory education and promoting the secondary vocational education trained a large number of skilled workers for the "labor-intensive" industries. In the 1980s, its national strategy was shifted to "developing the country by cutting-edge technology", preparing intellectual resources for the technology-intensive industries. After entering the 21st century, the country launched the "Brain Korea 21 Project", bringing higher education to the popularization stage.

So, how does the ROK, a resource-poor country, exploit its human resources? How does it develop the basic education system? How does it work out and implement the education policy and development strategy? What can we learn from its practice? All these are what this book tries to explore and demonstrate. All in all, this is a book about the basic education development and reform in the ROK, written in a complete, new and in-depth manner.

目录

引言

韩国是个具有悠久历史和灿烂文化的国家，位于朝鲜半岛南部。据韩国学者考证，“韩”在韩国语中是“天空”“首领”“大”的意思。其民族起源于原始社会末期的三个部落联盟——“三韩”，即马韩、辰韩、弁韩。朝鲜半岛经过王朝的更替，到最后一个封建王朝朝鲜朝末期，于 1897 年改国号为“大韩帝国”，仅存 13 年。1910 年韩国被日本“吞并”，日本禁止使用“韩国”这一民族的称呼，并实施高压同化政策试图要铲除朝鲜（韩）民族。为抵抗日本的同化政策，朝鲜民族展开了不屈不挠的斗争。1919 年首都“汉城”（现称“首尔”）爆发了反日“三一”运动。后来，在上海成立了“大韩民国临时政府”，到 1945 年“八一五”光复后，在半岛南半部正式成立了“大韩民国”（简称“韩国”）政府。

第二次世界大战结束前，在长达 36 年之久的殖民统治中，韩国沦为日本的粮食、原料供应地和商品销售与资本投放的市场。二战后，日本技术人员大批撤走，工矿企业陷入瘫痪，加之南北分裂和朝鲜战争的破坏，致使濒临崩溃的韩国经济进一步陷入混乱，直到 20 世纪 50 年代末还没有明显的发展。60 年代初，韩国开始推行外向型的经济发展战略，成功完成了四个“经济社会开发五年计划”，经济取得了迅速的发展，创造了“汉江奇迹”，改变了过去那种贫穷落后的面貌，一跃成为战后经济发展速度最快的国家和地区之一。

韩国经济在短暂的时间里取得惊人的发展为世人所瞩目，其发展的原因是多方面的，然而教育在其社会经济发展中起到的作用举足轻重。在 20 世纪 60 年代，韩国就提出“教育立国”发展战略，制订了教育优先的政策。60 年代中期，当韩国的国民收入还处于人均 200 美元的水准时，就已经实现了初等教育的普及。在接下来的社会经济发展计划中，教育发展指标一直位于经济发展指标的前列。进入70年代,普及中等义务教育和发展中等职业技术教育的成果,直接为"劳动密集型"产业训练了大批熟练劳动者。80年代,韩国提出了"尖端科技立国"发展战略,提高大学入学率,为"技术密集型"产业准备了智力资源。进入21世纪,韩国又提出了"21世纪韩国智力"发展战略,大力开发人力资源,使韩国高等教育进入了"大众化阶段"。

那么,资源贫乏的韩国是怎样进行"人力资源开发"的?其基础教育制度是怎样发展与改革的?其教育政策和教育发展战略是怎样形成和发展的?从中可得到哪些启示?有哪些经验和教训可资借鉴?这是本书着力探讨与论证的。

本书内容共分十一章:第一章韩国基础教育发展概况,第二章韩国基础教育制度,第三章韩国基础教育课程,第四章韩国基础教育教学,第五章韩国基础教育质量评价,第六章韩国基础教育教师专业发展,第七章韩国学校内部管理制度,第八章韩国升学考试制度,第九章中小学道德教育,第十章韩国的社会教育资源与基础教育,第十一章韩国教育的特点及未来发展。

附录部分包括韩国基础教育学制图及著名学校的相关介绍。

第一章

韩国基础教育发展概况

第一节 韩国基础教育的历史沿革

一、韩国现代基础教育的起源与发展阶段

1. 现代学校的产生

韩国现代学校教育是从朝鲜王朝末期开始的。朝鲜王朝末期,国内社会动荡,在全国范围都有不断的农民反抗。国际上,欧美资本主义列强的商品市场及原料来源地扩张到亚洲,西学(天主教)开始在朝鲜半岛传播,原有的性理学思想影响力下降。这些都给朝鲜社会带来了巨大变化,最终在19世纪后半期,朝鲜王朝面临着不得不开放的局面,政府进行了一系列的改革(甲午改革)。[1]

在"国家的富强取决于教育的改革"这样的认识广泛被人们所接受后,朝鲜王朝建立了大批现代学校。朝鲜王朝末期,现代学校的设立由政府、民间及传教士三种力量共同完成,其中大多数的学校是由外国的传教士为传播基督教教义而建立的。

(1) 基督教会学校。由传教士建立的私立学校,其设立目的虽然是为基督教思想的传播,但在其教育活动中体现出的教育理念,如平等、自由及女子教育等,对韩国社会的现代化产生了重要的影响。最早由基督教传教士建立的现代学校是培材学堂、梨花学堂、敬新学校和贞信女子学校等。

这些教会学校的特征是:第一,传播基督教的民主主义思想,培养基督教的人才;第二,培养立足于自主精神的韩国人;第三,实施基于平等思想的教育活动;第四,实施现代式的教育课程;第五,建立了现代学制。

---

〔1〕[韩]韩国维基百科:韩国近代的教育[EB/OL].[2014-01-14]. http://ko.wikipedia.org/wiki/%ED%95%9C%EA%B5%AD_%EA%B7%BC%EB%8C%80%EC%9D%98_%EA%B5%90%EC%9C%A1.

(2) 国家设立的学校。教育对象主要为当时高级官僚的子弟，经考试合格后入学。1894 年的甲午改革时期，改革政府提出了教育改革的任务，1895 年 1 月通过衙门告示，强调了英才教育的迫切性，阐述了设立小学与师范学校来培养人才的意向，在《内政改革方案》纲目第 5 条中对教育制度作出了规定。

国家建立的各级学校所具有的共同特征是：第一，确立小学、中学、专科学校及大学相连的教育体系；第二，实施现代先进国家的教育课程；第三，作为国民教育，初等教育被确立为义务教育的基础；第四，制定了机会均等的原则，为推进民主化作出了贡献；第五，在学科教育中鼓励外语教学。

(3) 民间设立的私学。开办私学的目的主要是启蒙当时不接受新教育思想的民众，希望通过"教育立国"唤醒民族自觉。1905 年前后民族的自觉升华为教育救国的理念，开展了推进民族教育的国民运动。1905 年到 1910 年间共成立了 5 000 余所私学机构，但依据 1908 年的私立学校令，许多私学被关闭了。

民间开办的这些私学的共同特征是：第一，培养恢复国民意识的民族运动家；第二，提高排斥日本的民族意识；第三，通过课外活动宣传民族意识；第四，通过教育实践进行抗日运动。

甲午改革后与官、公立学校相比，由民间人士设立的私立学校的发展更为活跃。从 1895 年到 1909 年建立了许多私立的学校，这些私学的建立在促进民族的觉醒及培养立志于"教育救国"的人才方面作出了重要贡献。1905 年以后，民间人士建立的私学与当时进行的"开化运动"相配合，充分体现出要求恢复国权的民族意识，对青年人进行开化教育。比较有名的民间私立学校包括李容翊建立的普成学校，南宫亿建立的岘山学校等。当时，所有这些私立学校的建校理念都大力宣扬民族意识，力图通过新知识启蒙来恢复国家的主权。近代私立学校教育活动所体现出的共同精神包括：培养恢复国权的民族运动领导者；通过反日、爱国的教学科目大力宣扬民族意识；通过课外活动培养学生的爱国思想。

2. 日本占领时期的基础教育

从 1910 年签订《日韩合并条约》开始，韩国成为日本的殖民地。

日本妄图把殖民地与本国统合为一个国家，采取很多措施抹杀殖民地居民的民族意识与民族文化。在教育方面，一方面限制民众接受教育的机会以防止民族意识的宣扬，另一方面又在某种程度上扩大教育机会以强加日本的皇国意识[1]。朝鲜总督府在1911年8月发布《朝鲜教育令》，开始全面推行殖民地教育政策。《朝鲜教育令》是以体现日本军国主义教育精神的《教育敕语》为基础制定的，因此，其目标就是培养日本的“良民”。为了达成这样的殖民地教育目标，把朝鲜的教育限定为普通教育与职业教育，根本就不包括高等教育。《朝鲜教育令》中引入了差别化的学制，对朝鲜人和日本人实施不同的教育。在朝鲜的日本人和朝鲜人学校的名称不同，修业年限及教学内容也差别。而且在人口比例上，日本人学校的数量明显要多于朝鲜人学校的数量，教育预算也分开制定，日本人的人均经费要远高于朝鲜人的人均经费。

1920年，朝鲜人的人口为1 700万，为朝鲜人设置的小学有484所，学生数不过84 000人。与此相反，当时有33万日本人居住在朝鲜半岛，但为日本人设置的小学有393所，就学人数42 000人[2]。这一差别在中等教育阶段也是巨大的，当时朝鲜人就学的高等普通学校与实业学校总共只有28所，就学学生3 800人。但日本人就学的中学有19所，就学学生4 700人。

(1) 日本占领时期的初等教育

日本占领时期，朝鲜人与日本人的初等教育是分别实施的。日本人的初等教育采用与日本本土同样的学制，是中等教育的预备阶段，在六年制的小学中实施，学生免费入学。

对于朝鲜人的初等教育在普通学校中实施，修业年限仅为3～4年，教学科目以国语(日语)为主，其他科目包括修身、算术、朝鲜语，教学时间每周要比日本小学少3～8小时。教育目标是培养顺从殖民统治，具有适应殖民地产业发展所需要的低级劳动力。而且，普通小学不是义务教育，学生家长要负担学校运营经费的一部分。朝鲜总督府从1918年开始实施在每3个面(基本的行政区划单位)设置1所普通学校的政策，到1920年，全国普通学校的数量只有638所，入学率只有3.9%。

---

[1][2] [韩]韩国维基百科：韩国近代的教育[EB/OL]. [2014-01-14]. http://ko.wikipedia.org/wiki/%ED%95%9C%EA%B5%AD_%EA%B7%BC%EB%8C%80%EC%9D%98_%EA%B5%90%EC%9C%A1.

1922 年，总督府对教育令进行了修订，多少缓和了朝鲜人与日本人之间在初等教育阶段的差别。如普通学校的修业年限可以延长到 6 年，把朝鲜语作为必修的科目，吸引朝鲜人进入官立、公立的学校学习。学校的教学科目也比以前多样，除修身、国语、算术外，还包括了国史、地理、理科、职业科及图画等。在修订教育令的同时，朝鲜总督府还推行了扩大了普通学校设施的政策。从 1928 年开始推进在每个面设置 1 所普通学校的政策，普通学校的数量大幅增加，但到 1936 年，入学率也仅为 26%。

1938 年，总督府再次修订了教育令。普通学校的名称改为小学，进一步加强了与“皇国臣民化”相关的教学科目，提高了国语、国史、修身及体育在教育课程中所占的比重。同时，把朝鲜语从必修科目改为选修科目，并且引导许多学校不选择朝鲜语这一科目。二战时期，朝鲜总督府在 1943 年又一次修订了教育令，完全取消了原来作为选修科目的朝鲜语，在学校中禁止使用朝鲜语。同时，把学校作为战争动员的一个环节，加强了对学生的军事教育及各种劳务动员。

小学的教师大部分是朝鲜本土师范学校的毕业生及日本师范学校的毕业生。在占领初期，大部分的教师来是日本师范学校毕业的日本人，1920 年以后，朝鲜人师范学校的毕业生到普通学校中担任教师的逐渐增多。

(2) 日本占领时期的中等教育

与初等教育一样，实施人文教育的机构在朝鲜人与日本人之间是具有差别的。日本人就学的学校称为中学校，朝鲜人就学的学校名称为高等普通学校，实际是中学，这两种学校是完全不同级别的学校，比初等教育阶段的差别更大。

日本人就学的中学，学制为 5 年，教育内容与日本本土的中等教育课程相同。当时的中等教育不属于义务教育阶段，入学时要经过考试，入学竞争率在 2∶1 至 4∶1，远低于朝鲜人高等普通学校。在朝鲜令制订初期，朝鲜人就学的高等普通学校的修业年限为 4 年，当时朝鲜半岛共有 24 所官、私立高等普通学校，在校学生 1 万名左右，就学率为 0.045%左右，是非常低的。这样，日本统治者极力压缩作为高等教育预备课程的中等教育，从根本上切断了朝鲜人继续接受高等教育的机会。

四年制高等普通学校的教育内容也根本无法与日本人的中学相比。由于当时的普通学校是四年制，高等普通学校的教育不是真正的中等教育，而只相当于普通学校教育的延长，即高等普通学校的一、二年级只相当于日本小学五、六年级的课程。当时朝鲜内的高等普通学校毕业水平被认定为等同于日本的小学毕业，所以如果去日本的大学或专科学校留学，就只能进入国内唯一的一所师范学校进行预科的学习或重新进入日本的中学学习。

1922年朝鲜教育令修订后，取消了高等普通学校与中学在修业年限及课程设置方面的差别，为扩大朝鲜人接受中等教育的机会，增加了高等普通学校的定员，并颁布了增设高等普通学校的政策。但是，由于只增加了原有学校的定员，几乎没有增设新的学校，学生入学的竞争依然激烈，普通学校的入学竞争率在10∶1左右，京城第一高等学校及平壤高等学校等所谓名校的入学竞争率达到40∶1左右。

1938年对教育令的再次修订把高等普通学校及女子高等普通学校的名称改为中学及高等女子学校，和日本人学校的名称一致。1943年第三次修订中，把中学及女子高等学校的教育年限缩减到4年，对教学科目与时间也做了大幅调整，许多科目被废止了，使学校变为劳务动员及学徒兵的培养基地。

整个日本占领时期，由于朝鲜总督府实施差别化的殖民教育政策，朝鲜半岛教育的发展受到很大的限制，受日本教育的影响非常深，其痕迹在21世纪的韩国教育中仍有残留，如学阀主义、学历差别、学校间的差别及中央集权的教育行政体制等。

二、第二次世界大战后义务教育的普及阶段

二战结束后，韩国实行小学和初中的九年制义务教育，到1999年4月，小学就学率为98.3%，初中的就学率为99.9%，基本实现了中等教育的普及。二战后韩国义务教育的发展主要经历了以下五个阶段：

1. 义务教育的萌芽期（1945—1952）

光复以后韩国的学龄儿童中，未就学的儿童数达320万人，在这种情况下向儿童提供保障教育的条件和制度上的措施是摆在政府面前的紧迫课题。

1948年8月制定并公布的《大韩民国宪法》中明确规定:“全体国民有平等地接受教育的权利。至少初等教育应是义务的、免费的。”这为义务教育制度的实施提供了法律基础。1949年12月31日颁布的《教育法》也规定:“所有国民有接受六年制初等教育的权利,国家和地方公共团体为了义务教育的实施,要设置、经营必要的学校,学龄儿童的监护人有使其保护的儿童接受初等义务教育的义务。”这样,进入国民学校学习成为所有国民必须承担的义务,也提供了促进适龄儿童就学的法律的基础。

《教育法》中还规定:“所有国民有使其保护的子女从6岁以后的第一学年到满12岁时为止就学的义务”“企业经营者不能因雇用学龄儿童而防碍其接受义务教育”。《教育法》中也包括了筹备义务教育财源的措施——教育税附加条款等。

韩国文教部(现在的教育部)起草了以1950年6月为起始年度的义务教育六年计划,宣布对1950年6月1日达到就学年龄的儿童开始实施初等义务教育,但由于朝鲜战争的爆发而被迫中断。其后随着1952年《教育法实施令》的颁布,正规的义务教育开始实施。

2. 义务教育的初步发展期(1952—1960)

韩国于1952年6月开始实施地方教育自治制度,以此为契机,义务教育进入正常发展的轨道,文教部制定义务教育六年计划(1954—1959)。义务教育六年计划的主要目标是把目标年度的学龄儿童入学率提高到96.13%,新建教室以补充不足,保证所需的教育经费(表1-1)。

此计划的实施结果是到1959年,适龄儿童的就学率达到了96.4%,超额完成了原定目标,但教师队伍的扩充由于所需财源的不足而没有达到原定目标。

义务教育六年计划虽然只不过是单纯的数量性计划,但基本上完全按计划实施,构成20世纪50年代义务教育政策的主线。当时的政府为了完成义务教育的目标而全力以赴,在这期间的文教预算中,义务教育费的比重达75%以上,特别是1960年的文教预算中义务教育费的比重超过了80%。这一计划可以说是韩国教育计划中执行得最成功的。

表 1-1　义务教育完成六年计划的目标和实际成果[1]

年度	学龄儿童就学率		教室建筑物(室)	
	目　标	实际成果	目　标	实际成果
1954	88.44%	82.52%	5 924	457
1955	91.76%	89.59%	5 929	7 062
1956	93.47%	89.92%	6 569	—
1957	95.84%	91.11%	6 269	2 923
1958	96.00%	92.54%	6 051	3 758
1959	96.13%	96.64%	5 654	2 840

3. 义务教育收容能力的扩充期(1960—1970)

朝鲜战争以后,韩国的生育高潮到来,就学儿童的绝对数大量增加,加上因战争造成的校舍大量被毁,扩充收容能力和改善教育条件就成为当时重要的教育课题。韩国从 1962 年开始实施的经济发展五年计划,其中包括了义务教育设施扩充计划,并在这些方面取得了很大的成效。1967 年,为了改善岛屿、偏僻地区的教育条件,文教部又制定了《岛屿、偏僻地区教育振兴法》,以寻求地区间教育的均衡发展。

由于要恢复被毁坏的设施和推进义务教育六年计划,教育财政的需要增多了,因此于 1958 年制定并颁布了《教育税法》和《义务教育财政交付金法》。教育税法确实保证了义务教育财源。1953—1957 年间,文教预算在政府预算中所占的比重不到 10%,但在《教育税法》制定和颁布后的 1959 年和 1960 年占到了 15%。这两项法律使 20 世纪 60 年代韩国的教育财政大幅度提高,为义务教育收容能力的扩充作了很大贡献。同时,在 1961 年,培养初级教师的机构——师范学校被改编为相当于二年制初级大学水平的教育大学,为培养优秀的初级教师打下了良好的基础。

为了配合经济发展五年计划和改善义务教育的条件,在 20 世纪 60 年代推行了两次扩充义务教育设施的五年计划。第一个扩充义务教育设施的五年计划是从 1962 年至 1966 年,以修缮老化的教室和新建教室为目标。为配合第二个

[1] [韩]文教部. 文教四十年史[M]. 首尔:韩国文教部,1988.

经济发展五年计划而实施的第二个扩充义务教育设施的五年计划，则以完全解决教室的不足、改建老化教室、保证义务教育财政的来源、缩小班级规模、免费供应教科书等为目标。大力推行扩充义务教育设施的五年计划的结果是，超额完成了增设学校和新建教室的任务。到1971年几乎消除了教室不足的现象，除了大城市的低学年还有二部制教学以外，全国的二部制教学基本上消除了。教员的确保率在1970年也达到了法定标准。

4．义务教育的充实期(1970—1980)

从1969年开始实施的中学免试入学制度是以中学的均衡化和扩大收容能力为目标的。为了实现中学的教育水平均衡化，政府关闭了所谓的一流中学，在教师、设施、财政等的均衡化方面倾注了很大努力。为了扩大中学的规模，新设了377所学校，新建了8 579间教室，增加了11 515名教师。中学的免费入学制带来了国民学校教育的正常化，学生从课业负担中解放出来，使精神和身体得到正常发展。而且由于扩大了中学的收容能力，中学教育达到准义务教育化，为全面的中等义务教育奠定了基础。

进入20世纪70年代，仍持续进行对教育内容和方法的改革，如1972年的教育课程改革和韩国教育开发院推动的教育体制的研究开发、通过示范活动进行的提高学业成绩的努力等。继续努力推广教科书的免费供应，岛屿、偏僻地区的所有儿童和一般地区的一部分儿童开始享受免费待遇。到1975年有65.4%的儿童享受免费的教科书，1979年实现了全部免费的目标。

1970年2月，文教部发表了“学校育成会”运营方针和准则，把“后援会”“师亲会”“期成会”等后援组织统一为育成会并形成制度。所谓“育成会”是由学生家长为学校捐款办学的组织形式。根据义务教育的免费原则，从1972年开始逐年推进育成会费向国库的转换，到1979年除汉城等6个城市外，国民学校中的育成会费全部被废止了。

1971年末公布的地方教育财政交付金法把义务教育财政交付金法和地方教育教育税法统合起来，实现了地方教育财源的一元化。

总之，在20世纪70年代以后，提高了学业完成率，扩大了教科书的免费供应范围，阶段性地推进了育成费的国库转换，并开始提供学校午餐，更具实效地推进了小学的义务教育。

5. 奠定初中义务教育基础的时期(20 世纪 80 年代—90 年代中期)

进入 20 世纪 80 年代,虽然还存在班组人数过多和学校规模过大等问题,但韩国的初等义务教育已经完全普及了,初中义务教育的普及问题开始提到日程上来。特别是由于 1971 年全国扩大初中免试入学制的实施,使初中入学率急剧提高,已经为实施初中义务教育打下了基础。因此,在 1984 年新修订的《教育法》中规定:"所有国民都有接受六年制初等教育和三年制中等教育的权利",奠定了实施初中义务教育的法律基础。初中义务教育的实施,采取了按地区、分阶段地扩大的方法,免费的范围也要逐渐地达到完全的普及。1985 年,韩国公布了《关于实施初中义务教育的规定》,决定首先从经济困难的岛屿、偏僻地区居民的子女开始实施初中义务教育,再向邑、市地区推行。由于财源不足,在推行初中义务教育的过程中遇到了很大的困难,所以其最终完成普及的年限也一再顺延。到 1990 年,全国接受免费义务教育的小学在校学生人数为 486.9 万人,小学费用占地方财政总额的 45.4%,而初中的就学率虽然在 1987 年就已达到 99.9%,但到 1990 年,包括特殊学校的学生,在岛屿、偏僻地区接受免费义务教育的学生约有 19 万人,只占全国初中学生的 8.3%。

20 世纪八九十年代是韩国经济的高速增长期,韩国频繁进行教育改革以适应韩国经济发展的需要。随着 1980 年 7 月 30 日《教育正常化及消除课外补习过热现象法案》的颁布,韩国拉开了新时代教育改革的大幕。这一时期的义务教育从量的扩张迈入质量的提高阶段,缩小了教育条件的地方差距,初步实现了义务教育在入学机会、教育环境、教师资源方面的"平等"。

首先,学校设施和教育环境的进一步改善。学校设施和教育环境改善的主要内容是降低班级人数、减少超大型学校,彻底消除二部制教学模式等。仅在 1982 年至 1986 年间,韩国为消除超大规模班级增设 7 637 间教室,为消除二部制教学增设 3 340 间教室,为消除超大规模学校增设 2 134 间教室。[1] 其次,

---

〔1〕 姜英敏.从"平等"到"追求卓越"——浅析韩国义务教育理念变迁[J].比较教育研究,2008(12):62-66.

部分地区义务教育年限的延长。20 世纪 80 年代初,韩国开始为经济不发达地区的学生延长了义务教育年限。在颁布了《关于实施初中义务教育的规定》后,率先在全国的岛屿、僻地实施初中阶段的免费义务教育。此后,义务教育实施范围逐渐扩大,1994 年全国中学生的 25.4%(即约 64 万人)成为免费义务教育的实施对象。[1]

三、在公平的基础上追求基础教育质量的阶段:注重英才教育(20 世纪 90 年代后期至今)

二战后,韩国经过 50 余年的时间完成了九年义务教育的完全普及和教育环境的完善,贯彻了"平等"理念。但是,韩国义务教育的问题也随之凸显出来。激烈的升学竞争给学生的身心带来了巨大影响,而由竞争引发的私人教育经费逐年增长,更是给学生及其家庭乃至全社会都带来了巨大压力。另外,全球化的趋势使教育面临国际竞争的态势,要求韩国做出反应。在这样的大背景下,进入 21 世纪的韩国在基础教育方面提出了"追求卓越"的口号,试图实现教育发展理念的转换。

韩国于 1995 年颁布了"5.31 教育改革"方案,开始推进一系列初中等教育改革。改变以背诵为主的、整齐划一的教育,建构以培养学生个人素质、想象力和人格为中心的多样化教育模式;从施教者中心的教育转变为教育消费者为中心的教育;从管制为中心的教育转向自律、义务为中心的教育;教育制度的实施过程中注意调节"平等"与"卓越"之间的平衡等。2006 年,韩国颁布 2006—2010 年的《第二次国家人力资源开发基本计划》,进一步提出要"建设学习型社会,成为人才强国",在人力资源领域的国际竞争中达到前 10 位的目标。基础教育阶段的改革政策包括学制系统改革、在全国 50%的中学设置流动教学班、导入早期入学和早期毕业制度、强化英语教育、积极开发英才鉴别和教育项目、实施"放学后学校"教育等。

---

[1] 姜英敏.从"平等"到"追求卓越"——浅析韩国义务教育理念变迁[J].比较教育研究,2008(12):62-66.

所有追求教育质量的政策措施中，最令人关注的是英才教育的实施。1996年起，韩国教育部指定韩国教育开发院为英才教育中心，负责开发辨别英才的测量工具及学习资料。1999年12月28日，《英才教育振兴法》在国会得以通过，这为英才教育提供了法律保障。

《英才教育振兴法》第1条对英才教育的目的做了明确规定："本法的目的在于，根据《教育基本法》第12条及第19条的规定，早期发掘优秀人才，启发其与生俱来的潜力，通过实施跟其能力与素质相适应的教育，以达到个人的自我实现，寄希望于国家和社会的发展。"[1]《英才教育振兴法施行令》第12条规定，英才教育的对象是在"特定学科或特定领域"，以及"艺术和体育领域"中被认定具有一定水平以上的优秀人才或具有潜在能力的人才。

《英才教育振兴法》对实施英才教育机构的职责做了明确规定，在"为实施英才教育，国家可以将高中课程以下的各级学校中的一部分学校指定或转换为英才学校，或重新设立与经营英才学校"（第2条）；"为实施英才教育，国家或地方政府可以在高中课程以下的各级学校中将学科领域的整体或一部分设置与经营为英才班级"（第6条）；"市道教育厅、大学、国立与公立研究所、政府出资机构以及科技、艺术、体育等相关公益法人可以设置与经营英才教育院"（第8条）。基础教育阶段英才教育的实施模式主要有两种：特殊目的学校的英才教育（英才学校）及一般学校的英才教育（英才班级）。

1. 特殊目的学校的英才教育——英才学校

根据《英才教育振兴法》，英才学校只能在高中实施。所谓特殊目的高中是指"以特殊领域的专业教育为目的的高中"（《初、中等教育法施行令》第90条），由市道教育厅决定入学者的选拔、预算、教员配置、教育课程运营、学校评价等全盘教育活动。它共有9个系列，是培养包括工业类、农业类等实业学校在内的特殊领域专业人才的学校。也就是说，并非所有特殊目的高中都是英才教育机构。一般而言，科学、外语、艺术、体育这4个系列的学校被认定为英才教育机构。其中，科学高中和体育高中都是公立高中，外语高中和艺术高中多数是私立

---

〔1〕 刘继和，赵海涛. 韩国英才教育制度及启示[J]. 比较教育研究，2012(12)：59-63.

高中。

例如,釜山科学高中是2002年全国唯一一所作为“科学英才高中”被指定的有名的教育机构。与其他科学高中不同,釜山科学高中不采用学年制,不受韩国教育部管辖,在教育课程、教员录用、学生招募、先进仪器设备的购置等方面,它接受科技部的支援。其最大优点是,拥有优秀的教师指导团队,教育设施完善、课程计划灵活,学生能专心学习自己关心的理科或数学,确保学生升入大学。

2. 一般学校的英才教育——英才班级

一般学校的英才教育分为两种类型:英才班和跳级或越级入学制度。自1996年起,在一般学校中开始实施早期升学与早期毕业制度和小学5岁早期入学制度。尽管社会对此有批判声音,但政府坚信有必要早期发现英才并使其接受相应的教育。当初有人担心早期入学儿童中会有不少不适应的儿童,但韩国产业信息院研究结果显示,早期入学的儿童因年龄差异导致知识与发展进度的差异并不显著,不适应的儿童很少,学校生活大体上是成功的。现在,接受英才教育的小学生和初中生人数约4万人,占总体人数的0.5%。此外,国际数学奥林匹克等各种竞技考试也算是一般学校英才教育的一种。

韩国英才教育在课程的设置上,不局限于某个特定的领域,不教授单一的教育内容。英才学生与普通学生相比,成就水平更高,情趣更为多样,具有一定的专业性和独特性,对关心的主题、特定的问题愿意进行持续的研究,并将所学知识运用于问题的解决中。因此,英才教育课程设置可以不考虑学生的学年、年龄,但是,它必须要为学生提供高水平的学习内容,给他们自由发展的空间。

韩国英才教育课程的具体内容可归纳如下:考虑到英才学生们的特性,通过速进与深化,推行有深度的学习。为此,小学四、五、六年级的课程,可以缩短为2年完成,初中由三年制可缩短为二年制,课程内容引入了基本课程、深化课程和选修课程的课程体系。其中,基本课程中包含了公民共同基本课程的所有课程,这一部分课程通过缩短和加快进度来完成;深化课程以语文、社会、数学、科学、英语五个科目为中心组成;选修课程中除了正规课程以外,考虑到英才学生的兴趣和需要,设置众多的选修课,让学生自由选择。由上所述,英才教育的课程由基本课程、深化课程和选修课程三种类型构成。

而科学英才学校的课程设置则包括：学科领域、研究活动和特别活动。其中学科领域分为必修、基本选择和深化选择三部分，包括一般科目和专门科目，共145学分；研究活动包括自主研究20学分，委托教育10学分，共30学分。此外，还与国内外的大学建立合作制度，主要以课题研究的形式进行；特别活动分为俱乐部活动和志愿者活动，3年之内各自在120小时以上（即每年在40小时以上）。[1]

《英才教育振兴法》还规定，为审议英才教育重要事项、英才教育机构的指定与设置认可以及取缔等事宜，专门设置中央英才教育振兴委员会以及市道英才教育振兴委员会。并表明，英才教育是“国家的任务”(《英才教育振兴法》第3条)，从英才教育综合计划的制定到英才教育教员的任用与研修、英才判别方法的开发、英才教育内容与方法的改善等都属于国家事业范围。总之，在英才教育振兴法的框架下，英才教育机构受国家直接或间接的干预。

“英才教育”改革的一项长远目标，是建构一个终身学习的社会。韩国英才学生的职业规划教育是韩国“英才教育”改革中非常关注的一项内容，职业规划教育中更多地体现学生对于社会真正贡献的教育。韩国政府的“英才教育”改革中的英才教育并非仅是在传统的教育地点——学校课堂进行，更多是在课堂以外的其他场所以非传统的教学方式获得，例如实验室、图书馆、博物馆、研讨会、社会实践等。所以，韩国政府的“英才教育”改革倡导教育设施向社会开放。

由于“英才教育”改革的实施，韩国的基础教育质量得到了很大提高。最近的PISA测试结果表明，韩国学生的数学和科学成绩在经济合作与发展组织(OECD)成员国中名列前茅，在阅读成绩方面也取得了巨大的进步，远远高于OECD国家的平均水平。此外，韩国学生不仅成绩优异，而且成绩分布均衡。[2]

---

[1] 王金玲，张春莉，朴昶彦．韩国的英才教育及其启示[J]．天津师范大学学报(基础教育版)，2011(10)：59-63.

[2] 王海丰．“平准化教育”和“英才教育”之争——韩国基础教育改革的启示[J]．天津师范大学学报(基础教育版)，2013(4)：61-63.

第二节　基础教育的均衡发展现状

二战以后，韩国的基础教育发展迅速，但地区之间发展不平衡。追求教育质量的同时如何追求教育公平，是世界各国教育改革与发展的一个主题，OECD面向其成员国所进行的国际学生学业测评（PISA 2000，PISA 2003）结果显示，韩国学生不仅成绩极为优异而且学生成绩的均衡度极高，韩国在2005年基础教育各阶段的学生入学率就已达到或接近了100%[1]，这是韩国重视教育均衡发展，努力促进教育公平的结果。

一、"平准化教育"政策的实施

20世纪70年代以前，韩国的教育在不同地区之间、城乡之间，由于教育资源分配、师资力量分配等的不均等，有很大的差异。当时的中小学校被分为三六九等，教育资源配置失衡，学生择校现象严重，学校间竞争十分激烈。在各类择校现象中，由于设备、课程、教师以及学校其他方面的资源不公，往往造成家长学生等社会投入的资源以及学校资源和学生资源交互作用而形成无形资源的累积性不公，从而造成义务教育阶段学校与学校之间的差距进一步拉大。为了解决升学竞争激烈问题，缩小学校间的巨大差距，消除择校之风，公平配置教育资源，韩国政府推出了"平准化教育"政策。

"平准化"，是指"平等"的标准，"平准化教育"，是指中小学教育质量在达到标准、均衡的基础上实现统一和公平。"平准化教育"政策的最终目的就在于消除学校间、区域间教师水平及教育设施设备等资源配置上的差异，提高学校教育

〔1〕 皮拥军．OECD国家推进教育公平的典范——韩国和芬兰[J]．比较教育研究，2007(2)：6-10．

的质量。为此,韩国撤消了一批"名牌中学",对"不利学校"增加教育拨款,大力改善其办学条件;实行教师流动制度,教师在一所学校每工作4年就要流动到其他学校,以确保学校师资水平的均衡;对学生进行综合评分,各学区内由计算机随机确定适龄儿童的就读学校。

同时,还对升学制度进行了相应调整,韩国于1968年取消初中入学考试制度,初中招生改为按区域抽签分配的制度,不给学生选择学校的余地。从1974年开始推广高中阶段的"教育平准化"改革,初中毕业生经国家会考合格者可按区域通过抽签办法决定就读的高中。经过几十年的实施,"平准化教育"政策在一定程度上缩小了学校之间的差距,缓解了社会各阶层在择校问题上的矛盾。据2007年9月韩国教育人力资源部对学前教育、中小学教育的普查结果,2007年,小学、初中和高中的入学率分别为99.3%、96%、91.3%,升学率分别达到99.9%、99.6%和88.2%[1]。

但高中阶段"平准化"政策的实施也带来了一些消极的影响,如因教师定期轮岗和学生随机就近入学,学校难以秉承一贯的办学理念和办学特色;由于学生入学的随机性导致课堂教学平庸化,学生学习能力下降;学生选择适合自己的高中教育的机会受到限制。为此,韩国自20世纪90年代以后,教育改革的重心从均衡转移到质量,开始建立更多"特色高中"供学生选择。

二、教师轮换制度

20世纪70年代,韩国中小学校的教育质量差别明显,学校间师资水平严重失衡是形成学校间差距的一个重要原因。岛屿、偏僻地区及农村、渔村等地区学校教师队伍的水平远低于城市特别是大城市教师队伍的水平。为了促进城市与岛屿、偏僻地区及农村、渔村等地区学校教师水平的均衡发展,韩国政府规定,每隔4~5年,教师都要在本地区学校之间进行轮换,对于包含偏远农村地区的道行政区,教师在城市工作的时间可以是8年或10年,之后他们将轮换到农村学

---

〔1〕 李震英.韩国教育公平政策走向[J].基础教育参考,2010(1):28-31.

校工作3～4年。[1] 通过这种教师的轮换制度来保证各学校之间特别是城乡学校之间师资水平的均衡发展,避免城市教师过剩而边远地区师资缺乏的现象。

在韩国《教育公务员人事管理规定》中,对教师的轮换制度做了明确规定。在第18条中规定:"为了防止所属公务员在同一职位上长期工作而带来的倦怠,任用管理者每年要制定轮换的计划,使教师进行校际间的轮换。"

轮换的对象为在规定期间内在同一职位工作的教育监或学校的校长、教师。轮换要最大限度地保障教师在其生活区域或自己希望的区域内工作,同时保证轮换任用的公正性,这样才能激励教师的士气,确保其生活的安定。

教师轮换分为定期轮换与非定期轮换。定期轮换是指在任用者规定的期间内,以在同一职位的工作者为对象来实施的校际间轮换,定期轮换一般为5年。只有在特别必要的时候,才可以延长规定的轮换期限。教育公务员在进行定期轮换时,除任用者规定的特别情况外,教育公务员的工作成绩必须达到"优"。非定期轮换是指当管理者认为轮换特别必要的时候,在同一职位上的工作时间还没有达到定期轮换的规定时提前进行的轮换。

韩国中小学教师轮换制度经过长期的实施,已经形成了一套规范、有序的操作程序,且轮换过程十分透明。其流动程序一般如下:

第一,每年由各道教育厅根据本地各校教师余缺具体情况制定和发布教师轮换政策。第二,教师本人提交申请材料。在一所学校任职达到规定年限而要流动的中小学校长、校监和教师提出参与流动的申请材料,表达轮换意愿,每个教师可以向道教育厅提出4所自己希望去的学校。第三,计算流动分。流动分是教师定期流动时考虑是否满足其意愿的主要依据,是对该教师近几年工作经历和工作业绩的综合评价,流动分由工作经历分、工作业绩分和特殊加分三部分组成。第四,道教育厅决定教师流动的学校。道教育厅主要根据教师流动分,同时考虑其居住地和个人意愿决定教师流动的学校。

韩国中小学教师的定期轮换也体现出对教师个体的关怀,教师可以因为工作特长及家庭因素提出申请,在一段时间内不进行轮换。如教师在某一方面具

---

[1] 董博清,于海波.韩国城乡教师轮岗制度及其对我国的启示[J].外国中小学教育,2012(7):44-51.

有特长工作成绩出色，校长需要教师留任时，教师可以提出申请，经道教育厅教育长批准可暂不轮换。另外，如果夫妻双方都是教育公务员，且其中一方已经在艰苦地区工作，其配偶可以不轮换。教师的父母、配偶、子女或自身有残疾的，也可以申请不轮换。

由于韩国的教师都是教育公务员，全国所有地区的教师在工资待遇上都是一样的，而且政府还对农村、渔村等偏僻地区的教师给予特别津贴，提高其整体的工资水平。这些措施使教师在岗位轮换时没有后顾之忧，使得教师轮换制度得以顺利推行。

韩国的教师轮换制最初的宗旨在于防止教师长期在同一工作环境中产生倦怠，但其实际上具有的意义却远远超过了这一点。首先，教师的定期轮换加大了校际间教师的交流，拓宽了教师的视野。其次，教师的轮换平衡了各校的师资力量，这对支援基础薄弱的学校具有很大的意义。目前，韩国实现了基础教育阶段的均衡发展，无论是城市还是农村，教育水平都极为接近，几乎没有什么差别，这其中教师的轮换起到了很大的作用。

三、对落后地区、不利人群的特别扶持制度

在韩国，基础教育阶段的小学、初中都属于义务教育阶段，而义务教育的目标就是使所有的学龄儿童都能接受同样的教育，有平等的教育机会，就学率达到100％。但由于地区间经济发展的不平衡，儿童身心发展的差异等因素的影响，义务教育很难达到这一理想的目标。为了推进落后地区、不利人群的教育，韩国采取了很多特殊的措施，其中比较重视的是对偏僻地区和身心有障碍儿童的扶持。

1. 对岛屿、偏僻地区教育的扶持

为了推广义务教育，使所有地区的儿童都能接受同样的教育，韩国于1967年颁布了以振兴岛屿、偏僻地区的义务教育为目的的《岛屿、偏僻地区教育振兴法》。法律中所指的岛屿、偏僻地区是指教育部指定的在地理上、经济上、文化和社会上不具备优越条件的山区、边远的小岛、边境地区和矿山等地区。国家为了振兴岛屿、偏僻地区的义务教育，要优先于其他地区采取下列各款的措施，同时所需的经费优先支付：

- 学校占地、教室、卫生保健室及其他教育事业所需要的设施的配置
- 教材、教具的配备
- 无偿供给教科书
- 保证学生上下学交通的必要措施
- 教师住宅的配置
- 合适的教员的配置

同时法律中规定了地方自治团体要采取的各款措施：

第一，要准备适合于岛屿、偏僻地区特殊情况的学习指导所需的资料。

第二，给教员优先研修的机会，并支付研修所需的经费。

第三，为了鼓励教师的积极性，还规定政府按照地区级别向在岛屿、偏僻地区学校工作的教员支付岛屿、偏僻地区津贴。

此外，在义务教育实施过程中，韩国逐渐向义务教育阶段的学生提供学校餐，在所需经费方面，根据1981年颁布的《学校给食法》，经济发展水平不同地区的学生家长所负担的比例也是不同的。落后地区的学生所享受的优惠待遇更多一些，家长经济负担的减轻会推动普及义务教育的发展。

2. 对身心障碍者的特别扶持

为了使身心障碍者都能接受教育，韩国在各道设立特殊学校，并从1971年开始在高中以下的各级学校中并设特殊班级。到1990年特殊班级的数量已经达到3 200多个，其中小学中的特殊班级数为2 502个，就学儿童人数为24 202人，中学中的特殊班级为668个，就学人数为5 654人。对于特殊儿童的教育已经从以特殊学校为中心转移到以特殊班级为中心。

目前，在特殊学校就学的儿童享受全额的免费教育，即使在私立学校，在学费方面也可以得到援助，而且根据1977年颁布的《特殊教育振兴法》(该法以振兴对于视听觉有障碍者及心理有障碍者的特殊教育，对他们实施关于生活中所必需的知识技能的教育，使他们能够参与社会生活中为目的)，教师的工资支出、设施的运营费用、教育资料所需的经费等全部由国家或地方自治团体支援。同时国家和地方自治团体还可以在预算的范围内向在特殊教育机关内学习的特殊教育对象提供奖学金。

四、韩国基础教育在国际上的位置

1. IMD教育竞争力名次(表1-2)

表1-2 IMD教育竞争力排行

国别＼年份	2008	2009	2010	2011	2012
韩国	35	36	35	29	31
美国	12	19	21	18	23
日本	22	26	29	34	36
德国	21	18	20	16	17
中国	42	49	46	43	45

2. OECD PISA名次(表1-3)

表1-3 OECD PISA排名

学科＼年份	2000	2003	2006	2009
阅读	6	2	1	2
数学	2	3	1	3
科学	1	4	7	4

3. IEA TIMSS名次(表1-4)

表1-4 IEA TIMSS排名

国别	学科＼年份	1995	1999	2003	2007	2011
韩国	数学	3	2	2	2	1
	科学	4	5	3	4	3
日本	数学	2	5	5	5	5
	科学	2	4	5	3	4
新加坡	数学	1	1	1	3	2
	科学	1	2	1	1	1
美国	数学	18	19	15	9	9
	科学	12	18	9	11	10

注：IEA：International Association for the Evaluation of Educational Achievement.

TIMSS：Trends in International Mathematics and Science Study.

第二章

韩国基础教育制度

第一节 韩国的学校制度

一、基础教育学制的演变

韩国的现代学制是通过近代学制演变和改革所形成的。经历了朝鲜王朝末期、日本殖民地时期、战后初期的美国“军政厅”时期、大韩民国建立后时期以及新的改革时期。

1. 美军政厅时期的学制(1945—1948)

1945年8月15日,韩国从日本殖民统治下解放出来,迎来了政治、经济、社会、文化等诸方面的历史转换时期,教育的发展也出现新的转变。饱受日本殖民地奴化教育之苦的韩国人民渴望建立民主平等的国民教育体制。为了探索建立新的教育制度,在美军政厅学务局的领导下于1945年11月组成了朝鲜教育审议会,负责讨论新教育制度的框架。通过教育审议会讨论和协商,决定抛弃日本殖民地时期的双轨型学制,而选择美国单轨型的“6-3-3-4”学制。其具体学制如下:

(1) 学前教育(幼儿园)4—5岁;

(2) 国民学校(小学)6—11岁,6年;

(3) 初中(或初级职业中学)12—14岁,3年;

(4) 高中(或高级职业中学)15—17岁,3年;

(5) 中学校(或高级职业中学)12—17岁,修业年限6年(初中科3年,高中科3年);

(6) 师范学校15—17岁,修业年限3年;

(7) 大学18—21岁,修业年限4年(医大为18—23岁,6年);

(8) 研究生院,从22岁起,1年以上;

(9) 其他各类高等院校为4年。

由于是新旧两种学制交替时期，教育审议会又对各级各类学校的入学资格做调整和规定。然而，当时在美军政厅统治时期实行的新学制是以“6-6-4”学制为主，另设三年制的初级中学。这一学制在性质上与后来的“6-3-3-4”学制多少有些不同。也就是说，推行“6-6-4”新学制的原则是在中等教育阶段设置的六年制的普通中学和职业中学，而另设的三年制的初级中学并未付诸实践。按新学制的规定，设三年制师范学校，招收三年制初中毕业生和在六年制初中修完3年课程的学生，设四年制大学(医大为六年制)。

韩国在“8·15”光复后所建立的国民教育制度形式上是美国式的，而在学校实际管理上仍然残留着日本官僚式的遗迹，是一种混合型的制度。所以，在经过美军占领期后，又通过韩国政府自己努力，创造出符合自己国情的国民教育制度。

2.《教育法》的颁布与学制的制定

1948年8月15日，大韩民国政府宣布成立。新生国家重要工作之一就是确立新的民主教育制度。韩国政府根据1948年11月17日颁布的《大韩民国宪法》，于1949年12月31日制定并公布了《教育法》。这时所制定的学制，作为新的国家所制定的国民教育制度的轮廓和具体学制，是具有很深远意义的，《教育法》规定的学制，其轮廓大致如下：

(1) 学前教育(幼儿园)，招收4—6岁儿童；

(2) 小学6年，6岁入学；

(3) 初级中学4年，招收小学毕业生；

(4) 高级中学2～4年，招收初中毕业生或具有同等学历者；

(5) 大学4～6年，招收高中和师范学校毕业生；

(6) 师范学校2年，招收初中毕业生；

(7) 师范大学2～4年，招收高中和师范学校毕业生；

(8) 公民(成人初等教育水平)学校3年；

(9) 高等公民学校1～3年；

(10) 技术学校(成人初等技术教育水平)1～3年；

(11) 高等技术学校 1～3 年;

(12) 特殊学校(相当于小学和初中程度);

(13) 其他各种学校(相当于中等和高等学校的程度)。

但是,1949 年《教育法》规定的学制,既是 1946 年学制与韩国教育现实不相符合的产物,又是模仿美国学制,沿袭日本学制的混合型学制。在其制定过程中表现了政治上的折衷与妥协,尤其初中 4 年、高中 2～4 年的学制,不仅在理论上显得十分模糊,而且在韩国的教育实践当中造成了诸多混乱。

由于《教育法》规定的学制存在着上述问题,韩国政府于 1951 年 3 月 20 日修改教育法,决定设三年制的初级中学,而取消原四年制的初级中学和四年制的初级学院。从此韩国正式开始推行"6-3-3-4"基本学制,即小学 6 年,初中 3 年,高中 3 年,大学 4 年。

3. 20 世纪 60 年代至 80 年代学制改革与完善

自从 1951 年,韩国确定了"6-3-3-4"基本学制以后,在整个 20 世纪 50 年代,没有更大的变动。只是为了满足高中学生升学与就业的需要,于 1957 年设立综合高中。这种综合高中内可以同时设置人文(普通)和实业(职业)科或两个以上的职业教育课程。

进入 20 世纪 60 年代,朴正熙军人集团于 1961 年 5 月 16 日发动军事政变后,于 9 月 1 日公布了《教育临时特例法》,为了培养初等学校教师,改编师范学校升格为二年制的教育大学,把二年制初级学院制度化。

随着韩国制定和实施第一个五年经济发展计划,在 1963 年 8 月通过修改《教育法》,废除了师范学校,规定初等学校教师培养由二年制的教育大学承担,入学资格是高中毕业生;废除二年制师范大学,规定中等学校教师的培养由四年制的师范大学承担。这是韩国师范教育的划时代的发展时期。同时,为了培养产业骨干技术人才,设立了五年制的实业高等专门学校,其入学资格为初中毕业生。这是仿效日本于 1962 年所创办的学校,也就是说,把三年制的职业高中与二年制的初级学院统一衔接起来形成的新型具有大专水平的职业技术学校。

进入 20 世纪 70 年代,随着韩国的社会经济发展和科技进步的需要,韩国的短期高等教育得以迅速发展。新设了专门学校,招收高中毕业生,修业年限为

2～3年。这样,短期高等教育的办学形式出现了初级学院、专门学校等“三元化”形态。到1977年通过修改《教育法》,把三种办学形式统一为三年制专门大学的办学形式,形成了韩国四年制本科大学和三年制专科大学的二元化的高等教育体制。

这一时期,韩国的成人教育事业发展很快,出现了新的学制形式。1968年11月,决定在国立大学设立广播函授大学,1973年3月决定在国、公、立中等学校里开设广播函授教育课程。并于1974年12月成立了广播函授初、高中学校。1972年还在汉城大学附设了广播函授大学。1973年2月明文规定设立体育初中和高中。并于1976年12月在企事业内为早期就业的青少年劳动者设立初中和高中学校或班级,并在普通学校里设置夜间特别班级,扩大青少年劳动者的学习机会,以便使这些青少年接受所规定应该达到的教育程度。

进入20世纪80年代,韩国为保持经济持续增长、培养经济发展的优秀人才,对教育又实行新的改革——“7·30教育改革”。这次教育改革确定了10项重大教育改革措施,其中,学制改革又出现新的变化。首先,把二年制的教育大学改为四年制的教育大学,仍作为初等学校教师培养机构;并于1985年,成立了培养幼儿教师、初等学校教师和中等学校教师的综合教师培养基地——韩国教师大学。

4. 关于学制的争论和20世纪90年代的学制改革

韩国关于基本学制的争论,无论是在1949年的《教育法》制定过程中,还是在以后《教育法》修改的过程中都没有停止过。尤其伴随着20世纪60年代初政治、经济和社会方面发生的深刻变化,关于基本学制的争论达到一个新的高潮。当时争论的焦点集中在基本学制是否适合社会发展的实际上。有一种观点指责基本学制纯属舶来品而不符合韩国的国情,而另一种观点却认为基本学制不仅具有充分的理论根据,轻易改变学制会对教育产生不利的影响。当时的“国家再建最高会议”还就学制改革问题于1961年8月1日召开了公听会,广开言路讨论学制问题。但是,由于多半是个人的意见和建议,没有全面地反映社会整体性的主张而不了了之。

进入20世纪80年代,随着韩国第五共和国的组成,把教育改革作为四大国政指标之一,1980年7月30日,提出了“7·30”审议教育改革措施。1985年设置了教育改革审议会,负责确立和制定长期的综合教育改革方案。该审议会通过3年时间整理42项教育政策课题,在此基础上经过研究和审议,综合制定了10大教育改革方案。其中第一项教育改革方案就是学制改革问题。这个新学制改革方案是要把现行的“6-3-3-4”制改成“幼儿园5-3-4-4”制。其学制的要点如下:

(1) 把幼儿园改为幼儿学校,进行学前教育,为期1年,将其包括在基本学制之内。

(2) 小学缩短为五年制,进行基础教育,并加强儿童早期教育,5岁儿童允许入学。

(3) 初中仍为三年制,根据地区条件的不同,小学可以设置幼儿教育班(同时并设幼儿园)或与初中合并统一管理,加强初中与小学的联系,并使中小学课程系列化。

(4) 高中学制改为四年,加强就业准备教育和人性涵养教育。二年级末进行分流考试,并加强升学与就业指导。在职业高中也进行就业预备考查。

(5) 为了加强技术、体育、艺术等特殊才能领域的教育,在各级各类学校开设特别班级。

(6) 在学制运营上,采取许多新的提高效率的措施。如小学的入学年龄,通过特别选拔可以实行早期化;把免费义务教育阶段扩大到初中;为普通高中阶段毕业生开设1年的职业适应性课程;扩大特别英才儿童的高中课程免费教育。

新学制的普通教育12年的基本结构没有发生变化,其根本性的变化是初等教育缩短到5年,中等教育延长到7年,即后期中等教育阶段的高中由3年延长到4年,提倡早期选拔教育,实行留级制和越级制,对特殊优秀生进行高中课程免费教育等因材施教的措施。新学制原定从1992年小学新生开始实行,但由于韩国总统换届大选的政治社会原因和对这项学制改革没有进行实验和评价,没有全部如期实施,目前已开始实行的有以下几点:

第一,构建幼儿教育的公共教育体制。把原来由幼儿园(教育部)和保幼设施(保健福利部)共同实施的二元化幼儿教育与保育体制转换为同时提供教育与保护服务的幼儿学校体制。5岁儿童在幼儿园期间的教育也包括在基本学制之内,加强幼儿园与小学教育课程的联系。但幼儿园中5岁儿童的教育课程并不意味着是小学入学资格的必修课程，幼儿园教育也并不一定是义务的和免费的。韩国目前从农、渔村和城市的贫困层子女开始实施免费的幼儿园教育，然后逐渐扩大免费对象的范围。

第二，小学入学年龄提前。随着在“5.31 教育改革”方案中提出“小学入学年龄弹性化”，韩国教育部公布从 1996 年开始，5 岁的幼儿也可以进入小学学习。这一政策是以扩大早期教育，减少学前教育经费负担为目的而制定的。满 5 岁的儿童，只要其父母愿意其入学，且儿童能通过规定的身体与能力检查，就可以提前入学。

第三，小学与初中合并经营管理。由于农村的弃农现象和向大城市集中的现象，小规模的学校在逐渐增加，这样就提出了通过共同利用小学、初中各自的人力、物力资源，消除小规模学校管理上的浪费因素，改善教育条件，加强教学与课程管理这一问题。合并经营的基本方向是，维持现行的小学、初中、高中的基本学制，在充分考虑各地区居民的意见和教学条件后再开始实行。进行合并经营的标准为小学在 12 个班级以下，初中和高中在 6 个班级以下，同时必需考虑到儿童上学的距离、地区居民的意见和各种教育条件。目前合并经营的类型有：小学与初中的合并经营；初中与高中的合并经营；小学、初中与高中的合并经营。

二、现行的基础教育学制

韩国认为一个国家的教育制度应该符合发展国家的各个方面的期待，即从政治方面来看，为了政通人和；从经济方面来看，为了人力资源的培养和技术革新；从社会方面来看，为了社会意识的更新等，然而这诸多期待最重要的是以人的教育为基础的。所以，韩国教育制度要在民主教育的基本观念指导下，顺利地执行教育的职能，同时也要与校外社会体制有机地结合起来。而为了达到教育目的，就要实现教育的人性、教育机会均等性以及教育高效性。因而，韩国学制也包括教育体制的多样性、教育机会的开放性和效率性等。并使与人的成长和发展的阶段合理地联系起来，也与学校和社会体制有机地统一起来。目前，正规的学校制度包括幼儿教育、初等教育、中等教育、高等教育等，下面就基础教育阶段的各级各类作一介绍。

1. 幼儿教育

韩国的幼儿教育已列入正规学制之内，实施幼儿教育的机构主要为幼儿园，在韩国《初中等教育法》第35条中对幼儿教育的目的作了如下的规定："幼儿园以教育幼儿，提供适合幼儿的教育环境，帮助其身心协调发展为目的。"[1]幼儿园招收3—6岁儿童入园，进入小学前一年的幼儿园教育为免费教育。幼儿教育的具体目标如下：

(1) 培养幼儿具有健全的、安全的、愉快的生活所必要的生活习惯，力求使幼儿身体各种机能协调发展。

(2) 培养幼儿体验、热爱进而乐于参加集体生活的态度，使他们萌发协作、自立和自律的精神。

(3) 使幼儿萌发对周围社会生活和环境正确理解和正确对待的态度。

(4) 引导幼儿正确使用语言，培养幼儿对童话、画册的兴趣。

(5) 通过音乐、游戏、绘画、手工等方法，培养幼儿对创作表现的兴趣。

韩国幼儿教育的目的归结起来，就是要保护和促进幼儿的身体、语言、认识、社会性发展的领域中得到正常的发展。

韩国在幼儿教育方法上，考虑幼儿的个人差异，以游戏为中心进行教育教养，在这个过程中比较注意以下几个方面：在统一的均衡活动中，根据幼儿发展水平进行个人指导；通过多种多样的活动诱导幼儿的兴趣，使他们能充分发展自己的想象力、创造力、解决问题的能力和研究问题的能力；为了提高幼儿学习效果，选择并灵活运用各种讲授和学习资料，特别是创造性地运用生活周围的各种资料；根据活动的类型编成多种多样的学习小组进行指导；幼儿教师要仔细地观察幼儿活动的周围环境并及时地变化环境，以提高教育效果；把幼儿园的教育活动延伸到家庭，与家庭建立紧密的纽带关系，使父母成为教师的辅助者，加强对幼儿的教育；在整个教育活动中形成遵纪守法、有秩序、有礼貌等基本生活习惯。

2. 初等教育

韩国实施初等教育的机构为初等学校，相当于小学。韩国《初、中等教育法》

---

[1] [韩]教育法典编撰委员会. 2000年修订版教育法典[M]. 首尔：(株)教学社，2000：16.

规定:"初等学校以实施国民生活所必需的基础性普通教育为目的。"[1]其修业年限为6年。小学要在教育方面努力达到下述各项目标:

(1)培养学生具有正确理解与使用日常生活所必要的国语的能力。

(2)使学生能够理解个人与社会和国家的关系,培养学生的正义感和责任感、公德意识和协作精神。特别要使学生正确理解乡土和民族的传统及现状,弘扬民族意识,培养独立自尊的风气,同时培养国际协作的精神。

(3)培养学生科学地观察和处理日常出现的自然事物和现象的能力。

(4)培养学生正确地理解和处理日常生活所必需的数量关系的能力。

(5)培养学生具有日常生活所必需的衣、食、住和职业等方面的基本知识,并掌握相应的技能,培养勤劳力行、自主生活的能力。

(6)培养学生懂得歌颂人类生活的明快和谐的音乐、美术、文艺等基本知识,并学会有关的技能。

(7)使学生深刻理解保健生活,养成必要的生活习惯,使身心协调地发展。

韩国把初等教育定为国民教育的基础,认为发展中等和高等教育须打好初等教育这个基础,因此把国语能力的掌握及培养社会生活所需要的公德精神和协作精神、基本的数理能力、对自然的科学观察能力、对工作的理解和劳动精神、美的感情的态度、对健康生活的理解等基本能力和态度作为教育目的,即把实施全人教育作为初等教育的基本目的。

初等教育实行普及化教育,为所有人提供普遍的接受教育的权利,无论是在偏僻的山区和岛屿生活的儿童还是生活贫困阶层的子女不分男女,均要接受普遍的初等教育。韩国的小学分为国、公、私立三种,绝大多数的学校为国公立学校,私立学校只占很少一部分,私立小学大部分都集中在大城市里,尤其是在首都首尔集中了大量的私立学校。

3. 中等教育第一阶段

韩国实施中等教育第一阶段的教育机构为中学校,相当于初中,以在接受小学教育的基础上进行中等普通教育为目的,修业年限为3年。初中在教育方面

---

[1] [韩]教育法典编撰委员会. 2000年修订版教育法典[M]. 首尔:(株)教学社,2000:16.

要努力达到以下各项目标：

(1) 进一步发展、扩充初等教育的成果，培养作为中坚国民所必要的品格和素质。

(2) 培养与社会所必要的职业有关的知识和技能，使学生具有尊重劳动的精神和行动，具有能够决定符合个性的今后去向的能力。

(3) 开展校内外的自律活动，端正思想，培养公正的批判力。

(4) 锻炼身体，增强体质，培养健全的精神。

从其教育目标中可以看出，初中的教育任务是培养作为中坚国民所必备的品性和素质及公正的判断力，并在基本知识和技能上，要学生具备在社会自谋职业的知识和技能。也就是初中毕业是参加工作和就职的基本的学历资格，并且能具备作为国民就业的基本精神，能按其个性选择出路和前途的能力。就是说，初中教育阶段是使未来的国民中坚具备必要的思想道德的品质和身体条件、知识和技能、态度和能力的基础性教育的完成阶段。

在国立和公立初中内，可以设有广播函授的初中，其开设的课程是为小学毕业过早地参加工作的青少年服务的；在产业体邻近的初中，还设有夜间制特别班级，以便对在产业体中工作的青少年进行初中课程的教育。随着韩国初中义务教育的普及，这两种办学形式逐渐在消失。

4. 中等教育第二阶段——高中

韩国实施中等教育第二阶段的机构为高中。韩国《初、中等教育法》第45条规定："高等中学校以在接受初等中学校教育的基础上，进行中等教育及基础性的专门教育为目的。"[1] 高中的修业年限为3年，要努力达到以下各项目标：

(1) 进一步发展和扩大中学校的教育成果，培养作为中坚国民所必备的品性和技能。

(2) 培养对国家社会的理解和健全的批判力。

(3) 培养学生具有自觉的民族使命感和决定符合个性未来出路的能力，增强体质，提高学生的一般教养，培养专门技能。

---

〔1〕[韩]教育法典编撰委员会. 2000年修订版教育法典[M]. 首尔：(株)教学社，2000：16.

为了完成这一教育目标,高中的教育的重点是培养具有健全的精神和健壮的身体的人才,能自觉地决定并承担个人和社会的工作的自主性人才,熟练地掌握知识和技能,能合理、有效地解决问题的创造性人才,尊重他人、爱惜自然,能正确判断、行动的有道德的人才。

在国、公立高中内,可以附近设广播函授高中,为过早工作的初中毕业生提供相当于高中水平的课程教育;与初中相类似,在产业体附近的高中,可设置夜间制特别班级,以便对在产业实体中工作的青少年进行高中课程的教育。

由于实施了初中免试入学制度和高中的平准化政策,韩国的中等教育在量的扩张方面取得了令人瞩目的成果。高中的升学率从 20 世纪 70 年代后期开始急速增长,1985 年超过了 90%, 1997 年为 99.5%,几乎达到了 100%。

三、高中教育的多样化〔1〕

韩国高中阶段的教育随着时代的需求而不断变化,在光复后的很长一段时间内,高中教育的结构按课程的分类,大体上可分为两种:一是普通高中,其任务主要是向高等教育机构输送生源,进一步培养“具有高级头脑的人才”;二是职业高中,主要任务是培养社会和经济发展需要的各类劳动人才。但随着最近对高中体系的改革,目前高中的类型为普通高中、特殊目的高中、特色化高中及自律型高中。

2010 年,《初、中等教育法实施令》第 76 条第 2 款新设后,根据学校教育课程与学校的自主性,学校划分为以下类型。

普通高中:实施普通教育的学校。

特殊目的高中:以实施特殊领域的专业性教育为目的的学校。

特色化高中:以培养特定领域人才为目的,或专门实施自然现场学习等体验为主的教育的学校。

自律高中:依据经营上的特例规定,可以自主确定教育课程的学校。

1. 普通高中

普通高中又分为一般普通高中和综合高中。其中,综合高中是指同时实施

〔1〕 本部分的数据全部来自韩国教育部 2012 的教育统计。

人文课程和实业课程的高中。毕业后,学生既可以升学也可以直接就业。综合高中作为同时满足学生升学和就业的机构,运营时尽量满足学生的个性与需要。1956年以平泽高中被指定为示范运营学校时开始的,到2012年,全国共有综合高中184所,分布在除首尔、大田、蔚山外的13个地区。综合高中的数量与2011年相比增加了1.1%,其中京畿道增长最多,为53所,其次为江原道25所,全罗北道23所。综合高中的学生数从2011年的95 869人增加到2012年的97 747人,增长率为2.0%;2012年综合高中的在校教师为7 718名,比前一年增长了3.8%。在教育条件方面,2012年全国平均班额为28.9名,与一般普通高中的34.7人相比少了5.8人;生师比12.7,也低于一般普通高中。

2. 特殊目的高中

特殊目的高中是以培养特定领域的专业人才为目的而设定的,所谓的特定领域,依据《初、中等教育法实施令》的规定,包括科学、外国语、国际关系、艺术、体育、工业、农业、水产、海洋等领域。与此相对应,韩国的特殊目的高中包括外国语高中、科学高中、国际高中、体育高中、行业需求导向型高中和艺术高中。

(1) 科学高中

科学高中是科学领域的特殊目的高中,是为了培养优秀的科学人才,以数学、科学领域为中心,实施专业性教育的学校。截至2014年,韩国共有24所科学高中,各市、道平均有1~3所。从地区分布来看,首尔及釜山各有3所科学高中,大丘有2所,其余市、道各有1所。其中,只有釜山的韩国科学英才高中为国立学校,其余均为地方所开办的公立学校。

2012年,科学高中的学生总数为4 918人,比2011年的4 494人增加了9.4%,但女生只有994人,虽然比2011年增加了14.8%,但从总体上来看,只占科学高中总学生数的20.2%,大大少于男生,男女生的比例非常不均衡。教师总数为994名,比2011年的916名增加了8.5%。在教育条件方面,科学高中的平均班额为15.8人,只相当于全部高中平均班额的一半。生师比为4.9,比全部高中平均生师比14.4高了9.5。可以看出,科学高中的教育条件要远优于其他高中。

(2) 外国语高中

外国语高中是重点进行外国语教育的特殊目的高中。韩国的外国语高中最早成立于 1984 年，只以“各种学校”的名义设立的。从 1992 年被指定为特殊目的高中以来，全国共设立了 31 所，其中公立外国语高中 14 所，私立 17 所，首尔地区的 6 所外国语高中都是私立的学校。

2012 年，外国语高中的学生总数为 23 376 人，与 2011 年的 23 870 人相比减少了 2.1%。其中女生为 15 523 人，比 2011 年增加了 3.3%，占总数的 66.4%，要高于全部高中中女生所占的比例(47.1%)，更是远远高于科学高中女生所占的比例。教师总数为 1 809 名，比 2011 年的 1 756 名增加了 2.5%。在教育条件方面，外国语高中的平均班额为 30.5 人，生师比为 12.9。

(3) 国际高中

国际高中是以培养适应国际化、信息化时代的全球化人才为目的，重点进行国际政治、国际经济、国际法、外国文化、外语等科目教育的特殊目的高中。从 1988 年设立釜山国际高中开始，目前已经在首尔、釜山、仁川、京畿道等地区设立了 6 所国际高中。其中，只有京畿道的清心国际高中为私立学校，其余 5 所均为公立学校。

2012 年，国际高中的在校学生数为 2 458 人，比 2011 年的 2 041 人增加了 20.4%。其中女生为 1 592 人，占总数的 65%。教师总数为 312 名，比 2011 年的 262 名增加了 19%。国际高中的平均班额为 23.6 名，生师比为 7.9。

(4) 体育高中

体育高中是为具有体育运动潜能的学生进行特别教育的学校。韩国的体育高中始建于 1974 年，1992 年引入特殊目的高中体系后，全国所有的体育高中都被指定为特殊目的高中。体育高中分布于除蔚山和济州外的 14 个广域市和道，每个地区 1 所，全部都是公立学校。2012 年，在校学生数为 3 574 人，教师总数为 418 名。平均班额为 30.5 人，生师比为 8.6。

(5) 艺术高中

艺术高中是为具有艺术才能的学生进行特别教育的学校。韩国的艺术高中始建于 1974 年，1992 年引入特殊目的高中体系后，大部分的艺术高中都被指定为特殊目的高中。2012 年，全国共有 26 所艺术高中。首尔地区的传统艺术高中和国乐艺术高中为国立学校，其余的为公立及私立，以私立学校为多。

2012 年，艺术学校的在校学生有 16 952 人，50%以上集中在首尔、京畿道及釜山地区。教师总数为 964 名，比前一年增加了 4.2%。艺术高中的平均班额为 37.7 人，生师比为 17.6。

3. 行业需求导向型高中（Meister 高中）

韩国的 Meister 高中是从 2010 年开始运营的。到 2012 年，共有 27 所学校被选定为产业需要定制型高中。以培养最优秀的技术名匠（Meister）为目的，以 20 人左右的小规模精英班级的形式实施专门性的教育，学生们可以根据自己的意愿住校学习。

2012 年，Meister 高中的在校学生数为 13 190 人，其中女生只占 14.0%，这是因为 27 所 Meister 高中中有 17 所是男女共校，9 所是男校，只有 1 所是女校。Meister 高中的教师总数为 1 792 名，平均班额为 19.9 人，生师比为 7.4。

4. 特色化高中

依据《初、中等教育法实施令》第 76 条第 2 款及第 91 条所设立的特色化高中，是指以具有相似素质及特点、能力的学生为对象，以培养特定领域的人才为目的的学校，包括职业特色化高中和以现场实习等方式为主、专门实施体验性教育的选择性特色化高中。

（1）职业特色化高中

2012 年，韩国共有 475 所职业特色化高中。在校学生总数为 327 908 人，教师总数为 26 860 名。平均班额为 28.1 人，生师比为 12.2。

（2）选择性特色化高中

2012 年，选择性特色化高中分布在除首尔、大田、蔚山和济州外，全国共有 24 所，在校学生共有 2 889 人，教师总数为 423 名，平均班额为 19.5 人，生师比为 6.8。

5. 自律高中

自律高中是可以摒弃标准化的课程和运行模式，自主决定教育课程的高中，包括自律型公立高中和自律型私立高中两种类型。自律高中在 2010 年学制改编之前属于普通高中，但在改编之后被确定为一种独立的类型。2012 年，全国共有 147 所自律高中，其中自律型公立高中 97 所，自律型私立高中

50所。

(1) 自律型公立高中

自律型公立高中是从2007年示范运营的开放型自律学校扩大、发展而来的,当时示范学校是以周边环境差或教育条件薄弱的学校及新建立的学校中,具有很强的改革意识的普通高中为中心指定的。要想成为自律型公立高中,学校首先要自行制定关于学校的运营、教育课程的运营及入学选拔、教师的配置等方面的计划,提交给教育厅进行审议后再由教育监进行审议,之后向教育部推荐,经过这些程序后,由教育部最终确定哪些学校成为自律型公立学校,5年后将重新审定。

2011年,教育部指定了58所自律型公立高中,到2012年增加到了97所。学校的在校学生总数为90 799人,比2011年增加了近1.6倍;教师总数为6 412名,比2011年增加了61%。在教育条件方面,自律型公立高中的平均班额为31.8人,与全体国、公立高中的平均班额31.9人相当;生师比为14.2,与全国、公立高中的13.8相比要高一些。

(2) 自律型私立高中

自律型私立高中的设置目的是为了扩大学生的学校选择权和私立学校本来的自主性。可以依据建校理念自主运营教育课程,依据学生的能力实施跨学年教学,并可以自行增减教学时数,在学校行政事务上具有自主权。国家或地方自治团体不再对教职员的人员经费及学校、教育课程的运营经费提供任何补助,因此,自律型私立高中的法人转入金要足够充足(在韩国《初、中等教育法实施令》和《关于指定及运营自立型私立高中的规定》中有明确的规定)。每5年,根据各市、道教育厅的规定对学校的运营成果进行评价,对没能达成既定目标的学校,将取消其继续作为自律型学校的资格。

2012年,韩国共有50所学校被指定为自律型私立高中,与2011年相比减少了1所,就是因为首尔的一所自律型私立高中被取消了资格,这与自律型公立高中的不断增加的趋势是相反的。

第二节 基础教育行政管理制度

韩国的教育行政管理实行中央集权的分层管理，由中央与地方教育行政共同管理与教育相关的事务。其主体是国家及地方自治团体通过教育部、市道教育委员会和郡教育厅执行教育行政。

一、中央教育行政机构

中央教育行政可以说是地方教育行政的上位体系。韩国的中央教育行政体系是以教育法为核心，其行政组织并不局限于教育部，还包括总统和国务会议。就是说，韩国的中央行政权是属于以总统为首的政府，中央教育行政权是以总统为中心、经过国务会议直到教育部的这样一个体制。

1. 总统行使的教育行政权

(1) 发布关于教育的总统令。

(2) 任命教育公务员。

(3) 作为国务会议的议长对教育政策的制订过程具有影响力。国务会议作为由总统、国务总理及其他国务委员构成的协议制机构，是审议属于政府的重要政策的机构。所以，从作为行政最高决策机关这一点上说，也属于中央教育行政组织。

2. 国务总理与国会行使的教育行政权

(1) 国务总理作为国会的副议长，不仅可以通过国会行使对教育部的影响权，还可以辅助总统，接受总统的命令，在教育行政相关的方面行使统合各部门的权力。

(2) 国会及国务总理都可以配置、交换各部门间的信息，作为横向或纵向的调节机构,可以促进教育政策相关部门间的理解与合作。

(3) 通过国会,总统关于教育政策的指示事项可以进行讨论,教育部长提出的事项也可以传送给国务总理及总统。

(4) 国会作为政府审议重要政策的权力机构,与教育行政相关事务的最高审议机构。

虽然总统及总理、国会具有行政决策的最高权力,但中央教育行政组织的核心仍然是教育部。韩国教育部自二战后在名称及机构组成方面经历了一系列的变化,其职能也随着国家发展战略的不同而有所变化。

韩国的文教行政在美军政时期由 10 名人士构成的韩国教育委员负责。具体行政执行机构为学务局。1946 年 3 月,中央教育行政机构改为独立的文教部,设 7 局 1 官 21 课;1948 年 7 月 17 日根据《政府组织法》规定,编为 1 室 5 局 22 课。即秘书室,下设 4 个课;普通教育局,下设 3 个课;高等教育局,下设 3 个课;科学教育局,下设 4 个课;文化局,下设 5 个课;编修局,下设 3 个课。

1961 年 10 月根据新公布的《政府组织法》增设了企划调整官室和奖学室;1967 年再次改编为 2 室、5 局、15 课。进入 20 世纪 80 年代,随着教育规模的膨胀,必要的下属组织也继续增加,文教部于 1989 年 2 月进行了新编制,定为 3 室、5 局、20 个担当官,25 个课。

从 1991 年起,韩国的文教部分为教育部和文化部。根据 1991 年制定的《教育部及其所属机构编制》的规定,教育部设教育部长 1 名和副部长若干名,下设 3 个室、5 个局、23 个担当官、24 个课,总编制人数为 533 名。

2001 年 1 月,为了制定并实施国家层面的人力资源开发政策,教育部的名称变更为教育人力资源部,废除了教育政策规划官和教育课程政策审议官,新设了人力资源政策局,并把原有机构的教育信息化职能与国家教育合作职能统合起来,改编为国际教育信息化规划官。教育人力资源部设教育部长 1 名,副部长 1 名,下设 2 个室、4 个局、4 个审议官、32 个课及担当官。

2008 年 2 月,根据《政府组织法》修订案,教育人力资源部改编为教育科学技术部。同年 3 月,科学技术部的科学技术人才培养、基础科学政策制定、原子能安全及研究等职能,产业资源部的产业人才培养职能与人力资源开发职能进行了统合,对教育科学技术部的职能部门进行了改编,形成了由教育部长1名、副部长2名、4个室、5个局、72个担当官、10个组的机构设置,总编制人数为812名[1]。

2013年3月,根据修订的《政府组织法》,教育科学技术部改编为教育部,把教育部与科学技术部分离。目前,教育部设教育部长1名、副部长1名、3个室(规划管理室、教育政策室、大学支援室)、3个局(地方教育支援局、终身职业教育局、教育信息统计局)、49个课(担当官),总编制人数为534名。

韩国2013年12月修订的《教育部与其所属机构编制法》第3条(职务)规定:"教育部掌管有关人力资源开发政策,学校教育,终身教育和学术的事务。"[2]

3. 教育部所承担的职责

主要有以下方面:

(1) 贯彻和执行由国会通过以总统令方式颁布的各项教育法规和教育政策,负责制定具体的教育政策、教育法规细则以及近、中、长期教育规划和措施,度组织实施、监督和检查。

(2) 制定普通教育、高等教育、职业教育、社会教育、产业教育的方针、政策。

(3) 确定各级各类教育机构的教学计划、教学大纲及其原则。

(4) 组织编篡和审定各级各类学校教育所需要的教科书和教学参考书。

(5) 制定各级各类学校的学制和培养目标。

(6) 制定教育机构学术研究计划,负责国际间的教育合作,管理国际间的教育交流与学术交流。

同时,教育部长官作为国务委员参与国家的最高政策决定,制定和讨论决定教育政策,提交教育关系法令案,发布教育部令,统管所属公务员,是最高中央教育行政执行长官。

教育部的主要下属机构和职能如下:

---

[1] [韩]教育部沿革[EB/OL]. [2013-12-11]. http://www.mest.go.kr/web/100172/site/contents/ko/ko_0138.jsp?selectId=1139.

[2] [韩]教育部与其所属机构编制法[EB/OL]. [2013-12-11]. http://www.law.go.kr/LSW/lsInfoP.do?lsiSeq=147401#0000.

教育部长：主要负责人才培养政策、学校教育、终身教育、教育研究等事务，下设发言人及宣传负责人（负责制定、调整就主要政策向全体国民进行宣传的计划，确认报导内容、就政策的对外颁布事项进行管理、支援等）与政策辅助官（就部长指示的事项进行研究、探讨，推进与政策课题相关的专家、利益相关者及普通国民对国政问题的参与并收集相关意见，负责对相关部门的政策辅助业务及执行机构的业务合作等工作）。

副教育部长：辅助部长管理规划管理室、教育政策室、终身职业教育局、教育信息统计局的业务，当教育部长由于不可抗拒的原因不能行使其职责时，副部长代行其职责。下设教育监事（负责行政监查制度的实施，监查计划的制定与调整，对教育部及其所属机构、所管理的公共机构及其下属团体、地方教育行政机构及各级学校进行监查，进而提升教育的清廉度）。

规划管理室：下设政策规划官与国际合作官。政策规划官主要负责制订、调整、审查和分析教育部的政策、计划及工作方针；掌握主要业务的推进程度并对其结果进行审查、评价；对各种公约、指示事项的管理；部内国家课题的检查、管理，负责与政策咨询委员会的构建及运营相关的事务等。国际合作官主要负责教育的国际合作，海外的学术活动及交流等业务。

教育政策室：下设学校政策官、创意人才政策官、学生福祉安全官。学校政策官负责初、中等教育制度的改善，地方教育自治制度等学校制度的规划，教师人事、资格、培养、进修政策等与教职发展相关的业务，教育团体的合作、公共教育的内在发展等与增进学力相关的业务。创意人才政策官负责制定与创意人才开发相关的国家发展战略，与创意人才开发相关的政策规划，推进英才教育的发展，国家教育课程、教学用图书的开发等。学生福祉安全官负责教育福祉，高中入学资格与学力检定考试，地方教育财政的确保、分配及分析评价，学校保健，学校供餐，学校环境改善，校园安全等相关业务。

地方教育局：下设地方教育自治课、地方教育财政课、幼儿教育政策课及特殊教育政策课。主在负责地主教育行政的指导、监督；地方教育财政的指导、监督；财产管理；地方教育机关的人事工作管理和指导；制订幼儿教育、特殊教育计划等。

终身职业教育局：下设人才职务能力政策课、终身学习政策课、出路教育政策课及职业教育政策课。主要负责与终身教育、女性教育、职业教育、职业资格制度相关的业务。

此外,教育部还设有一些教育政策咨询机构,这些教育咨询机构的主要职能是向总统提供以下方面的建议:教育发展的中长期发展规划;重要的教育政策;教育革新系统;教育经费的有效运用、教育预算的保障;教育创新政策的指导性评估;研究、商讨政府有关教育发展的政策以及涉及教育发展的重要相关事项等。

二、地方教育行政

韩国光复后,曾一度实行过地方自治制,但到 1961 年“5 · 16 政变”后,在统一开发经济的口号下,自治制又受到了限制。随着社会的发展及民主化思想的盛行,地方教育自治制的要求日益强烈,1991 年在修订《教育法》时,把其中关于地方教育委员会的有关章节分离出来,制定了《关于地方教育自治的法律》,加强了地方教育行政的权利。

在《关于地方教育自治的法律》第一条(宗旨中)规定,“此法为突出教育的自主性、专门性和地方教育的特殊性,其目的是通过对设置、组织和运营掌管地方自治团体的有关教育、科学、技术、体育及其他学艺(以下称‘教育、学艺’)的事务的机关规定有关事项,从而促进地方教育的发展”。韩国的地方教育行政为了保障教育的自主性和中立性,保证教育行政的民主化与地方分权,实施以教育自治为基本的制度。

1. 教育委员会

地方教育行政的最高机构为“教育委员会”。作为市、道议会的常设委员会,其职责是审议、决策有关市、道的教育、学艺的议案及民众的请愿事项,目前韩国在各道、特别市、直辖市设有 16 个教育委员会。

教育委员会的委员由市、道议会的议员及另外选举产生的教育议员组成,人数在 7～15 人之间,按特别市及直辖市的地方自治团体数目确定。教育委员在该市、道议会上从市、郡及自治区议会推荐的人选中以无记名投票的方式选出,其人数的三分之一以上必须为有教育或教育行政经历者;特别市及直辖市的教育委员从自治区议会上推荐的人选中按每个自治区各选出 1 人,当选出的教育委员达不到规定人数时，补足部分与自治区议会的推荐无关；因教育委员任期期满而需要重新选出新一届的教育委员时，应在教育委员任期期满前的30日起10天内实施。

教育委员的任期为4年。教育委员的资格必须是学识渊博和德高望重，并且具有市、道议会议员的被选举权，非政党党员，教育委员规定人数的二分之一以上必须有15年以上的教育或教育行政经历，或两种经历加起来满15年以上者。

教育委员会设议长及副议长各1人。议长及副议长在教育委员中以无记名投票的方式选出，得票超过在籍教育委员的半数以上者当选。议长及副议长的任期为两年。议长代表教育委员会整理议事，维持会场内的秩序，监督教育委员会的事务。议长有其他事故时，副议长代行其职务。教育委员会根据会议规则的规定，可下设小委员会。小委员会应将在小委员会上审查的案件保存到教育委员会议决前，小委员会的委员在教育委员会中选任。小委员会设委员长1人，在小委员会上互选。

教育委员会的权限是审议和议决如下有关该地方自治团体的体育、学艺等事项：

(1) 将向市、道议会提出的条例案。

(2) 将向市、道议会提出的预算案及决算。

(3) 将向市、道议会提出的特别赋课金、使用费、手续费、分担金及加入金的赋课和征收等有关事项。

(4) 基本财产或积金设置、管理及处理。

(5) 重要财产的取得、处理。

(6) 公共设施的设置、管理及处理。

(7) 法令和条例规定除外的预算外义务负担或权利的放弃。

(8) 请愿的受理和处理。

(9) 根据其他法令和市、道条例规定，属于其权限的事项。

2. 教育监

韩国在市、道的有关教育、学艺事务的执行机关设有教育监。国家行政事务中委托给市、道施行的有关教育、学艺的事务由教育监执行。

教育监在该教育员会中以无记名投票的方式选出，并须得到在籍教育委员超半数的赞同。教育监的任期为4年，只可重任2次。教育监的资格为学识渊博、德高望重，并且应具有市、道议会议员的被选举权，教育监不应是政党党员。教育监必须有5年以上的教育经历或教育专门职员经历，或者两种经历加起来应有5年以上。教育监不得兼任国会议员、地方议会议员或教育委员以及其他总统令规定的各种职务。

教育监可在法令或条例的范围内，就其所属权限内的事务，规定教育规则。教育监应依据大总统令规定的一定的方式公布其制定的教育规则，教育规则在没有特别规定的前提下，自公布之日起经过20日之后发生效力。教育监在制定或修改、撤销教育规则时，应在预定公布的15日前将全文报告给教育部长官。教育监依据条例的规定，可将其所属权限范围内的部分事务委任给辅助机关或所属教育机关，或者委托给法人。此种情况下，委托给法人的事务与居民的权利、义务直接关联时应有法令的根据。教育监可与该地方自治团体之长协议后将其权限范围内的部分事务委任给区、驻在地或邑、面、洞(指特别市、直辖市及市的洞，以下本条内相同)之长，此种情况下。教育监可就有关该事务的执行指挥、监督区、办事处或邑、面、洞之长。

教育监有权指挥和监督所属公务员并且依据法令和条例、教育规则的规定处理有关职员的作用、教育训练、服务、惩戒等事项。

教育监在认为市、道议会或教育委员会的议决违反法令的规定或有显著的阻碍公益的时候，应报告给教育部长官，并于接到该议决事项之日起到15日之内附上理由要求再议。教育部长官在请教育监提出再议要求时，教育监应向该市、道议会或教育委员会要求再议。在有再议要求时，该市、道议会或教育委员会应进行再议，如在籍议员或在籍教育委员出席半数以上，在三分之二以上的出席议员或出席教育委员赞成的情况下，得出与前次相同的议决时，该议决事项即被确定。如认为再议决的事项违反法令的规定时，教育监应向教育部长官报告，并与再议决之日起到15日以内向大法院提诉。教育部长官在请教育监提诉时，应向大法院提出起诉。再议决的事项在向大法院提诉时，在大法院判决前应终止该议决的效力。教育监在处理教育委员会或市、道议会的议决事项中有关学生安全和保护教育机关等财产等紧急事项时，如教育委员会或市、道议会尚未成立或没有召集会议的余地或议决中止，没有最终议决时，可进行先决处理。先决处理应向下次召集的教育委员会或市、道议会报告，并得到认可。

教育监掌管的具体事物如下：

(1) 条例案的制作。

(2) 预算书的制作。

(3) 决算书的制作。

(4) 教育规则的制定。

(5) 有关学校及其他教育机关的设置、移转及撤销的事项。

(6) 有关教育课程运营的事项。

(7) 有关科学、技术教育振兴的事项。

(8) 有关振兴社会教育及其他教育、学艺的事项。

(9) 有关学校体育、保健及学校环境净化的事项。

(10) 有关学生通学区域的事项。

(11) 有关教育、学艺的设施、设备及教具的事项。

(12) 有关财产的取得、处理的事项。

(13) 有关特别赋课金、使用费、手续费、分担金及加入金的事项。

(14) 有关公债、借入金或预算外的义务负担的事项。

(15) 有关基本财产和积累金的事项。

(16) 有关所属国家公务员及地方公务员的人事管理的事项。

(17) 其他有关该市、道的教育、学艺的事项和委任的事项。

3. 地方教育行政组织

为了分管市、道的有关教育、学艺事务，教育委员会设下级教育行政机关(以下称“教育厅”)管辖 1 个或 2 个以上的市、郡及自治区，教育厅的管辖区域和名称由总统令规定。市、道教育厅的厅长由教育监担任，以下依次设有副教育监、局长、课长等职务负责该地方 自治团体的教育、学艺事务。其中副教育监由该市、道的教育监在国家公务员中推选候选人后，向教育部长提请，最后经国务总理后由总统任命。教育厅长分管下列有关市、道的教育、学艺事务：

(1) 对公、私立的小学、初中、技术学校、公民学校、高等公民学校及幼儿园等各种学校的运营和管理进行指导、监督。

(2) 市、道条例规定的其他事务。

三、中央教育行政与地方教育行政的关系

教育部长可以对市、道的有关教育、学艺的事务提出劝告,也可以进行指导,必要的时候还可以要求教育监提供相关的资料。教育部长官的指挥与监督作用体现在:

(1) 教育监服从教育部长对委托给他的有关国家事务的指挥和监督。

(2) 当教育部长官认为教育监的命令或处分违反法令的规定或者明显不当,阻碍公益的时候,应命其在限定的时间内以书面的方式纠正。在此期间不予履行时,教育部长官可取消该命令或处分,或终止执行,在此种情况下,关于自治事务的命令或处分仅限违反法令的部分。

(3) 教育监在对以上规定的有关教育、学艺的自治事务的命令或处分的取消或其执行的终止存有疑议时,可在收到取消或停止处分的通报之日起至15日之内向大法院提出起诉。教育部长官可接受有关教育、学艺的自治事务的报告或监查文件、账簿和会计。

四、韩国教育行政组织存在的问题

1. 中央教育行政组织的问题

首先,各届政府虽然不断调整中央与地方的关系,减少中央教育行政机构负责的业务,但总体上来说,教育行政仍具有中央集权的倾向,形成了韩国独特的在制度上是分权管理,但在实践上却是中央集权的教育行政管理体制。其下属的各种咨询委员会作用也体现得不明显,有名无实的倾向严重。

其次,从中央教育行政机构的变迁中可以看出,从文教部、教育部、教育人力资源部、教育科学技术部再到教育部,机构的改编过于频繁,从而带来业务分担的混乱及在政策执行、文件管理等方面缺乏一贯性。虽然实施了特定项目由专门担当官负责的制度,强调专业性的的职能,但在实际的操作过程中,监督、规

划、调整及研究的专业职能仍不够完善。

此外,中央教育行政机构应该是可以保障教育的政治中立性的机构,教育行政从一般行政中脱离出来才能保障政治的中立性。教育部官员应该更具有教育的专业视野,而不是更多考虑其政治性,从历届政府的更替、教育部长的更换可以看出,韩国教育行政机构的中立性还有待加强。

2. 地方教育行政组织的问题

首先,作为教育行政与一般行政的执行机构,教育监与市、道的知事虽然是分离设置的,但作为教育决策机构的教育委员会是地方议会的常任委员会,教育行政的独立性问题能否真正得以保证令人存疑。此外,由于地方教育财政的独立性无法保证,更无法保障教育行政从一般行政中真正分离、独立出来,与此同时,与一般行政的合作、联系的体制又不是很明确。

其次,作为实施专业性管理的教育监,其资格标准不是非常明确,会使人对其教育专业性产生怀疑。

第三节　基础教育财政制度

教育财政是国家或公共团体为了支援国家和社会的公益事业之教育活动,筹措、分配、支出所需财源的一系列经济活动。因此,教育财政不仅包括支援国立、公立学校的教育活动,还包括支援私立学校的教育活动以及社会教育活动。

一、基础教育阶段经费的来源

基础教育阶段,教育经费的来源大致分为公共负担财源和私人负担财源两部分。公共负担财源一般以征税来保证,如地方教育财政交付税、教育税、地方自治团体一般会计负担金等。私人负担财源指学生家长支付的学费,韩国的高中不属于义务教育阶段,要根据家庭收入情况负担部分学费。

韩国于1981年制定了《教育税法》,并于1982年1月开始征收教育税。教育税以“地方政府管理经费转入金特别会计”的形式交付各市、道,其额度依据各市、道的人口进行分配。1982年韩国修订了《地方教育财政交付金法》,地方教育财政交付金指的是教育部预算中拨付给地方教育的转移支付,包括普通交付金和特别交付金。中央政府依据各市、道不同标准的财政需求和财政收入来分配地方教育财政交付金,其主要目的是为了保证各地方的所有学生都能平等地获得教育经费。

表2-1 2011年基础教育阶段的经费规模[1] 单位:百万韩元

经费来源		经费规模	合计
中央政府转移收入	地方教育财政交付金	36 139 000	36 309 217
	国库补助金	170 217	
地方自治团体转移收入	地方教育税转入金	5 202 232	8 522 272
	香烟消费税转入金	574 557	
	市、道税转入金	1 661 771	
	学校用地负担金	396 413	
	非法定转移收入	687 299	
地方自治团体教育费特别会计负担收入	教学活动收入	1 134 911	6 753 869
	行政活动收放	19 320	
	资产收入	103 652	
	利息收入	167 259	
	杂项收入	61 344	
	其他收入	5 267 382	
居民负担等收入			117 631
总计			51 702 989

从表2-1可以看出,基础教育阶段的教育经费主要源于中央政府的转移收

〔1〕[韩]教育开发院.教育统计分析资料集(幼儿教育、初等教育、中等教育篇)2012.

入，2011年，中央政府的转移收入占全部经费的70.2%，而这部分经费又大多来源于地方教育财政交付金，所以实际上基础教育阶段的经费更依靠地方自治团体的投入。

二、教育经费的转移支付制度

1. 中央政府的转移支付

中央政府的转移支付金包括地方教育财政交付金和国库补助金两部分。

(1) 地方教育财政交付金

地方教育财政交付金是为了支援初中等教育，由国家依据《地方教育财政交付金法》支付交付金来支援地方自治团体设立、经营教育部门及教育行政部门所需财源，以确保不同区域间教育的均衡发展。《地方教育财政交付金法》第3条规定，地方教育财政交付金的财源由内国税的20.27%和教育税收入额的全额来确保。地方教育财政交付金的种类包括普通交付金和特别交付金。普通交付金由内国税交付金的96%和教育税交付金的全额来组成，标准财政收入额没有达到标准财政需要额时将其未达标的金额以总金额来交付〔1〕。

特别交付金的法定交付率是内国税20.27%中的4%，其额度的60%用于执行国家教育政策的需要，30%用于满足地区教育发展的需要，10%用于应对发生灾害时的特别需要〔2〕。

(2) 国库补助金

国库补助金是根据国家财政条件和教育多样化政策性需要，按不同的中央行政部门支援的财源。支援市、道教育费特别会计的国库补助金，意在强化国家教育事业和地方教育事业之间的关系，支援符合国家要求的地方教育及国家委托地方完成的教育〔3〕。《补助金管理相关法律》第2条第1款规定："国库补助金是为了对中央政府外的其他人或机构实施的业务进行调整或进行财政上的援助而交付的资金。"〔4〕

〔1〕〔2〕〔3〕 [韩]玄大勋. 为推进学校运营自律化而进行的财政实态分析[D]. 首尔：韩国教师大学，2012.

〔4〕 [韩]监查院. 由于监督机构的管理混乱等原因带来预算执行的非效率性[M]. 首尔：监查院，2013.

地方交付税和国库补助金的差别见表2-2。

表2-2 地方交付税和国库补助税的差异

	地方交付税	国库补助金
法律依据	《地方交付税法》	《补助金管理相关法律》
目的	保障地方自治团体财源及缓和财政不均衡	支援地方自治团体的特定事业
来源	内国税的19.24%	国家的一般会计或特别会计预算
分配	按财源不足额度基准分配	用于指定的项目

2. 地方自治团体转移收入

地方教育财政财源中地方自治团体转移收入包括地方教育税，香烟消费税转入金，市、道税转入金，学校用地一般会计负担金等。《地方教育财政交付金法》第11条第1项规定，“市、道的教育及学业所需经费由当年地方自治团体的教育费特别会计来负担，它由法定转入金和非法定转入金来组成”。

法定转入金包括以教育费特别会计转出地方税项目的一部分或全部及转出学校用地负担金。《地方教育财政交付金法》第11条第2项是法定转入金有关规定，“地方教育税，特别市、广域市香烟消费税的45%，特别市税总额的10%，广域市、道税总额的5%，的必须转出为教育费特别会计。”

非法定转入金包括由市、道根据当年财政结余和需要来转为教育费特别会计的部分，也包括根据《学校供餐法》第3条，《学校图书馆法》第3条，《读书振兴法》第3条等法令由市郡区域转出的充当教育费特别会计的部分[1]。

三、教育经费的使用

基础教育阶段，教育经费主要用于人事费（教师的工资）、物品费、购买资产费、偿还支出、对学校的支援等方面，表2-3是韩国2011年教育经费的支出情况。

〔1〕[韩]金载勋.关于地方教育财政合作的研究[M].首尔：韩国地方财政学会，2012.

表 2-3 基础教育阶段经费支出情况(2011 年)〔1〕 单位:百万韩元

支出项目		支出经费	项目总计
人员经费	教师	17 173 990	28 090 920
	行政职员	6 878 798	
	其他职员	1 149 543	
	社会福祉支援	3 239 640	
	私立学校教职员	3 980 891	
物品费			1 343 276
转移支出			411 200
购买资产	土地购买费	642 800	5 241 421
	设施费	4 211 517	
	资产购买费	192 960	
	其他资产购买费	194 144	
偿还支出	地方教育债	838 542	1 559 265
	民间资本支付金	720 723	
学校支援	公立学校	7 874 116	10 091 025
	私立学校	2 154 117	
	其他	62 792	
预备金及其他			76 959
总计			46 814 066

第四节 基础教育阶段教师的身份保障制度

韩国历来十分重视教师形象的塑造和社会地位的提高。韩国政府大力倡导

〔1〕[韩]教育开发院.教育统计分析资料集(幼儿教育、初等教育、中等教育篇),2012.

尊师重教，特别立法要求国家及地方自治团体既要努力造成一种全社会尊敬教师的气氛，又应特别优待教师的报酬。

一、对教师素质的要求

韩国《教育法》规定："教师是指在各学校中直接指导、教育儿童和学生的人。""教师要经常努力培养自己为人师表的品格和提高自身素质，钻研学问，探求教育的原理和方法，全心全意致力于国民教育。"1982年，韩国制定并颁布的《师道宪章》和《师道纲领》，对教师提出了如下要求：

(1) 确立教育的专门性。确保教育的专门性是时代和社会的主要课题，是专门教育职业观对教育者的要求和应树立的观念。确立教育的专门性是教育发展的关键，所以教师必须是具有专门性教育职业观的人。

(2) 要符合全人教育思想。这是韩国自古以来所追求的教育思想对教师的期待。

(3) 要符合终身教育思想。这是新时代对当代教师的期待。

(4) 要伸张教育权。

随着社会的变化及教育的发展，教师的角色也发生了很大的变化。为了适应教育需求的变化，韩国教育人力资源部于2006年11月颁布了《教师培养体制改革方案》，制定了对新任教师应具备的资质与能力的一般标准，对教师的素质要求具体如下[1]：

标准一：教师要具备健全的人格与教职使命感及伦理意识。要求教师教师要具备健全的人格；具备教职使命感；教职伦理意识及社会的责任意识。

标准二：教师要献身于学生的学习及福祉。要求教师要尊重学生，公正地对待学生；在帮助学生使其自身的潜力最大限度地发挥出来；要积极应对每个学生的教育要求。

标准三：教师要理解学生及学生的学习、发展。要求教师要理解学生已有的学习习惯、学习方式、学习动机、学习要求；要理解学生的认知、社会性、情绪、身

---

〔1〕 [韩]教育人力资源部．教师培养体制改革方案[R]．教育人力资源部，2006．

体的发展;要理解每个学生的特性与家庭、社会、经济、文化的环境。

标准四:教师要具备学科的专业知识。要求教师要深入理解所教授学科的内容;要理解作为教学科目基础的核心概念、概念间的关系、探究方式;要不断地探究教学科目及基础学科的最新知识。

标准五:教师要开发并实施与学科、学生及教育环境相适应的教育课程。要求教师要理解国家水平的教育课程;要对国家教育课程按照学生及教育状况进行重组;要努力进行教育课程资料的研究及开发。

标准六:教师要有效地设计、实施课堂教学。要求教师要设计适合教育目标、学科特点及学生的课堂教学;要灵活运用多种教学方法及各种活动、资料、媒体,有效地实施课堂教学;要诊断学生对学科的学习要求,提供适当的支持。

标准七:教师要监督、评价学生的学习。要求教师要应用适合评价目的及内容的多样化的评价方法;要对评价结果进行妥当的分析并与学生进行有效的沟通;要把评价结果应用于对学生学习的支持及教学的改进。

标准八:教师要创造有助于学习的环境及文化。要求教师要支持学生自主地解决问题及决策;教师要民主地进行班级管理;教师要创造相互尊重、信任的学校文化。

标准九:教师要与教育共同体的成员一起构筑合作关系。要求教师要理解教育的社会、文化、经济脉络;要与教育共同体的成员进行有效的沟通;要诱导并维持教育共同体成员对学校教育的参与及合作。

标准十:教师要不断努力地提高其专业性。要求教师进行研究并提高自身的教育实践;要积极参与校内的进修计划与活动;教师不仅要关注现实,要终身不断地学习。

《教师培养体制改革方案》中对教师素质的规定更加具体,与“师道宪章”中的要求相比,更加强调了对教师专业化、教职素养及教育效率的要求。这种对教师素养的高要求,也保证了教师的专业地位,使其身份更具保障。

二、教师身份的法律保障

教师的法律身份,是定位教师的工作性质与教育内容、确定教师与教育环境各要素之间关系的核心依据。

韩国自教师队伍建立初期就明确了教师作为专门职业的性质，将所有教师确定为国家公务员。为进一步强调教师这个专门职业的特殊性，韩国于1981年颁布《教育公务员法》，在第1条就明确指出："考虑到教育公务员服务全体国民的职务特点和责任的特殊性，本法作为国家公务员法和地方公务员法的特例法，以特别规定适用于教育公务员的资格、聘用、报酬、培训及身份保障相关内容为其目的。"《教育公务员法》第43条明确指出："教育权必须得到尊重，教师不受任何使教师的专门地位和身份受到影响的不当干涉。"不仅如此，韩国于1997年特别制定《提高教师地位的特别法》。该法第2条规定了教师的身份和专门职业的性质应得到中央及地方教育行政机构乃至全社会的尊重：国家、地方自治体及其他公共机构应努力创造条件使教师得到全社会的尊重，使其以高度的荣誉感和使命感从事教育活动。国家、地方自治体及其他公共机构应特别注意到，教师在对学生进行教育和指导活动的过程中，其权威应受到充分尊重。

此后，韩国陆续颁布关于教师的相关法令，内容广泛涉及教师的培养、聘用、资格、人事调动、晋升、培训、惩戒等方面，使得一切与教师有关的管理工作都有法可依。在这些法规中，特别为保障教师地位和权益，使教师在工作中免受不当待遇而制定的专门法规就有《教育公务员法》《提高教师地位特别法令》《为提高教师地位的交涉、协商相关规定》《教师惩戒、处分再审规定》等。

工作稳定是韩国中小学教师得以安心从教的重要原因。韩国不少教师相关法令中涉及教师工作权利方面的内容。韩国的《提高教师地位的特别法》第4条规定："教师除为现行犯人之外，没有经过所属学校之长的同意不得在校园内逮捕。"这是韩国特别法规定的"教师的不逮捕特权"。同时，该法第6条规定："教师除被判刑、受惩戒处分或依据法律规定的事由外，不得违悖其意愿，受到休职、降任或免职的处分。"明确了教师不可侵犯的工作尊严和权利。此外，根据《教育公务员法》第47条，教师对人事管理问题的任何意见，都可通过教育部下设的"教育公务员中央苦衷审查委员会"进行咨询，并不因此而受到任何不利待遇。为防止出现教师在受到惩戒、接收人事管理安排的过程遇到不公现象却“有冤无处诉”的现象,《提高教师地位特别法令》第7条规定:“……教育科学技术部下设‘教育申诉审查委员会’,负责申诉案件,并再审各级各类学校教师的惩戒处分以及其他违背本人意愿、对其不利的各类处分(包括拒绝续聘)。”

不仅如此,韩国还另颁布《教师惩戒、处分再审规定》和《为提高教师地位的交涉、协商相关规定》,对教师的任何惩戒、处分规定都将受到专门委员会的细查以保障教师的合法权益不受侵害。

三、教师经济地位的保障

优厚、稳定的工资报酬制度历来是韩国的教师职业保持旺盛吸引力的重要原因。而关于这个问题,韩国的法律也有明确的相关规定。《教育公务员法》第34、35、36条和《提高教师地位特别法令》指明,教师的报酬应得到特别的优待,私立学校教师的报酬应不低于国、公立学校教师。

为了更好地提高教师的社会地位和经济地位,韩国于1991年制定并颁布了特别法律《提高教师地位的特别法》。这项法律的宗旨为“通过改善教师的待遇及处境,加强教师的身份保障,提高教师地位,从而促进教育的发展”。该法第2条规定:“国家、地方自治团体及其他公共团体应努力造成一种全社会尊敬教师的气氛,使教师带着自豪和使命感来从事教育活动。”“应特别考虑保证教师在教育和指导学生上的权威得到尊重。”“应在其主管的事业中优待教师,并积极地与教师进行协调,使其更圆满地充成教育活动。”

由于教师的工资待遇是左右教师士气和教职吸引力的关键要素,因此韩国教育部在改善教师待遇这方面做了很多的努力,并取得了很大成效。早在20世纪,韩国教师的整体工资水平就高于其他大多数国家。根据1988年美国教育周刊中登载的美国国立教育中心的统计资料,以1984年为基准,各国的人均GNP与教师年平均工资之比分别是:日本为2.03倍,美国为1.66倍,瑞典为1.37倍,韩国为3.32倍。近些年来,教师薪水的增加幅度虽然不大,但整体的工资水平依然保持在较高的水平。

表 2-4 2010 年主要国家的基础教育阶段教师年薪[1]

单位:美元购买力指数(PPP)换算额

	小学				初中				高中			
	初任	10 年经历	15 年经历	最高年薪	初任	10 年经历	15 年经历	最高年薪	初任	10 年经历	15 年经历	最高年薪
OECD 平均	28 523	34 968	17 603	45 100	29 801	36 683	39 401	47 721	30 899	38 190	41 182	49 721
韩国	26 776	39 722	46 338	74 149	26 670	39 616	46 232	74 043	26 670	39 616	46 232	74 043
加拿大	34 443	52 205	54 978	54 978	34 443	52 205	54 978	54 978	34 588	52 436	55 191	55 191
芬兰	29 029	35 335	37 455	39 702	31 351	38 162	40 451	42 879	32 276	41 162	42 809	45 377
法国	24 334	30 572	32 733	48 296	27 148	33 422	35 583	51 301	27 420	33 658	35 819	51 560
德国	46 456	—	56 771	61 209	51 058	—	61 784	68 592	53 963	—	66 895	76 433
意大利	27 051	29 728	32 685	39 762	29 122	32 270	35 583	43 666	29 122	33 056	36 582	45 653
日本	25 454	37 838	44 788	56 543	25 454	37 838	44 788	56 543	25 454	37 838	44 788	58 075
英国	30 204	44 145	44 145	44 145	30 204	44 145	44 145	44 145	30 204	44 145	44 145	44 145
美国	36 858	42 889	45 226	45 226	36 772	42 982	45 049	55 259	37 267	44 011	48 446	55 199

从表 2-4 可以看出,虽然初任教师的工资低于 OECD 国家的平均水平,但随着工作年限的增长,教师的工资水平越来越高,到工作 10 年之后,其工资水平就已经高于 OECD 的平均水平,教师的最高工资更是远高于平均水平,是所有参加统计的国家中最高的。而且,根据《教育法》第 13 条"教师的社会、经济地位要适当地给予优待"及《教育公务员法》第 34 条的"教育公务员的报酬要优惠"的规定精神,教师与其他行业人员的工资相比也要相对高一些。同时,韩国的教师实施单一工资级别制,从而消除了中小学教师之间工资的差异,这一点从上表中也可以看出,韩国小学、初中及高中教师的工资差别,在 OECD 国家中是最低的。

此外,韩国还设有专门的教师组织,如韩国教职工工会、韩国教师团体总联合会等,为改善教师的经济地位及社会地位发挥了重要作用。韩国还于 1981 年成立了专门的教师福利机构——韩国教职员工共同基金会,其目的就是改善教师的福利,提供永久的经济保障,确保教育工作者能够全身心投入自己的工作[2]。它推行多种福利计划,致力于让所有教师都能为自己的工作感到骄傲,并且享受稳定的财政保障。

---

[1] [韩]韩国教育开发院. 从国际指标看韩国教育 2012[R]. 首尔:韩国教育开发院,2012.

[2] 黄非非. 论韩国中小学教师薪酬制度及其对我国的启示[J]. 安康学院学报,2011(2):111-113.

第三章

韩国基础教育课程

韩国十分重视基础教育的课程改革。从第二次世界大战结束到目前为止，韩国共进行了七次课程改革，每次改革都根据社会发展的要求确立不同的课程理念、课程目标及具体的内容，教育课程的改革对韩国基础教育的发展起到了重要的促进作用。

第一节 韩国基础教育课程的变迁

二战结束初期，韩国在美军政厅学务局的组织下成立了“教学大纲制订委员会”，负责制订各级各类学校的教学大纲，编制教学科目和课时分配表。当时的基础教育课程着力普及韩国语、韩国历史和文化，努力清除日本殖民地奴化教育的残余。当时所制定的“教学大纲”并没有经过充分讨论和研究，学制、课程和内容是根据美国模式而制定的。这一时期的课程只以“教学大纲”为指导，所以韩国学者把这一时期的基础教育课程称作“教学大纲课程时期”。韩国真正意义上的课程改革是从朝鲜战争结束后开始的。

一、第一次教育课程改革(1954—1963)

根据《教育法》，韩国于1950年公布了“教学大纲制订审议会规定”，着手制订教育课程。由于朝鲜战争的爆发，1953年3月重新着手这项工作，于1954年4月20日公布了“教育课程与课时分配标准”。1955年8月1日，公布了小学、初中、高中和师范学校的教育课程。这次课程改革是由韩国人自己决定并制定的，所以称之为“第一次教育课程改革”。但是，这次课程改革受到美国教育思想的影响。

这次课程改革的特点是：

(1) 停止使用以前只以知识为中心的课程，制订了尊重学生经验和生活的课程。虽然规定了“学科和课时分配标准”,但不是以每周和学时为限,而是规定了各科目年学时的最多与最低数。同时,可以根据各地区、学校的条件来灵活掌握。同时,在课程中设置了“特别教育活动”时间,与学科学习同等相待。并把“社会生活”课和“科学”课作为广义的学科课程,定为必修课程。

(2) 这次教育课程改革力图纠正过去只重视学科知识教育的倾向,把教育目标定为培养学生具有实际生活的知识、技能、态度和习惯,并最大限度地满足学生的求知欲,进行综合教育。

很显然,这次课程改革深受美国杜威的“进步主义教育”思潮影响。同时,受美国冷战意识形态的影响,强调对学生进行所谓的“反共”道义教育,偏重职业技术教育以及地方特色,并没有达到这次课程改革的目的。因此,这次改革被韩国教育专家们称作“只不过是一次以‘科目为中心’的课程修改”而已。

二、第二次教育课程改革(1963—1973)

20 世纪 50 年代末,韩国社会混乱、政局动荡,1961 年 5 月 16 日,朴正熙军人集团发动政变后组成了“第三共和国”。政府制定了“韩国第一个五年经济开发计划”,在美、日的援助和支持下国民经济逐渐好转。随着社会变动和经济发展,原有的课程已经不适应社会的要求,韩国文教部在 1960 年初开始组织各学科教育课程修改委员会,着手制订新的教育课程的准备工作,并于 1963 年 2 月 15 日公布了新的教育课程。

1963 年公布的教育课程改革大纲突出强调以下几点:在教育课程的内容上强调自主性、生产性、实用性;在教学组织上强调各学科结构的合理性;在课程的安排上强调地方性。

这次课程改革有以下几个特点:

(1) 课程的总体结构变化。由上次的两个类别,改为三个类别,即增加了所谓的“反共、道德生活”课,这是当时韩国作为反对社会主义冷战战略的桥头堡所需要的,也是为了使美、日能够援助韩国发展经济以及用这种意识形态动员国内人们参加“国防建设”的需要。

(2) 突出教育课程的效益性。在教育内容上强调确立接近生活和实际的知识体系,明确地提出教育内容要为达到国家教育目标服务。

(3) 改革中等教育课程体系,大幅度加强职业教育课程。在第一次课程中选择了不分人文和职业教育的单一教育课程体系,在这次改革中分为普通(人文)高中和职业高中二类课程,其内容比例也加以调整。职业高中的实业课程时数由第一次课程改革时的30%增加到第二次的50%;而人文课程则由70%下降到50%。

(4) 在课程的组织安排上提高了灵活性,赋予学校和学生选择科目的余地。如在高中实行学分制或学分制与班级制相结合的体系,学年授课时间为36周,由学校根据实际情况安排。

这次改革选择"以生活或经验为中心"的课程理论作为基础,在课程目标及内容上都有具体的体现,这次的基础教育课程改革表明,"韩国的教育课程真正进入了教育课程的新层次,与其说是引进了外国教育思潮,不如说是当时社会情况需要实用主义教育和生计教育"[1]。

三、第三次教育课程改革(1973—1981)

由于受1957年苏联发射人造卫星的冲击,美国于1958年制定了《国防教育法》,开始加强基础理论的教育和研究,这种思想也影响到了正处于经济起飞阶段的韩国。这时的韩国政府深刻地认识到人力资源开发是经济发展的原动力,认为教育是左右国家命运的重要因素,提出要加强国民伦理和国民精神、民族主体性等方面的教育[2]。

为此,韩国文教部从1969年开始制订对各级基础教育学校教育课程进行全面地分阶段地修改的计划,1970年6月成立了"教育课程审议会",着手整理资料,起草课程改革试行方案。1971年1月首先发表了小学和职业高中的试行方案后,选定了30所学校进行了2年的实验和评估,到1973年2月正式公布了新的课程大纲。

---

〔1〕[韩]许蔹.我国教育课程变迁的背景[J].新教育,1992(1).
〔2〕[韩]韩国文教部.韩国教育三十年[M].首尔:教育文教部,1980:73.

这次教育课程改革有两大突出特点:

(1) 强调加强国民精神教育,恢复道德性和确立民族主体性教育,以此来实现振兴韩国的理想。这次课程改革加强了道德教育和国史教育,取消上次贯穿所有学科的“反共道德”教育,设立独立的“道德课”和“国民伦理课”,在中小学普遍开设“国史”课。

(2) 这次课程改革是以“以学问为中心”的理论体系为基础进行的,强调培养学生的思考能力、应用能力和创造能力,反对过去以记忆为主或单纯解决问题方案的教学,要求学生具有理解各学科的基本概念和进行的研究能力。这种思想倾向比较集中地反映在数学、科学及社会等学科中。如非常重视数学概念的早期导入以及概念与原理的学习,在科学课程中重视学生研究、发现等能力的培养,在社会课程中注重中内容的结构化、体系化和与思考能力相结合等。

但是,这次改革没有考虑到提高学生的基础学力,忽视了基本概念的理解和运用及发现性学习[1]。同时,由于整个社会和教育的条件不足,使这次教育课程改革只是追赶时代大潮流,把上次的“生活中心课程”改为“学问中心课程”,并没有完全达到改革的预期目的。

四、第四次教育课程改革(1981—1987)

从 20 世纪 60 年代中期起,韩国推行“出口主导型”经济开发战略,充分利用国际环境,使韩国的经济急速增长,成为使世人瞩目的亚洲“四小龙”之一。进入 80 年代,韩国经济结构由“劳动密集型”向“资本、科技密集型”转轨,使得政府更加重视通过教育来培养本国的各类高级人才。为了培养国家经济发展急需的各类人才,文教部于 1980 年 10 月委托给韩国教育开发院起草新的课程改革方案,并于 1981 年 12 月 31 日正式颁布了课程改革大纲。

这次教育课程改革的特点如下:

(1) 建立了系统的基础教育课程体系。在这次课程改革中,韩国第一次将幼儿园、小学、初中和高中的课程统一考虑,注意到了各教育阶段课程内容的衔

〔1〕[韩]郭柄善. 教育课程[M]. 首尔:培英社,1991:155.

接及知识体系的连贯,形成了连贯的基础教育课程体系。

(2) 制定了着眼于未来社会的人才标准。在这次课程改革中,第一次明确提出了课程所要培养的人才标准,培养“新的韩国人形象”,即要培养健康的人、有审美观的人、有能力的人、有道德的人及自主的人。

(3) 强调在课程中建立系统的国民精神教育体系。韩国政府认为,虽然已经在学校教育中进行了长期的国民精神教育,但国民的散漫习性并未得到根本改变,特别是随着国民经济的发展和国民生活的提高,学生不努力学习、精神空虚的现象越来越多,犯罪率也明显增加。因此,在学校课程中,必须建立包括纵向和横向相结合、系统的国民精神教育体系。纵向的课程体系是指建立一套从从幼儿园、小学、初中、高中,按着学生的年龄、知识、心理、身体特点实施的国民精神教育课程,即在幼儿园、小学、初中开设道德课和社会课,在高中开设国民伦理课。在这些课程中直接系统地反映出国民精神教育内容。横向的课程体系是指,在学校的教育课程中,不仅是道德课、社会课和国民伦理课,而且通过国语、文学等课程也要间接地进行国民精神教育,在数学、自然、科学、体、音、美、实科等课程中,也要间接地渗透国民精神教育的内容。并要求使国民精神教育贯穿学校教育的全过程,使国民精神教育生活化。

(4) 建立了新的课程理论体系。本次课程改革对“教育课程”的定义做了新的规定:在学校中,对学生进行什么样的教育、教些什么,应由国家层次的课程大纲(分为总论和各论)来决定。因此,“课程大纲”中设定了具有理论意义的“总论”和具有实际意义的“各论”。“总论”由各级学校教育的一般方向和教育课程的构成方向、各级学校的教育目标、学科编制和课时分配、管理方针等形成,“各论”则包括制订各学科的具体目标、内容、指导重点和评价标准等方面。

(5) 编制并实施了小学一、二年级的“综合课程”。这是韩国课程史上第一次综合课程改革的尝试,根据儿童身心发展的特点和各科课程不同特点,批判了以前只重视单一学科教学的倾向,制订了综合性课程。即将内容相近、教学活动相似的有关课程编成了“综合教育课程”,统一实施。其中,有把道德、国语、社会三科综合起来的教育课程,有把算术、自然两科综合起来的教育课程,也有继续以单科实施的课程,如体育、音乐、美术、实科等。但是,这种“综合”并不成功,在实施过程中遭到了各方的批评。

总体上看，这次课程改革制定的是以“人为中心”的教育课程，但由于这次教育课程改革又是由外部强制性推行的，改革的结果是带来了“教育官僚化和僵化性[1]。”

五、第五次教育课程改革(1987—1992)

随着教育理论和课程理论的演变及社会的发展变化，教育质量的提高成为新时代的迫切要求。韩国政府在制订“面向21世纪教育发展战略构想”的同时，于1986年2月再次委托韩国教育开发院对教育课程进行了修订。新的教育课程分别于1987年颁布，并于1989年至1990年分阶段开始实施。

这次课程改革的总的指导思想是：“培养在信息化、开放化和国际化的21世纪，社会所要求的具有主体精神、创造精神和有道德的韩国人。”这次课程改革特点如下：

(1) 幼儿园教育课程加强了与小学课程的衔接，以使儿童就学后能顺利接受学校的正规教育。

(2) 在小学一、二年级开设综合教育课程。这次课程改革不是把教科书的内容简单地合并起来，而是为了解决教育目标、内容、指导和评价等一贯性的问题对课程进行重组，并要求在40分钟授课时间里灵活地掌握教学内容。在一年级开设综合性的“我们是一年级”及“正确生活”课，按照相近的主题向学生介绍与日常社会生活相关的内容。此外，把与自然科学相关的的内容编为“智力生活”课，把体、音、美合并为“愉快生活”课。但在开设综合教育课程的同时，也强调提高基础学习能力和学习资料的多样化。因此，在小学 、二年级的课程中把语文和算术又独立分出来，以便加强语言和数理的基础，培养基本学习能力。同时，摆脱过去一个学科一种教科书的体制，建立了一个学科多种教科书的体制，开发多种多样的学习资料。此外，改善了评估方法，提倡合理地灵活地掌握每周的授课时间和特别活动。在对小学一、二年级的课程活动的评估上，废止了过去的分数评估法，而对学生的活动状况、进步程度、特点等采用文字描

[1] [韩]全国教职员劳动组合初等教育委员会.端正初等教育[M].首尔:常绿树出版社,1991:38.

述的方法。

(3) 初中的课程系统地反映了国家和社会对教育的要求,如国民精神教育、计算机教育、环境教育、性教育、人口教育、经济教育、职业生涯教育教育、海洋教育、统一安全保卫教育等都要通过全部教育活动来实现,并反映到与此相关的科目指导内容上,形成体系化。同时,在初中阶段加强数学和科学教育,新设了"技术·家政"课程。并调整了"特别活动"领域,在学生会活动、文艺活动和学校例行活动三个领域的基础上增加了"班级活动",为班主任进行生活指导提供了必要的保证。

(4) 高中的课程扩大了校长对教育课程安排的自主权。以前的课程安排只给校长以各科的最小和最大单位的调整权,而在新课程中,校长可以根据学校的实际情况,在三年总学时数 204～216 之间增减各科的基准学时数。为了减轻学生的学业负担,对课程内容进了综合与调整,减少了科目数量。如使人文、社会科学的课程从 13 个学科的 32 门减少到 27 门,自然科学的课程从 13 个学科的 31 门减少到 26 门。此外,新设了信息产业科目,进行计算机等相关知识的教育,以适应 21 世纪信息社会的挑战。

从第五次课程改革的整体情况来看,其最大的特点是课程的综合化,所以这次课程也叫做"综合课程体系"。

六、第六次教育课程改革(1992—1997)

韩国文教部从 1990 年起着手进行第六次课程改革工作,于 1992 年 6 月首先公布了初中教育课程改革大纲。这次教育课程改革是作为促进迎接 21 世纪的教育改革的一环而进行的,把着眼点放在面对民主化、信息社会化、高度产业化、国际化和朝鲜半岛统一等时代和社会的快速变化,改善教育现实问题,提高初等和中等学校的基础普通教育质量以及涵养道德和并发创造精神等方面。

这次课程改革的主要特点是:

(1) 实行教育课程的分权化。改变过去的中央集权型课程为地方分权型课程,以改善课程的划一性、僵化性和封闭性,增加地方课程的自主权及灵活性,扩大市、道教育厅和校长的创造性和自主决定权。

(2) 教育课程结构的多样化。实行多样化的课程,精选必修课、扩大选修课,在课程设置上充分反映时代的要求。

(3) 教育课程内容适量化。为了减轻学生的学业负担,调整了各学科的学时数和标准,消除学习内容上的性别差异。

(4) 教育课程管理效率化。此次课程改革非常重视学生的适应性、能力、个性、发展和未来的职业发展,改进了教学方法及评价方法。

七、第七次基础教育课程改革(1997年至今)

韩国教育部于1997年12月30日颁布了第七次基础教育课程大纲,决定小学从2000年3月开始实行新的教育课程。韩国第七次教育课程大纲修订历经3年,投入资金50亿韩元,广泛征求了教育课程专家、教授、一线教师、学生家长的意见,所以被称之为广泛收集意见、由国民协议而产生的以学生为中心的教育课程。这次教育课程由国民共同基本教育课程和高中以选择为中心的教育课程构成,引入了不同水平的教育课程,新设及扩大了能力培养活动,设定了目标(能力)中心的教育课程内容,扩大了地区及学校的自主性。

1. 课程改革的方针

韩国第七次课程改革的方针是:

(1) 依据国民共同基本课程体系编制课程。在开发各学科的内容时,要从以学校、班级为基础来组织的方式中摆脱出来,把国民共同基本课程看作一个整体,以学年制或阶段制为基础来组织教育内容。

(2) 考虑学生的个别差异,编制不同水平的课程。

(3) 陈述能力中心的目标,并将具体内容的提示最小化。为使学生提高自学能力和思考能力,在编制各学科的教学内容时,以能力为中心进行目标陈述,尽量减少具体内容的表述,避免信息罗列型的课程。为了完成教学目标,要扩大市、道教育厅和学校及教师在选择教学内容和课程表运营中的自主性,运用多种教学方法。

(4) 加强学科教育中计算机的利用。在进行各学科教学时,要从以书本为中心的教学中摆脱出来，积极利用计算机辅助教学，在组织各学科的教学内容时，要插入计算机教学的内容。国家多媒体教育支援中心和教育课程评价院要对学校进行支援，使学校能进行利用计算机的学科教学和个别化教学。同时，使学校能利用教育信息网进行教育，使学校和家庭能积极利用计算机进行联系。

(5) 改善评价的方法。在道德、体育、音乐、实业科等包含很多道德性、情绪、实际操作的学科中，不能进行等级化的评价，要以陈述的方式进行评价。

(6) 确立课程支援体系。强调新课程要有助于学生健全人格的发展，尊重多种能力和个性，培养学生的独创性、有用的智力价值。提出在全面研究现行韩国课程体系的基础上，树立可以使学生根据自身的个性和素质选择教学科目、能动地自律地学习的以学习者为中心的课程体系。[1]

2. 教育课程改革的目标

韩国第七次课程改革要求将以前以教科书为中心、以供给者为中心的学校教育体制转变为以课程为中心、以教育需求为中心的教育体制；作为学校经营负责人的校长和授课者的教师要成为教育内容和方法的主人，确保其专家的地位；充分考虑地区及学校的特性、自律性和创造性，开展富有个性的多样化的教育。

此次课程改革的目标是培养富有健全人性和创造性的人，即：

(1) 在全面发展的基础上追求人性的人。

(2) 以基本能力为基础，发挥创造性的人。

(3) 以丰富的教养为基础，开拓前进道路的人。

(4) 在理解韩国文化的基础上，创造新价值的人。

(5) 以民主市民意识为基础，为共同体发展做出贡献的人。

在此次改革中，课程编制的方针是：培养学生可以主导社会变化和潮流的基本能力；建立国民共同基本课程和选修中心课程体系；谋求教育内容的量和水平的最佳化，形成有深度的学习；考虑学生的能力、个性、发展前途，使教育内容和方法多样化；在课程编制和实施方面，提高一线教师的自主性；确立课程评价体系，强化教育质量的管理。

---

[1] [韩]教育部. 高中教育课程大纲(1)[M]. 首尔：韩国教育部，1997:2.

3. 学科课程的设置

(1) 国民共同基本课程

为了适应知识、信息量的急剧增加和知识、信息社会的要求，设定从小学一年级到高中一年级这 10 年间为国民共同基本教育时间，在此期间不是以学校级别、而是以年级制为基础，建立具有一贯性的课程体系。

国民共同基本课程体系分为学科课程、特别活动和学校自选活动等三个领域。

学科课程包括国语、道德、社会、数学、科学、实科(技术、家政)、体育、音乐、美术、外国语(英语)。其中，小学一、二年级的学科课程是国语、数学、正确的生活、智慧的生活、愉快的生活和我们是一年级生。高中一年级(十年级)的学科课程包括道德、国语、数学、社会(包括国史、一般社会、地理、世界史等)、科学(包括物理、化学、生物、地球科学等)、体育、音乐、美术、技术・家政、英语等 10 个科目。特别活动由自治活动、适应活动、开发活动、服务活动、例行组织活动等组成。自选活动是学校课程的重要构成要素。它可以应用为学科特别活动的补充和深化学习(讨论、读书、调查学习、活动学习、现场学习、发表会、服务活动、团体活动等)时间，也可以新设学科课程中没有的科目(如第二外语、环境、汉字、汉文、世界理解、学习方法、个人研究学习等)，让学生选修。自选活动由学科自选活动和创造性自选活动组成。

高中一年级国民共同基本课程的学时分配如下：国语 136 学时，道德 34 学时，社会 170 学时(其中国史 68 学时)，数学 136 学时，科学 102 学时，技术、家政 102 学时，体育 68 学时，音乐 34 学时，美术 34 学时，外语(英语)136 学时，自选活动 204 学时，特别活动 68 学时，全学年的授课时数为 1 224 学时。[1]

(2) 以选修为中心的普通高中课程

韩国考虑到普通高中二、三年级学生的能力、兴趣和将来的出路，建立了以选修科目为主的课程体系。因此，废除了以前普通高中二、三年级所实行的课程分类(人文课程，自然课程，艺能、体能课程，职业课程)，开设多种类型的满足学

〔1〕 [韩]教育部. 高中教育课程大纲(1)[M]. 首尔：韩国教育部，1997：6.

生个人需要的课程。

高中二、三年级的选修领域包括：

语文领域：包括国语Ⅰ、Ⅱ、Ⅲ、Ⅳ，作文，书法，汉文Ⅰ、Ⅱ，韩国古典文学，韩国现代文学Ⅰ、Ⅱ，世界文学Ⅰ、Ⅱ等。

数理领域：包括数学Ⅰ、Ⅱ、Ⅲ、Ⅳ，应用数学，基础数学Ⅰ、Ⅱ等。

外语领域：包括英语Ⅰ、Ⅱ、Ⅲ、Ⅳ，实用英语Ⅰ、Ⅱ，英语作文，法语Ⅰ、Ⅱ，中国语Ⅰ、Ⅱ，日语Ⅰ、Ⅱ，西班牙语Ⅰ、Ⅱ，俄语Ⅰ、Ⅱ，阿拉伯语Ⅰ、Ⅱ等。

科学领域：包括物理Ⅰ、Ⅱ、Ⅲ、Ⅳ，化学Ⅰ、Ⅱ、Ⅲ、Ⅳ，生物Ⅰ、Ⅱ、Ⅲ、Ⅳ，地球科学Ⅰ、Ⅱ、Ⅲ、Ⅳ，环境科学Ⅰ、Ⅱ、Ⅲ、Ⅳ，科学史等。

人文领域：包括国史Ⅰ、Ⅱ，历史Ⅰ、Ⅱ，世界史Ⅰ、Ⅱ，美术史，人文经典，伦理，哲学，逻辑和批判性思考，逻辑与计算机，宗教等。

社会科学领域：包括韩国地理Ⅰ、Ⅱ，世界地理Ⅰ、Ⅱ，政治学，经济学，社会学，心理学，教育学等。

实业领域：包括家政Ⅰ、Ⅱ，生产技术，计算机入门，计算机语言Ⅰ、Ⅱ，信息处理，农业，工业，商业，水产业，林业等。

艺能·体能领域：包括体育Ⅰ、Ⅱ、Ⅲ，音乐Ⅰ、Ⅱ，美术Ⅰ、Ⅱ，舞蹈，话剧，歌剧，电影艺术，其他艺能·体能领域的专门学科等。

在具体的选修领域，科目的种类和水平通过各学科领域的相关人士的讨论由教育部确定，但是可以根据学习内容的难易程度，开设从较低水平到较高水平的多种水平的科目，也可以把各学科学习内容的各领域细分为单独的科目。而且根据各学校和地区的特点，可以新设没有列在国家课程中的选修课程。

高中二、三年级的选修科目分为指定选修和自由选修两种类型。在指定选修科目中，由市、道教育厅指定的科目占高二、高三总课时数的30%，由学校指定的科目占高二、高三总课时数的20%左右，学生在指定的领域内选修。自由选修约占总课时数的50%左右，学生按照自己的能力、兴趣和职业发展方向自由地选修。

下面以高中为例，介绍其课程的设置及学时分配情况（表3-1）。

表 3-1 第七次教育课程改革中高中选修中心课程设置及其学分分配(普通课程)〔1〕

课程与学分 \ 类别		国民共同基本课程	选修科目	
			一般选修科目	深化选修科目
科目	国语	国语(8)	国语生活(4)	讲演(4)、读书(8)、作文(8)、语法(4)、文学(8)
	道德	道德(2)	市民伦理(4)	伦理与思想(4)、传统伦理(4)
	社会	社会(10)(国史 4)	人类社会与环境(4)	韩国地理(8)、世界地理(8)、经济地理(6)、韩国近现代史(8)、世界史(8)、法律与社会(6)、政治(8)、经济(6)、社会与文化(8)
	数学	数学(8)	应用数学(4)	数学Ⅰ(8)、数学Ⅱ(8)、微积分(4)、概率与统计(4)、离散数学(4)
	科学	科学(6)	生活与科学(4)	物理Ⅰ(4)、化学Ⅰ(4)、生物Ⅰ(4)、地球科学Ⅰ(4)、物理Ⅱ(6)、化学Ⅱ(6)、生物Ⅱ(6)、地球科学Ⅱ(6)
	技术、家政	技术、家政(6)	信息社会与计算机(4)	农业科学(6)、工业科学(6)、企业经营(6)、海洋科学(6)、家政科学(6)
	体育 音乐 美术	体育(4) 音乐(2) 美术(2)	体育与健康(4) 音乐与生活(4) 美术与生活(4)	体育理论(4)、体育实际技能(4 以上) 音乐理论(4)、音乐实际技能(4 以上) 美术理论(4)、美术实际技能(4 以上)
	外语	英语(8)		英语Ⅰ(8)、英语Ⅱ(8)、英语会话(8)、英语讲读(8)、英语作文(8)
			德语Ⅰ(6)、法语Ⅰ(6)、西班牙语Ⅰ(6)、中国语Ⅰ(6)、日语Ⅰ(6)、俄语Ⅰ(6)、阿拉伯语Ⅰ(6)	德语Ⅱ(6)、法语Ⅱ(6)、西班牙语Ⅱ(6)、中国语Ⅱ(6)、日语Ⅱ(6)、俄语Ⅱ(6)、阿拉伯语Ⅱ(6)
	汉文 军训		汉文(6) 军训(6)	汉文古典(6)
	教养		哲学(4)、逻辑学(4)、心理学(4)、教育学(4)、生活经济(4)、宗教(4)、生态与环境(4)、出路与职业(4)、其他(4)	
	学分	(56)	24 学分以上	112 学分以下

〔1〕[韩]教育新闻社:《韩国教育 100 年史》(第二卷),2000 年版。

续表

自选活动	(12)	
特别活动	(4)	(8)
总学分		(216)

注:表中括号内的数字是学分数。1学分是以50分钟为基准,一个学期(17周)的授课量。

(3) 高中阶段的差别教育课程

韩国学者认为,只有通过最大限度地考虑到学生的能力、个性、需要、兴趣等个别差异的教学才能发挥每个学生的成长潜力,最大限度地发挥教育的效果。以此为依据,在新的课程改革中引入了差别教育课程。

差别教育课程可分为三种类型:学习内容的阶段性比较明显的学科可按各阶段细分,制订阶段型差别教育课程;以基本学习内容为中心,可以进行深化学习和补充学习的学科可以制订深化补充型差别教育课程;考虑学科内容的多样性和难易程度,按照种类和水平,可以设置让学生选修的科目选修型差别教育课程。

第一种是阶段型差别教育课程:

阶段型差别教育课程首先开始于英语和数学学科中,国语和科学学科也陆续转换成阶段型差别教育课程。在数学学科中,从小学一年级到高中一年级的10年间,教育内容被分为15个阶段,构成等级化的内容;英语学科在8年间分为12个阶段。这样,即使是同一学年的学生,根据各学科能力水平的差异,也可以选择不同阶段的教育内容进行学习。在这种情况下,水平接近的学生可以在一个班级中学习(按各学科的水平组成小组),在同一年级中能力水平接近的学生也可以自由地轮换组成多个班级来学习(按各学科的水平编成班级)。

学生与班主任、学科教师和专门咨询教师进行协商后选择适合自己水平的学科学习。通过编制不同学科水平的小组和班级进行的教学要根据市、道教育厅和学校的实际逐渐地推行。

第二种是深化补充型差别教育课程:

在高中一年级,除英语和数学以外的其他学科,实行深化补充型差别教育课程。例如,在社会科中,以符合中等学生的水平的基本学习内容为中心组织课程，但同时也为优秀生组织深化学习内容，为水平低的学生组织补充学习内容。国语科和科学科在转换成阶段型差别教育课程之前，全部由深化补充型差别教育课程构成。

深化学习的内容由对基本学习的主要概念的应用为内容构成，补充学习的内容以了解在基本学习内容中提出的基本概念，减少在以后的学习过程中出现的学习困难为目的构成。在实施深化补充型差别教育课程的过程中，也可以像阶段型差别教育课程一样，采取按各学科水平组成小组或班级进行移动式教学。

第三种是学科选修型差别教育课程：

为了开设反映学生能力水平和兴趣差异的多种教学科目，使学生能选修与自己的出路和能力水平相适应的教学科目，在高中二、三年级引入学科选修型差别教育课程。例如，在国语科中，可以安排国语Ⅰ、Ⅱ、Ⅲ、Ⅳ，韩国现代文化Ⅰ、Ⅱ，韩国古典文化Ⅰ、Ⅱ等；在数学科中，可以安排基础数学Ⅰ、Ⅱ，数学Ⅰ、Ⅱ、Ⅲ、Ⅳ，应用数学等；在科学科中，可以安排科学史，物理Ⅰ、Ⅱ、Ⅲ、Ⅳ，化学Ⅰ、Ⅱ、Ⅲ、Ⅳ，生物Ⅰ、Ⅱ、Ⅲ、Ⅳ等。

在学校开设学科选修型差别教育课程有困难的时候，市、道教育厅要引入教师轮换制进行支援，或通过远距离教育和学校间的合作来帮助实现。通过远距离教育学习的科目也被认定为该学校开设的课程；在几所学校联合开设选修课程的时候，学生可以在其他学校选修课程。而且，对于一些特殊的教学科目，可以开设高水平的学科并使其特色化，设立特色学校。

4. 第七次教育课程的特点

(1) 所追求的培养规格由原先的单一性要求转变为复合的、多层次的要求。

韩国教育法规定韩国的教育理念为"弘益人间"，以此教育理念为基础，韩国认为未来多元化社会所要求的人应是可以主导自己生活的开放的、多层次发展的人。因此，韩国第七次教育课程提出了多样化的人才培养目标。

(2) 为加强学校教育的质量管理，改善了教育课程编制、运营的作用分担体系。

第七次教育课程改革，对中央政府、地方政府和学校所承担的任务作了重新确定。教育部以文件的形式决定并公告全国所有学校必须履修的国家水平的"教育课程基准"（即国家课程）；市、道教育厅制订反映地区特点的各级学校的教育课程编制、运营方针和以实践为中心的教学材料(即地方课程);直接担当教育学生任务的学校根据国家水平的教育课程基准和地区水平的教育课程编制、运营方针,结合学校和学生的实际具体编制"学校教育课程"(即校本课程)。

(3) 在学年制或阶段概念的基础上,设置了国民共同基本课程。

韩国第七次教育课程改变了教育课程的构成方式,将小学一年级到高中一年级10年期间设定为"国民共同基本教育期间"。在这个期间,各门课程学习的内容脱离了原先各级学校的概念,以学年制或阶段概念为基础,以所有国民共同必须学习的要素为中心,规定了一贯性的学习内容。即在这10年期间所学习的内容和能力培养是韩国国民所必须具备的基本教养、基本知识和基本能力。国民共同基本教育课程的学科课程只限于国语、社会、数学等10个科目,减少了因科目过多给学生造成的学习负担,并防止各级学校之间及学年之间教育内容的重复和跳跃,使教育课程体系具有连接性。

(4) 引入了适合学生职业发展的选择中心教育课程体系和课程学科群的概念。

选择中心的教育课程体系是在高二、高三年级中开设反映学生能力、兴趣及未来发展前途的多样化的选修科目,学生根据自身的特性直接选择学习科目的体系。这种体系的引入,使学生选择科目的范围更加扩大,将高中的10个基本科目分为4个课程学科群,使科目间的学习内容更加均衡。

(5) 为了使教育内容的量和水平适当、使学习更有深度,设置了不同水平的教育课程。

考虑到学生在能力、个性、需要、兴趣等各方面存在着差别,为了使学生的个人潜力得以充分地发挥,授课更加有效,在国语、数学、社会、科学、英语5个科目设置了不同水平的教育课程。

(6) 在教育课程的编制与实施方面,为了保障第一线教师和学校的自主性,新设、扩大了能力培养活动时间。

为了促进学生自学主导型学习活动,保障学校自主地、创造性地编制与实施教育课程,在国民共同基本教育期间设置了能力培养活动。能力培养活动分为学科能力培养活动和创造性的能力培养活动。学科能力培养活动是为了选修科目的学习和国民共同基本教科的深化和补充学习;创造性的能力培养活动是为了根据学校独特的教育需要和学生的要求扩展学科学习和自我主导型学习。将特别活动分为自治活动、适应活动、开发活动、服务活动和例行组织活动,各部分履修时间完全由学校决定。

第二节 现行的基础教育课程

第七次教育课程改革之后,韩国又于2007年和2009年对课程进行了修订,修订的基础教育课程更加强调对全球化的应对和追求人性化的全人教育,倡导由传统教育向全球化、信息化、开放式教育转换,提出教育要进一步深化由以教育提供者为中心向以学习者为中心转变,注重由划一的均等主义教育向自由与平等相互协调的教育转换,因此新课程在课程的性质、追求的人才培养规格和构成方针等方面做出了相应的调整。

一、新基础教育课程的性质

新基础教育课程是依据韩国《初等与中等教育法》的相关规定,为实现中小学校的教育目的和教育目标的国家课程,也是中小学校制定、实施校本课程共同的、通用的标准。对新基础教育课程性质的具体规定包括:

(1) 同时追求国家整体层面的通用性和地区、学校、个人多样性的课程。

(2) 强调学习者自主性和创造性的以学生为中心的课程。

(3) 教育部门与学校、教师、学生、家长共同参与的课程。

(4) 将学校教育体制向以课程为中心的方向进行改善的课程。

(5) 维持和提高教育过程和教育结果的质量水平的课程。

二、新课程的构成方针

新的基础教育课程的构成方针更多地体现了修订前后课程调整的具体措施和新课程改革的关键内容，具体包括以下 8 个方面：

（1）构建能够培养实践关怀和共享精神的创造性人才的课程体系。

（2）新课程由小学一年级至初中三年级的共同课程和高中一年级至高中三年级的选择课程构成。修订以前韩国基础教育课程由"国民共同基本教育课程"和"以选择为中心的教育课程"构成，其中小学一年级至高中一年级是国民共同基本教育阶段，高中二年级和三年级是以选择为中心的教育阶段。修订后的新基础教育课程由"共同教育课程"和"选择教育课程"构成，名称上有所变化，并缩减原来 10 年的"国民共同基本教育课程"为 9 年的"共同教育课程"，高中 3 年全部为"选择教育课程"教育阶段。

（3）打破课程编排和实施的僵化现象，设置年级群，通过各年级间的相互联系与合作实现课程编排和实施的灵活性。在年级群的设置上，将小学一年级至高中三年级划分为 5 个年级群，其中小学分为 3 个年级群，每 2 个年级为一个年级群，初中 3 个年级和高中 3 个年级各为一个年级群。

（4）考虑共同教育课程在教育目的上的接近性、学问探究对象与方法上的临近性、实际生活中的相关性等，重新分配科目群。以小学 3—6 年级为例，修订前的课程设置为国语、道德、社会、数学、科学、实科、体育、音乐、美术和外语（英语），共 10 个科目。修订后，按照组建科目群的原则将相关科目合并，现行的课程设置情况为国语、社会/道德、数学、科学/实科、体育、艺术、英语，共 7 个科目（群）。

（5）在选择教育课程的过程中，为使在强化基础教育的同时兼顾学生的兴趣和未来发展的合理学习成为可能，将选择教育课程划分为 4 个科目领域，并规定每个科目领域必须修习的学分。这 4 个科目领域分别是基础、探究、体育与艺术、生活与教养，将高中 8 个科目（群）划分为上述 4 个科目领域，其中基础领域包括国语、数学、英语，探究领域包括社会和科学，体育与艺术领域包括体育和艺术（音乐/美术），生活与教养领域包括技术与家政、第二外语、汉文和教养。

（6）通过减少每学期修习的科目数量减少学生的学业负担，开展有意义的学习活动。

(7) 整合目前的能力培养活动和特别活动,新设能够实践关怀与共享精神的"创造性体验活动"。创造性体验活动作为教学科目以外的活动,与教学科目是相互完善和补充的关系,目的在于鼓励学生积极实践所学的知识,培养懂得分享和关怀的兼具创造性和人性的未来型人才。改革前,韩国中小学的活动课程由"能力培养活动"和"特别活动"组成,能力培养活动包括学科能力培养活动和创造性能力培养活动,特别活动包括自主活动、适应活动、开发活动、服务活动和例行组织活动。鉴于创造性能力培养活动与特别活动的相关领域之间存在内容重复以及之前的活动课程效果不佳等问题,2009 年修订的课程中将这两个活动合并为"创造性体验活动"。

(8) 通过改善学校课程评价和教学评价、实施国家层面的学业成就度评价等强化课程质量的管理体制。

三、现行教育课程的课时安排

1. 小学课程的设置与课时分配(表 3-2)

小学取消了"我们一年级生"这一课程,之前该课程的目的主要是针对一年级小学生开展适应学校生活的教育,取消后将这一适应性课程的课时分配到 1—2 年级群的创造性体验活动中,在创造性体验活动中开展适应性教育。修订前 3—6 年级的课程设置情况为国语、道德、社会、数学、科学、实科、体育、音乐、美术和外语(英语),共 10 个科目,通过引入科目群的概念,修订后的小学课程设置情况为国语、社会/道德、数学、科学/实科、体育、艺术和英语,共 7 个科目(群)。

在课时变动方面,与 1—2 年级群创造性体验活动的课时有所增加不同,3—4 年级群与 5—6 年级群在此方面的课程均有所减少,修订前这两个年级群的能力培养活动与特别活动的课时数分别为 238 课时和 272 课时,修订后的创造性体验活动的课时数均为 204 课时。同样被缩减课时数的科目(群)是 3—4 年级的国语,由修订前的 442 课时减少至 408 课时,但同时规定,学校也可根据实际情况将 442 课时作为基准课时。修订后增加课时的科目(群)是英语,增加幅度较大,3—4 年级由 68 课时增加至 136 课时,5—6 年级由 136 课时增加至 204 课时,充分体现了修订后的课程对小学阶段英语教育的重视程度。从小学阶段的课时总量来看,1—2 年级的课时数没有变化,3—4 年级和 5—6 年级均减少了 68 课时。

表 3-2 现行小学课程的课时分配标准[1]

<table>
<tr><th colspan="2">分类</th><th>1—2 年级</th><th>3—4 年级</th><th>5—6 年级</th></tr>
<tr><td rowspan="7">学科(群)</td><td>国语</td><td rowspan="7">国语 448
数学 256
正确生活 128
智慧生活 192
愉快生活 384</td><td>408</td><td>408</td></tr>
<tr><td>社会 /道德</td><td>272</td><td>272</td></tr>
<tr><td>数学</td><td>272</td><td>272</td></tr>
<tr><td>科学 /实科</td><td>204</td><td>340</td></tr>
<tr><td>体育</td><td>204</td><td>204</td></tr>
<tr><td>艺术(音乐 /美术)</td><td>272</td><td>272</td></tr>
<tr><td>英语</td><td>136</td><td>204</td></tr>
<tr><td colspan="2">创造性体验活动</td><td>272</td><td>204</td><td>204</td></tr>
<tr><td colspan="2">各学年群总教学时数</td><td>1 680</td><td>1 972</td><td>2 176</td></tr>
</table>

2. 初中的课程设置与课时分配(表 3-3)

初中修订前的课程设置情况为国语、道德、社会、历史、数学、科学、技术与家政、体育、音乐、美术和外语(英语),共 11 个科目;修订后的课程设置情况为国语、社会(包括历史)/道德、数学、科学/技术与家政、体育、艺术、英语和选择科目,共 8 个科目群。其中选择科目包括汉文、信息、环境、生活外语(德语、法语、西班牙语、汉语、日语、俄语、阿拉伯语)、保健、前途与职业等。按照新课程大纲的规定,在必要的情况下学校也可以开设新的选择科目,但要依据市、道教育厅的课程编制与实施方针并履行必要的程序。同时,为了帮助学生对前途和职业进行思考和选择,要加强在选择科目中开设和实施有关前途教育的课程。

在课时变动方面,修订前初中 3 年的能力培养活动和特别活动共计 510 课时,修订后增设的创造性体验活动三年共 306 课时,减少的 204 课时全部用在新增设的选择科目上。从初中阶段的课时总量来看,修订前后没有变化,均为 3 366 课时。

[1] [韩]教育部告示第 2013-7 号[EB/OL]. [2014-01-12]. http://www.ncic.go.kr(韩国教育课程信息中心网站).

表 3-3 现行初中课程的课时分配标准〔1〕

分类		1—3 年级
学科(群)	国语	442
	社会(包括历史学科)/道德	510
	数学	374
	科学/技术、家政	646
	体育	272
	艺术(音乐/美术)	272
	英语	340
	选择	204
创造性体验活动		306
总教学时数		3 366

3. 高中的课程设置与课时分配

修订前后高中课程设置的最大变化是修订前高中一年级的课程为“国民共同基本课程”,课程设置情况与初中相同,高中 2—3 年级是“以选择为中心的课程”阶段,开设国语、道德、社会、数学、科学、技术与家政、体育、音乐、美术、外语、汉文和教养 12 个科目;修订后高中 3 个年级划分为一个年级群,全部采用“选择教育课程”,但需完成课时分配标准要求的必修学分,修订后将课程设置为 8 个科目群,又将 8 个科目群划分为基础、探究、体育与艺术、生活与教养 4 个学科领域,其中基础领域包括国语、数学、英语,探究领域包括社会和科学,体育与艺术领域包括体育和艺术(音乐 / 美术),生活、教养领域包括技术与家政、第二外语、汉文和教养。另外,修订后的高中课程开设了大量的专门科目,数量有 448 门之多,涵盖农业生产产业、工业、商业信息、水产与海运、家政与实业、科学、体育、艺术、外语和国际 10 个领域。专门科目主要在以专门教育为主的高中进行编排和实施,普通高中也可以根据情况开设。

在课时变动方面,高中采用学分的概念,1 个修习单位指以 50 分钟为基准

〔1〕[韩]教育部告示第 2013-7 号[EB/OL]. [2014-01-12]. http://www.ncic.go.kr(韩国教育课程信息中心网站).

的 17 次课的课时量。高中毕业的最少学分由修订前的 210 学分下调为修订后的 204 学分;修订前高中 3 年的能力培养活动和特别活动共 18 学分，修订后的创造性体验活动上调为 24 学分;修订前后学科教学活动下调了 12 学分。另外，高中的类型可以大体上划分为普通高中和以专门教育为主的高中,普通高中科目群的 180 学分中必修学分的数量要达到 116 个以上;以专门教育为主的高中科目群的 180 学分中,普通科目的必修学分的数量要达到 72 个以上,专门科目控制在 80 个以下,强调普通科目的学习。

各高中课时分配见表 3-4—表 3-6。

表 3-4 普通高中(包括自律高中)和特殊目的高中的课时分配标准[1]

<table>
<tr><th></th><th>学科领域</th><th>学科(群)</th><th>必修单位</th><th>学校自主课程</th></tr>
<tr><td rowspan="10">学科(群)</td><td rowspan="3">基础</td><td>国语</td><td>10</td><td rowspan="9">依据学生的能力倾向及未来发展编制</td></tr>
<tr><td>数学</td><td>10</td></tr>
<tr><td>英语</td><td>10</td></tr>
<tr><td rowspan="2">探究</td><td>社会(包括历史/道德)</td><td>10</td></tr>
<tr><td>科学</td><td>10</td></tr>
<tr><td rowspan="2">体育、艺术</td><td>体育</td><td>10</td></tr>
<tr><td>艺术(音乐/美术)</td><td>10</td></tr>
<tr><td>生活、教养</td><td>技术、家政/第二外语/汉文/教养</td><td>16</td></tr>
<tr><td colspan="2">小计</td><td>86</td><td>94</td></tr>
<tr><td colspan="3">创造性体验活动</td><td colspan="2">24</td></tr>
<tr><td colspan="3">总学习单位</td><td colspan="2">204</td></tr>
</table>

注:① 1 个单位以 50 分钟为标准,修习 17 次的教学量。
② 每课时的教学时间原则上为 50 分钟,但各学校可以根据气候及季节、学生的发展程度、学习内容的性质及学校的实际情况进行调整,弹性运行。
③ 必修单位的单位数是该学科(群)的最少修习单位。
④ 总修习单位数是高中 3 年间必需修习的“最少修习单位”。
⑤ 基础学科修习单位尽量不超过总修习单位的 50%。

〔1〕[韩]教育部告示第 2013-7 号[EB/OL].[2014-01-12]. http://www.ncic.go.kr(韩国教育课程信息中心网站).

表 3-5 特色化高中和产业需要适应型高中的课时分配标准

		学科领域	学科(群)	必修单位	学校自主课程
学科(群)	普通学科	基础	国语	25	依据学生的能力倾向、发展方向及企业界的需要编制(29)
			数学		
			英语	15	
		探究	社会(包括历史/道德)		
			科学		
		体育、艺术	体育	10	
			艺术(音乐/美术)	5	
		生活、教养	技术、家政/第二外语/汉文/教养	10	
		小计		65	
	专业学科	农业生命产业,工业,产业信息,水产、海运,家务、实业等		86	
创造性体验活动				24	
总修习单位				204	

表 3-6 普通学科的课程设置及课时分配标准〔1〕

学科领域	学科(群)	科目		
		基本	普通	深化
基础	国语		国语Ⅰ,国语Ⅱ,会话与作文,读书和文法,文学,古典	
	数学	基础数学	数学Ⅰ,数学Ⅱ,概率和统计,微积分Ⅰ,微积分Ⅱ,几何和矢量	高等数学Ⅰ 高等数学Ⅱ
	英语	基础英语	实用英语Ⅰ,实用英语Ⅱ,实用英语会话,实用英语解读和作文,英语Ⅰ,英语Ⅱ,英语会话,英语解读和作文	深化英语,深化英语会话Ⅰ,深化英语会话Ⅱ,深化英语解读Ⅰ,深化英语解读Ⅱ,深化英语作文

〔1〕[韩]教育部告示第2013-7号[EB/OL].[2014-01-12]. http://www.ncic.go.kr(韩国教育课程信息中心网站).

续表

探究	社会(包括历史/道德)			社会,韩国地理,世界地理,韩国史,东亚史,世界史,经济,法律和政治,社会、文化	国际政治,国际经济,国际关系与国际机构,世界问题,比较文化,社会科学方法论,韩国的社会与文化,国际法,区域理解,人类的未来社会,课题研究
				生活与伦理,理化与思想	
	科学			科学,物理Ⅰ,物理Ⅱ,化学Ⅰ,化学Ⅱ,生命科学Ⅰ,生命科学Ⅱ,地球科学Ⅰ,地球科学Ⅱ	高等物理,物理实验,高等化学,化学实验,高等生命科学,生命科学实验,高等地球科学,地球科学实验,环境科学,科学史与科学哲学,信息科学,课题研究
体育·艺术	体育			运动和健康生活,体育文化,体育科学	体育概论,体育和前途探究,陆上运动,体操运动,水上运动,个人运动,团体运动,体力运动,摔跤运动,冰上及雪上运动,表现及创作运动,体育竞技体力,体育竞技技术,体育技术实习,教练论,体育经营管理,体育专业实用技能,专业指导实习
	艺术	艺术(音乐/美术)		音乐与生活,音乐和职业生涯	音乐理论,音乐史,试听、听音,音乐专业实用技能,合唱、合奏,演出实习,音乐与媒体
				美术创作,美术文化	画图,美术理论,美术史,平面造型,立体造型,设计、工艺,影像美术,美术专业实用技能
		艺术			舞蹈的理解,基础韩国舞蹈,基础芭蕾,基础现代舞,舞蹈专业实用技能,舞蹈音乐,舞蹈欣赏与评论,编舞
					文学概论,写作理论,古典文学欣赏,现代文学欣赏,诗歌创作入门,小说创作入门,文艺创作专业实用技能
					话剧的理解,演技,舞台技术,话剧创作实习,话剧欣赏与评论,电影的理解,电影技术,电影创作与表现,电影创作实习,电影欣赏与评论
					摄影的理解,基础摄影,中级摄影,暗室实用技能,影片编辑,数字摄影,数字摄影表现技法,影片欣赏与评论

续表

生活·教养	技术、家政/第二外语/汉文/教养		技术、家政	农业生命科学,工学技术,家政科学,普通经营,海洋科学,信息
			德语Ⅰ，德语Ⅱ	德语会话Ⅰ，德语会话Ⅱ，德语解读Ⅰ，德语解读Ⅱ，德语作文，德语圈文化
			法语Ⅰ，法语Ⅱ	法语会话Ⅰ，法语会话Ⅱ，法语解读Ⅰ，法语解读Ⅱ，法语作文，法语圈文化
			西班牙Ⅰ，西班牙语Ⅱ	西班牙语会话Ⅰ，西班牙语会话Ⅱ，西班牙语解读Ⅰ，西班牙语解读Ⅱ，西班牙语作文，西班牙语圈文化
			中国语Ⅰ，中国语Ⅱ	中国语会话Ⅰ，中国语会话Ⅱ，中国语解读Ⅰ，中国语解读Ⅱ，中国语写作，中国文化
			日语Ⅰ，日语Ⅱ	日语会话Ⅰ，日语会话Ⅱ，日语解读Ⅰ，日语解读Ⅱ，日语作文，日本文化
			俄语Ⅰ，俄语Ⅱ	俄语会话Ⅰ，俄语会话Ⅱ，俄语解读Ⅰ，俄语解读Ⅱ，俄语作文，俄罗斯文化
			希腊语Ⅰ，希腊语Ⅱ	希腊语会话Ⅰ，希腊语会话Ⅱ，希腊语解读Ⅰ，希腊语解读Ⅱ，希腊语作文，希腊文化
			越南语Ⅰ，越南语Ⅱ	越南语会话Ⅰ，越南语会话Ⅱ，越南语解读Ⅰ，越南语解读Ⅱ，越南语作文，越南文化
			汉文Ⅰ，汉文Ⅱ	
			哲学,伦理学,心理学,教育学,宗教学,前途与职业,保健,环境与绿色生长,实用经济,论述	

4. 中小学的课程实施案例

(1) 德仁小学

德仁小学是大丘广域市的一所公立小学,目前有 19 个班级,399 名学生,平均班额为 21 人,共有 24 名教师,2014 年被选定为教育课程特色化示范学校。

德仁小学为了制定符合学校自身特点的特色化教育课程,就以下三个问题与学校的成员一起进行了讨论:培养什么样的人才?向学生教授什么?怎么教?在讨论的基础上达成了共识,即要培养具有适应 21 世纪发展所需要的能力及心胸宽广、充满热情的人。为了进行正面的情感教育开设以 SEM 核心能力(社会能力、情感能力、道德能力)为基础、以人性为中心的教育课程,通过合作学习、创造性体验活动及人性教育及培养德仁校本课程的专家、创造以教育课程为中心的学校文化等方式来培养学生。SEM 核心能力中的社会能力包括沟通及关怀能力,情感能力包括积极性及挑战能力,道德能力包括正直及自律能力,这些能力加上以创造力为核心的基本能力,构成学校课程制定的基础,最终形成了德仁小学以实现创意教育及人性教育为目标的“幸福教育课程”(表 3-7)。

表 3-7 “幸福教育课程”的编制实施情况[1]

课题	实施内容	成效及反馈
幸福教育课程的编制实施	• 按照核心成就标准重组学科课程的各单元内容; • 按成就标准进行单元评价:所有学年对 3 个基础学科进行评价,论述型题目占 30%以上; • 加强基本学习能力,提高其课时数:国语、数学、社会、科学、英语; • 加强体育教育:配备体育学科专门负责人,充实 3~6 年体育课堂教学内容; • 编制把各学年学科课程与创造性体验活动相结合的职业生涯教育; • 编制以 SEM 核心能力为基础的人性教育项目; • 编制具有学校特色的自律活动(以五年级为主); • 强调创造性体验活动中的社团活动:加强文化艺术教育,每人学会一门乐器	• 对于以 SEM 核心能力为基础的幸福教育项目学科教育课程,学生的满意度达到 97%; • 对于学校特色幸福课程、文化艺术社团的活动,学生的满意度达到 97%; • 2015 年度教育课程编制时,将进一步增加体育、艺术教育的课时

[1] [韩]优秀学校教育课程[EB/OL].[2015-04-12]. http://ncic.kice.re.kr/mobile.mest.br4.list.do.

续表

以 SEM 核心能力以基础，以人性为中心的学科教育课程重组	• 按照核心成就标准重组学科课程的各单元内容； • 对以人性为中心的学科教育课程进行重组； • 自主安排学习及闲暇时间，把一个学期分为幸福期与集中期，在集中期进行各学科的课堂教学及问题解决性学习，在幸福期开展项目学习及以体验为中心的各种活动； • 废除统一课时，块时间(block time，每节课的时间延长到 70～90 分钟，加强课程的连续性)占 30%，以项目为基础运营“幸福时间”	• 以人性为中心的学科教育课程的重组：对学科内单元的重组共进行了 94 件，学科间项目的重组进行 645 次； • 学生对于块时间及幸福时间的满意度达到 95%
德仁幸福教育课程的质量管理	• 加强学生、教师、家长、区域社会间的沟通与合作，通过沟通与参与，营造以教育课程为中心的幸福学校； • 为了使教师能专心于课堂教学及生活指导，成立由 7 人组成的业务支持专务团，提供咨询与服务； • 为提高家长的教育能力(尤其在暴力及安全方面)，向家长提供 30 学时的低、高级进修课程； • 与学校所在社区携手，在健康、安全、课堂教学、职业体验等领域进行合作； • 多渠道沟通，质量管理：组建家长监测团、协商会、咨询团等组织，加强质量管理	• 对教师课堂教学、生活指导提供支持的业务支持专务团的满意度：98% • 社区共同体的特长教学进行了 34 次，年度的参与者达到 4 740 名； • 对社区共同体教育活动的满意度达到 97% • 为了加强幸福教育课程的质量管理，不断地通过多种渠道收集意见； • 不断加强与学生、教师间的沟通

(2) searom 初中

位于世宗特别自治市的公立初中，是建立于 2014 年 3 月的一所新学校，目前学校有 25 个班级，614 名学生，平均班额为 25 人，共有教师 50 名。学校在 2014 年 5 月被选定为减轻私教育费的先导学校，同年 7 月被选定为实践阶段教育课程优秀学校。

学校在对自身情况进行深入分析的基础上，提出了“培养以具有洞察力的知性与世界相联系的人才”这一学校教育目标，进而编制了“以幸福的学习来描绘未来的创造性教育课程”(SWTO)。

SWOT 分析结果见表 3-8。

表 3-8 SWOT 分析结果〔1〕

优点： • 学生的学习能力比较强，有学习的积极性； • 资深教师与资历浅教师的比例为 1∶1，教师结构理想； • 家长的热情及关心度较高，与家庭的联系、指导容易进行； • 智能教育环境的构筑使多样化教学成为可能	缺点： • 由于是新成立的学校，教育基础条件不好，不具备任何与社区合作经验； • 学生、教师、家长的异质性使得共同体的凝聚力相对不足； • 进行创造性体验活动的社区设施基础薄弱； • 亲自然的环境及福利设施不足
发展机会： • 教育共同体对新建学校的发展蓝图充满期待； • 作为分享出来的新学校，具备安定及发展的基础； • 由来自不同地区及具有不同工作背景的教师组成的团队，可以把多样化的教育经验集中起来，形成创造性教育的基础	面临的挑战： • 由于是从临近过密学校强制分离出来的新设学校，学生及家长对此尚且存在不满； • 3 个年级的学校生活经验全部存在着差异； • 从全国各地转入大量的学生，进行生活指导时存在很大困难

"以幸福的学习来描绘未来的创造性教育课程"为例实施过程分三个步骤。

第一步：事先的计划。

为了编制由共享及信任形成的教育课程，组建各种协议会并进行咨询；以研究会、研究社团为中心营造教育研究的风气，并进行提高教师专业化水平的进修，整顿实施幸福教育课程的外部环境。

第二步：具体的实施内容。

在编制教育课程的过程中，首先创建对学习能力充满信心的学科学习专业化体系，实施让学生可以发挥梦想和本领、营造愉快的学校文化的创造性体验活动。其次，给学生插上飞向梦想的翅膀，在一年级的第 2 学期实行自由学期制度，改善教学方法，加强职业生涯体验活动。照顾到所有学生发展的可能性，实行阶梯式临床教学及分层次的"彩虹放学后学校"。此外，为了在没有进行提前学习的教学课程中，获得扎实的学习成果，建立先行学习滤除系统（减少课外补

〔1〕［韩］优秀学校教育课程［EB/OL］.［2015-04-12］. http://ncic.kice.re.kr/mobile.mest.br4.list.do.

习,减轻家长私教育费用的一种措施)。

然后建立以共享和实践性的人性教育为中心的教育课程,把学科课程的学习和人性教育结合在一起,开展咨询活动,使教师成为具有沟通、共享、合作能力的教学专家。构筑尊师爱生的共享型生活指导体系,开展培养学生均衡思维的Spread跨学科主题学习,在全国邀请相关专家举办10次特邀课程。构筑在共享快乐的氛围中促进学习的教育课程,举办师生共享的融合型项目课题、读书问答及共同读书俱乐部活动,开展放飞梦想、未来分享、自我管理等计划项目。编制反映核心成就标准,"喜爱学校"的教育课程:通过以核心成就标准为基础对教育课程的重组,实施"学期末更幸福"计划,并实施"幸福挑战夏令营""年级日"、项目集中学习、"学校电影馆系列"等活动。

实践与Searom共同体共同欢笑的"幸福教育课程"。在课程的实践过程中,让全体教师都参与其中,组建共同进行课堂教学的学科协议会,营造民主的学校文化。目前,学校已经被选定为世宗市教育厅优秀家长会,并计划发行面向家长的咨询刊物。

第三步:以后的计划。

发掘Searom教育品牌的优点,树立学校在社区受到大家关爱的形象;进一步探索教学与人性教育体系在教育课程中能确立其牢固位置的方案。

四、现行教育课程的特点

1. 通过实施"年级群"和"科目群"制度减轻学生负担,提高学习效果

2009年修订的基础教育课程引入了"年级群"和"科目群"的概念,年级群有利于打破课程编排与实施的僵化现象,促进各年级间的联系与合作,提高学校教育的灵活性,使相关科目的集中学习成为可能;科目群的概念体现了集中学习的理念,将原来分散在多个学年和学期的课程集中在某个学年或学期学习,可以提高学生的学习效果,而且科目群可以在一定程度上缩减学生学习的科目数量,减轻学生的课业负担、考试负担。此外,科目群将教育目的接近、教学方法和学习对象类似、实际生活中有关联性的学科进行合并,改变了过去相对孤立的单科式科目设置,既加强了学科间的内在联系,又符合"全人教育"的基本理念。

2. 增设“创造性体验活动”，培养实践关怀与分享精神的创造性人才

将原有基础教育课程中的“能力培养活动”和“特别活动”所涉及的5个领域统合后设置“创造性体验活动”，目的是通过作为学科教学以外的创造性体验活动实现与学科教学的相互补充和完善，通过积极的实践活动培养具备关怀与分享精神和宽泛的人性的未来型创造性人才。各个阶段的创造性体验活动的重点有所不同，小学阶段创造性体验活动的重点在于帮助学生形成基本生活习惯，涵养共同体意识，发掘自身个性和潜质；初中阶段创造性体验活动的重点在于确立与别人共同生活的态度，思考自己的前途，进行自我发现；高中阶段创造性体验活动的重点在于引导学生的各种欲求向健康的方向发展，训练学生学会维系完满的人际关系，帮助学生选择人生道路和致力于自我实现，重视学生的自主实践。创造性体验活动主要由自律活动、社团活动、服务活动和职业生涯活动4个领域构成。

自律活动是由学校负责推进的以学生为中心的活动，目的在于促使学生主动参加多样化的教育活动，包括适应活动、自治活动、仪式活动、创造性特色活动等。社团活动是由学生自发组织、参与的活动，目的在于培养合作意识的同时，发展个人的兴趣和特长，包括学术活动、文化艺术活动、体育活动、劳作活动、青少年团体活动等。服务活动是为培养学生的关怀与分享精神，促进学生在社区和地区社会中的实践、保护自然环境而组织的活动，包括校内服务活动、地区社会的服务活动、保护自然环境活动、社会性团体活动等。职业生涯活动的目的在于通过发展学生自身的兴趣、特长和发现适合自己个性的开发活动，促使学生探索和设计自己的未来发展，包括自我理解活动、探索职业生涯发展信息的活动、职业生涯计划活动、职业生涯体验活动等。

3. 在强化基础学力的同时，重视人性教育，促进人的全面发展

第二次世界大战以后，韩国的教育事业迅速发展，培养出大批具有较高水平的技术人才和竞争意识较强的人才，使其经济持续高速增长。成功地培养出这些人才不只是认知水平、技术才能或其他，而更重要的是，十分重视加强道德教育。

道德教育中首先强调的是“国民精神教育”，其一直贯穿在家庭教育、学校教

育和社会教育中，振奋了民族精神，为其经济发展奠定了精神基础。1968 年 12 月 5 日公布的《国民教育宪章》，阐述了韩国道德教育的方向和目标，即对青少年学生及全体国民进行“国民精神教育”，振奋民族精神，提高竞争意识和民族生存精神的教育。其次，韩国十分重视对中小学生进行传统文化教育。不仅在道德及其他学科的课程内容中强调传统文化，而且在教育环境的构建上也重视对学生施以影响。在各中小学校的校园内、走廊里、教室内、办公室，都能看到精美的书法艺术和传统的山水画，书法内容多是先哲贤人关于做人的至理名言。一般学校里都设有传统习俗教育室，在这里不仅有许多传统衣食习俗的实物供学生参观，还有供学生学习传统礼节的场所。

2009 年修订的教育课程中，在继续强调国民精神教育及传统文化的同时，更加强调人性教育。从仁德小学和 Searom 初中的学校课程设置中都可以看出对人性教育的重视，仁德小学重视的是培养学生的核心能力，如社会能力、情感能力、道德能力等，而 Searom 初中更加强调实践性能力，如自我管理、共享等。

第四章

韩国基础教育教学

为了适应时代的要求,培养知识经济时代所要求的具有创造能力、解决问题的能力和卓越的沟通能力的人才,韩国于2009年颁布了“2009修订国家课程”。新的国家课程摆脱了以往过度关注课本知识的教育体系,为各个学习层次的学生设立了创新课程与品格课程,采取了以下一些措施:实施强化课程和模块课程体系;消减每个学期的必修科目;识记性学习内容总体减少20%;摒弃现行课堂的进度导向制,鼓励在不同的科目学习中用到多种针对性的教学方法;引入创新性实践活动,促使学生不仅用脑去学,更用身体去体验和理解知识的本原对于社会生活的意义。

“2009修订国家课程”对韩国的学校教学产生了巨大的影响,首先是在教学理念上,强调面向差异,发展差异,具体的做法是把先进的信息技术与教育结合起来,推行“智慧教育”(SMART教育)。其次是在教学方式上,强调学生的自主学习和个性化学习,具体的做法是实施学科教室制度。另外,强调课程内容的整合,如改革数学和科学教育的STEAM项目。

“2009修订国家课程”还提供了多种课堂教学的模型,以便充分发展学生的创新性和良好品格,如定制型学习方法与模块课程的结合,可以运用研究性学习、合作式学习、基于问题的学习、角色扮演、创造性思考实践、创造性解决问题实践、基本案例的学习、团队项目学习、讨论/经验学习等方法,在课堂教学过程中加强对学生的创造性和优良品格的培养。

第一节 教学理念的转变:面向差异的SMART教育

教育与信息通讯技术可以说是代表韩国国家形象的两张名片,这两者的强强结合而产生的SMART对教育产生了强大的合力,给传统的课堂教学带来了翻天覆地的变化。SMART教育最核心的理念就是面向差异,发展差异。

一、SMART教育的界定

SMART教育是在学校有效利用信息通讯技术和以此为基础的网络资源，革新教育内容、教育方法、教育评价、教育环境等教育体系，使所有学生成为全球化时代的参与者，充分挖掘学生的潜力，培养其能力的教育方式[1]。

SMART是由自我主导(Self-directed)、兴趣(Motivated)、能力与水平(Aptitude)、丰富的资源(Resource enriched)、技术应用(Technology-embedded)等5个词的首字母的组成的缩略词。其具体含义如下：

自我主导包括知识生产者与智能化两方面的含义，即学生由知识的接收者变为知识的生产者，学生作用的变化，也使得教育从知识的传授者转变为学习的助手。智能化是指通过在线的成就诊断与处理，构建学生自我学习的体系。

兴趣强调的是以体验为中心及以解决问题为中心，即转变原来的以学科知识为中心的学习，强调以体验为基础，对知识进行重构的教学方法。同时，强调以创造性地解决问题和学习过程为中心的个别化评价。

能力与水平强调弹性化与个别化，弹性化是加强教育体制的弹性，体现出与个人的喜好及未来的职业相关联的适应型学习(市场开放)；个别化是指学校要从大量传递知识的场所转变为对符合不同能力及水平的个别化学习进行支援的场所(社交网络)。

丰富的资源强调资源的开放及社交网络，资源的开放是指以云教育资源为基础，在教育中自由运用由公共机构、民间组织及个人开发的各种资源；社区网络是指通过团体学习及社会学习，扩大国内外学习资源的共同利用和合作学习。

技术应用强调开放化，是指通过信息技术，使随时、随地的学习成为可能，形成教育方式多样化，最大限度地保障学习选择权的教育环境。

SMART教育是学生感兴趣并符合自已的水平和性向，充分利用丰富资料及ICT技术而进行的自我主导型教育，改变了以往的教育仅仅以具有平均水平和一般能力的学生为对象，不注意个性差异的现象。SMART教育有三个关键词，即“个别化教育”“定制型的即时教育”及“以创造性为中心的教育”。也就是

---

[1] [韩]韩国教育科学技术部.SMART教育推进战略实施计划[R].韩国教育科学技术部，2011.

说,SMART 教育是引起包括教育方法、教育课程、评价方式、教师等教育体制整体变化的智能型、定制化的教育支援体系。

二、SMART 教育与以往教育的差别

传统的学校体制是在教室这一空间中,通过包含有限内容的纸质教科书,以讲课的形式进行以 3R(阅读,书写,计算)为中心的教育。与传统的教育相比,SMART 教育极大的扩大了教育的领域,即在空间、时间、教育内容、教育力量、教育方法等方面扩大了原有的领域,转换为面向未来的新型教育范式,下面是这些领域扩展的具体内容。

1. 空间的扩展

原有的被称为教室的这一物理空间,通过数字教科书及在线教学的常态化,扩大到由博物馆、地铁等教室外、学校外、移动的空间,使任何地方都成为可以进行学习的空间。即通过 ICT(信息通讯技术),在任何时间、任何地点都可以进行想要的学习,提供了可以最大程度保障学习选择权的教育环境。

2. 时间的扩展

以前只是在上学的特定时间内进行的教育活动,现在转变为在线的教学,通过云计算教育服务在任何时候都能向学习者提供学习的机会。

3. 教育内容的扩展

原有只包含有限内容的纸质教科书和参考书、练习册,被替换为数字教科书,使学生们可以在任何时间、任何地点获得符合自己水平及兴趣的丰富的学习资料来学习。SMART 教育推进战略中,计划以云教育服务为基础,构建在教育中自由运用由公共机构、民间组织及个人所开发各种资源的开放性资源市场。同时,通过利用社交网络的团体学习及社会学习,为共同利用国内外学习资源和进行合作学习打下基础。

4. 教育方法的扩展

以前的教学是以教师的讲授为主导,进行知识的传递。现在通过学校无线网络环境的构建,使 ICT 进一步融入到教育教学中。在所有信息资源可以充分应用的教育环境中,合作学习、体验学习、个别化学习等多种教学方法都可以加

以运用。

5. 教育能力的扩展

在过去的产业社会中，要求学生掌握的3R技能已经不能适应现在社会的需要，现在及未来社会所需要的7种能力（包括批判性思考和解决问题的能力、创造力、合作及领导力、多元文化的理解力、沟通能力、ICT、职业生涯技能）都可以通过SMART教育来获得。

通过这样的变化，加强了教育体系的弹性，这种弹性以适应个人的内容与方法，及与未来职业相联系的定制型学习体现出来。而且，学校由大量传递知识的场所转变为对符合学生各自水平及兴趣的个性化学习提供支持的场所。

三、韩国推进SMART教育的战略措施

为了实现SMART教育的目标，韩国于2011年颁布了《推进SMART教育战略实施计划》。这是把时代的变化与对未来学习者的能力开发，以及ICT技术的发展结合起来，改变原有教育的面貌，建立新型教育模式的一种教育尝试。在该实施计划中，提出了实施SMART教育的五大战略举措。

1. 数字教材的开发与应用

数字教材是把学科内容及学习参考书、练习册、学习词典、笔记本、多媒体资料等多种资料的职能联系起来的新型教科书。韩国早在2007年就发布了《数字化教材普及化方案》，开始在部分学校示范性的试点工作。2011年，已经开发出18种数字化教材，并在132所试点学校中进行试用，科目涉及小学三年级至初中一年级的数字、国语、科学、社会、音乐等科目[1]。在《推进SMART教育战略实施计划》中提出，到2015年，在所有学校的所有学科，都把纸制的教科书改换为能促进自我主导学习的"数字教科书"。计划的主要内容包括，在2014年从小学开始，到2015年扩大到所有的小学、初中及高中的所有学科，开始并使用数字教科书。与此同时，开发并运用SMART学习模型，推进新型教科书及教学方法在SMART教育中的具体应用。为此，政府制定了赋予数字化教材法定地位

---

〔1〕 SMART教育：面向差异 发展差异[J].上海教育，2013(11)：48-49.

的相关方案，制定了数字教材的研发标准并构建了数字教材的使用平台。这种数字教材正逐渐取代学生们沉重的书包，也减少了学生家长购买学习参考书的额外负担。此外，为了提高在学校的适应性，教育部不断增加示范性试点学校的数量，到 2013 年，试点学校已经增加到 178 所，目前正在研究进一步提高数字化教材在学校的适应性的方案。

2. 促进在线学习与评价的常态化

在推进在线学习方面，韩国教育部推出了这样一些措施：完善在线学习的法律制度，扩大在线学习的范围；加强在线学习与大学选修课程的衔接，将大学的先修课程纳入到在线学习内容之中；加大对 IPTV(Internet Protocol Television)教育服务的支持力度。

为了保障学生的学习选择权，最大限度地减少学习领域的空缺现象，韩国在正规教学科目中已经实现了在线学习的常态化。如江原道教育厅已经开始针对学校中未开设的选择科目实施远程教学，通过这一方式扩大学生对教学科目的选择权，充实以学生为中心的教育课程。同时，在初中以音乐和美术等学科为中心，针对新转入学生没有学习过的科目，实施补充学习课程的远程教学，减少集中性学习可能带来的重复学习或遗漏某些内容的现象，进而保障学生的学习权。全北南道新安教育支援厅针对新安郡是由 1 004 个小岛组成的这一地理位置的特殊性，也实施了远程教育体系，改善了低劣的教育、文化环境。以这些优秀的事例为基础，运用已经开发的资源，教育部还推行了医院学校在线教学，于 2013 年首先从由于自然灾害、疾病等原因缺勤的学生开始使用，以后将逐渐扩大到高中少数的选择科目及初中进行集中性学习的学生。实施这种在线课程的起因，是 2008 年首尔教育厅的一份资料显示，虽然当时没有学校开设俄语和希腊语课程，但在大学修学能力考试中，应试者分别有 1 918 人和 29 178 人，这说明在选择学科中学生有这方面的要求，但在学校中这些科目很难成为正规的教学科目。因此，针对这些选择人数比较少的科目，为了使学生能接受到优质的教育，通过前期研究及试点，这种在线课程逐渐扩大了其应用的范围。

教育部还构建了与 KOCW(Korea Open Course Ware)、大学教育协会等机构间的合作机制，使学生通过在线课程预先学习大学课程常态化，只要学生自己愿意就可以事先修得大学的学分，加强了高中与大学的连接性学习。同时，进一步推进 IPTV 教育服务的多样性，政府将为 IPTV 机构提供财政支援，促使其制作更为多样化的教育类节目，为学生在放学后的学习提供帮助，并通过开发多元文化家庭教育项目，逐渐使教育资源的内容多样化。

在推广在线学习的同时，韩国对评价方式也进行了变革，以提高学生解决问题的能力，并在教育课程及教学方法等方面带来全新的变化。具体措施包括：第一，分阶段促进国家层面英语能力评价考试及学业成就评价向以在线为基础进行的评价方式转变，通过基础设备的共同利用，提高预算及资源的使用效率。第二，通过构筑各市、道的基础学力诊断、指导、管理体系，向学生提供持续的、符合学生个性特点的学习支持。这种学习支持主要是通过与家庭的网络学习、教育网络等教育服务的连接及教育资源的开发来提供的。第三，利用已有的设备及资源，引入云计算的概念，减少在构筑在线评价体系方面所需的费用，并提高使用的效率、评价体系的弹性及整体的性能，减少国家财政的重复投入。为此，从 2012 年开始，各市、道教育厅开始着手构建基础学力的预防、诊断、指导体系，各学校也开始构建在线的执行评价体系，计划到 2015 年分阶段地实现国家水平学业成就评价向 IBT(Internet Based Testing)方式的转换。政府期望通过这一学习诊断、处理系统能正确地诊断学生的水平，向学生提供适合于各自水平的改进方案，进而提高学力不足学生的水平提供帮助。同时，通过将传统的以笔试为主的评价方式转换为在线的过程评价，使对学生思考能力的评价成为可能。

3. 营造教育资源用于公共目的的环境

为了营造教育资源用于公共目的的环境，韩国推出了以下举措。

第一，修订现有的版权制度。为了保障在线教学的顺利实施，就要求提供教师和学生在正规教学时间外也能出于教育目的而利用各种著作及历年的考试题目。为此，韩国于 2012 年对《著作权法》进行了修订，使在校学习与在放学后学习、假期里接受远程教育的学生有同等使用学校数字资源的权力。

第二，建立国家教育著作权信息管理中心和教育支援机构的著作权咨询中心，监督数字化资源的使用情况，确保该类资源仅在教育领域内免费流通。教育部制定了《促进资源使用常态化方案》，并对相关制度进行了修订，以保障教师和学生能自由地使用政府与教育机构主导开发的资源。

第三，为了充分地在教育领域使用相关的著作，开展教育资源捐赠、分享运动，鼓励研究人员及科研单位捐赠相关教育资源，努力营造捐赠、分享教育资源的文化氛围。为此，通过对 KOCW 和教育网的改造，建立捐赠教育资源的网站，捐赠的资源应用于教科书、家庭网络学习资源 及 IPTV 等。同时，与报社、主要出版社、知名的文化艺术人士签订“用于公共目的的著作自由使用备忘录”，积极营造公共机构、民间组织及个人进行捐赠及分享的氛围。随着教育资源储备的不断增加，教师和学生积累了大量的学习经验，为开展创造性的教学活动准备了必要的基础。

此外，随着强调移动性的通讯设备的普及，为了减少可能出现的负面效应，教育部还要求各学校加强信息通讯伦理教育，计划实施各种针对网络中毒等问题的预防、诊断、处理的教育计划。为此，教育部把各相关机构所实施的信息通讯伦理教育与学校的实际教育活动联系起来，开发针对个别对象的定制型教育计划，并普及可屏蔽有害、违法信息的软件。同时，各部门相互合作，制定各种活动计划，力图使学生能自主地形成抵制网络负面效率的文化氛围。

4. 加强教师的 SMART 教育实践能力

所有教育政策的核心都在于加强教师的能力，因此，为了使 SMART 教育范式能顺利地得以转换，韩国非常强调对教师的培训和准教师的教育。为了加强教师 SMART 教育的实践能力，韩国计划推出以下措施。第一，开发与普及与 SMART 教育相关的培训课程。从 2012 年开始，每年对 25% 的教师进行 SMART 教育培训，到 2015 年，完成对所有教师的 SMART 教育培训。第二，到 2015 年，在地方教育主管部门的主持下，建立 17 所 SMART 教育体验馆，在培养教师的机构里建立新型教学中心，向所有教师普及 SMART 教育所需要的设备。第三，培养 SMART 教育指导教师，对学校的 SMART 教育提供支援。支援的领域包括对教师教学活动支援、对使用相关设备的支援及对普及与 IT 相关的信息进行支援。教育部在 2012—2015 年间实施指导教师的培训计划，每年培养 2880 名 SMART 教育指导教师，分配到各级各类学校(每所学校 1 名)，对

SMART 教育教学给予指导。

5. 构建基于云计算技术的教育服务基础

首先,进行教育条件的基本建设,构建最适合 SMART 教育需要的学校信息网络及云计算的基础设施。具体包括对对校内网络进行了全面改建,构筑最适合 SMART 教育的无线网络环境,营造可以随时随地学习的校园环境;对已有的学校信息资源(包括电子黑板、计算机等教学设备)进行整合,将其纳入到云计算体系中;提供符合教育目的的 SMART 教育设备及标准平台指南,保证 SMART 教育的稳定实施;利用云计算技术,构筑具有扩展能力和变化的基本设施体系。其次,构筑以云计算为基础的统合的教育资源开放体系。以教育网为基础,对公共的、民间的、个人的优秀教育资源进行管理并促进其自由流通。此外,开发开放型的标准化平台,使 SMART 教育中可以利用多种终端并能满足使用者的多样性要求。

四、SMART 教育带来的变化

SMART 教育给韩国的教育带来哪些变化呢?虽然数字技术瞬息万变,很难预料 SMART 教育在未来会发展到什么程度,但在短期内对于学生、教师及学校带来的变化在一定程度上是可预见的,这些变化主要体现在以下这些方面。

1. 学生的变化

到 2015 年,所有的学生将会使用数字教材进行学习。数字教材将超越目前的"书"这一概念在形式及容量上的限制,学生将不再需要参考书和练习册等辅助资料。可以向学生提供与课程相关的音乐、高清晰度的照片和视频资料等生动的多媒体资料,并且可以提供符合学生学业水平及个性特点的内容,真正实现适应每个学生能力的定制型教育。

有了数字化教材,学生们不用再背着学生的书包上学了。被指定为数字教科书试点学校的首尔九一小学已经成为没有书包的学校。因为学校为每名学生提供了一台平板电脑,如果把电脑与数字教科书连接起来,在教学时间内就可以看到所有学习科目的内容及参考书、练习题及与课程相关的多媒体内容。利用数字教科书进行教学时,学生即使不去科学教室内,也可以通过模拟实验体现到实际实验的效果。不仅是模拟实验，通过 SMART 教育，学生们还可以进行不用亲身经历的文化景观勘查活动。如在学习新罗文化遗产的社会课上，学生们不再用笔记本而是通过电脑来准备课程的相关内容，如搜索七星台、多宝塔、佛国寺等古迹的信息，电脑画面上出现这些名胜古迹后，教师要求学生用谷歌地图查找其具体的地理位置，这样通过卫星照片，学生们就可以开始形象生动的文化景观勘查了。

通过在线教学，扩大了学生学习的空间，使学生能够脱离教室这一限定的空间，进行更加多样化的学习活动。以前只限定在教室中的教育，通过在线教学可以在任意的场所进行体验性学习、远程学习、专家参与的学习，所有的地方都可以成为教育的场所。由于在线教学时间也被认定为正规的学科教学，为那些由于自然灾害或疾病等原因不能去学校学习的孩子提供了学习的机会，也扩大了在校学生的学习选择权。

2. 教师的变化

在 SMART 教育中，教师的职能发生的重大变化，即从原来的知识传授者变成了学习的合作者。在 SMART 教育中，对于自主地进行的定制式学习的学生来说，教师的作用是引导、合作及帮助学生对知识进行重构。在必要的时候，帮助学生设计学习活动的计划，以便使学生进入社会时能过上自己希望的生活。为了履行这些新的职能，教师要参加必要的 SMART 教育培训，掌握相关设备的使用技术，具备相应的能力，达到通过丰富的资料来引起学生的兴趣，培养学生创造性地解决问题的能力这一目标。

3. 学校的变化

首先是学校的网络环境会得到进一步的改进。2012 年，韩国有 12.8%的学校配备了无线网络，为了向学生提供以云计算为基础的教育服务，韩国计划到 2015 年为所有的学校都配备上无线网络。这样，学生和教师在任何时间都可以获得想要的信息，可以在学校的任意地方获取想要得到的教育内容。韩国还计划在学校引入用于个人云存储的 N-Screen，使学生在学校的任意地方都能用任意的设备访问资源，而不只限于使用智能电子设备。其次，到 2015 年，所有的学校都会获得以基于云计算技术的教育服务，将会把目前分散使用的各种教育服务整合起来,降低在维护信息资源方面的人力投入,也会减少在保障信息资源方面的预算,提高资源的利用效率。

第二节 教学方式的变革:学科教室制

韩国传统中小学的教学楼是这样的:一间间教室沿着走廊一字排开,教室的窗户位置很高,一般人很难从这里"窥探"到教室里正在发生什么。一旦你走进教室,你就要整天呆在里面,有可能是在睡眼朦胧的状态下看着各科教师依次登上讲台,大唱特唱"独角戏",同时听从他们的指挥,机械地重复单调的学习活动。在这样的教育环境里,学生很难成为社会需要的具有想象力及创造力的人才,为了改变这种状况,韩国开始在初、高中引入学科教室制度。

2011年2月9日,韩国教育科学技术部颁布了《关于全面实施学科教室制度的基本规划》,规定到2014年,将在全国初、高中普遍实施"学科教室制"。

一、学科教育制的推进过程

由于教育预算、教育设施及教育空间的限制,韩国的学校教学一直以普通的班级教室制为主,只有英语、科学等部分学科在语音室、科学室等特别教室中进行。韩国的学科教室制是从20世纪90年代后期开始在个别学校试行的,之前关于学科教室制度的探讨只限于部分教育学领域的研究者和学校建筑领域的专家。1997年韩伽蓝高中首次引入了学科教室制度,1999年江原高中也开始实施学科教室制度。但这两所学校实施了3~4年后就中止了,初期的尝试没有取得特别的成果。2006年,公立的航空高中开始实施学科教室制度,重新引起了教育界对学科教室制度的关心。航空高中的学科教室制模型在教育革新竞赛大会上获得最优奖,作为教育的优秀事例受到人们的广泛关注。首尔市教育厅认为航空高中是推进教育改革的典范,经过相应的政策研究后,指定了 7 所示范学校,开始扩大学科教室制的实施范围。

同时,随着第七次教育课程改革中新的教育课程目标的确定,人们开始认识到学科教室制度的必要性。第七次教育课程提出教育课程要以学习者为中心,要实施适合需求者的水平及特点的学科教育,因此有必要实施学科教室制度,学科教室制度使不同水平的教学及选择性教育课程的实施成为可能。2008 年 11 月,韩国总统发表演讲中提出要对教育体系进行划时代的改革,2009 年底,韩国教育科学技术部正式宣布,在全国 647 所初中和高中学校进一步扩大试行、推广"学科教室制"。这 647 所实施学科教室制度的学校中,有 45 所实施的是全面的学科教室制,602 所实施的是部分学科教室制。之后,试点学校又增加了 159 所。2011 年,韩国教育科学技术部颁布《关于全面实施学科教室制度的基本规划》时,已有 806 所初、高中实行了"学科教室制",在这方面的预算也扩大到 3 000亿韩元,占全国初、高中学校总数 2%的学校实施了全面的学科教室制度,15%的学校实施了部分学科教室制。入选的试点学校,将被指定为自主办学示范学校,每年由市、道教育厅按照《初、中等教育法施行令》相关规定提供专项经费支持,经费主要用于以下方面:对现有教室增建、改造、重新装修及购置学习器材;为校长和教职员工量身打造能够满足他们个人要求的在职培训项目;按照学校类型,对担任"学科教室制"教学科目的教师进行岗前集中教育培训;按照教育课程多样化、专业化的要求,提供相应的支持。

《关于全面实施学科教室制度的基本规划》的基本目标是在全国分阶段地推广学科教室系统。具体安排为:第一阶段是在 2012 年前,在所有实施选修课程的普通高中引入学科教室系统;第二阶段是在 2014 年之前,除部分不足 7 个班级的小规模学校以外,将初、高中"学科教室制"的普及率提高到 90%。对于中小城市及偏远地区或农、渔村地区不足 7 个班级的小规模学校,无法实行"学科教室制"的,将根据各校学生数量的变化趋势和各地区区域特点,制定单独的支持政策,对实行"学科教室制"的学校将提供充足的经费支持。到 2014 年,在全国所有初、高中推行学科教室制度(表 4-1)。

表 4-1 韩国学科教室制政策推进过程〔1〕

时期	年度	教育课程	实施学校及特征
学科教室制度自主实施时期	2007 年以前	第七次教育课程发布期	为了实施不同水平的教育及以选择为中心的教育课程,提出了实施学科教室制的必要性,并开始在少数的学校中自主实施
	2007—2008	2007 年对教育课程进行修订的时期	首尔市教育厅对学科教室制度进行了研究,并开始试点实施
依据国家政策实施的时期	2009	2009 年对教育课程进行修订的时期	教育科学技术部颁布了推进学科教室制计划,全国有 647 所学校试行,包括 45 所全面实施学校(A 型)
	2010		追加 159 所试点学校,包括 60 所全面实施学校(A 型)
	2011		为了全面推行学科教室制度,教育科学技术部颁布了实施学科教室制的基本规划
	2014		在所有初、高中全面实施学科教室制度

二、学科教室制引入的原因

在韩国,“学科教室制”的出现并非偶然。首先是教育内部的原因,学生家长和社会各界对于学校教育教学的满意度偏低,强烈要求学校实施分层教育、差别化教育及个性化教育。为了回应公众的这一需要,韩国政府制定了第七次国家教育课程,但由于学校仍恪守传统教室的教学理念,即把各门学科的教学活动都放在同一间教室进行,因而在实施分层教学、进行学科选择上力度有限。在这样的背景下,经过专家的研究,政府提出在学校引入学科教室制度来解决上述问题。相关的研究成果表明,在学校引入学科教室制,可以通过教育课程的多样化来对学生实施适合其能力及兴趣的教育。为了实施适合学生能力的教育,就要在学校中切实落实分层教育,而且为了进行符合学生兴趣及出路的教育,还要切实落实选择性的教育课程。为此,就需要保证使学生按个人特点进行学习成为可能的物质条件,即实施学科教室制度。此外,引入学科教室制度,可以实施符合学科特点的教学与评价。在班级教室制下进行教学时,由于是在同一教室中

〔1〕[韩]全勇雄. 学科教室制度现状及发展方案研究[R]. 首尔特别市教育信息研究院,2012-16.

进行许多科目的教学，很难在教室中放置并符合特定学科需要的教学资料及教学用具，并在教学中灵活地使用。但在学科教室中，由于是某一学科的专用教室，就可以放置该学科教学中所需要的各种教学资料，学生的各种作品及作业、多样化的教具，在教学过程中可随时方便地使用。如数学教室可以摆放教具模型和挂图，地理教室可以布置得身临其境，英语教室可以按需要灵活摆放桌椅和多媒体设备。由于在学科教室中学习工具和教具不再需要移动，会节省教师和学生的时间、精力，进而有利于提高学习效率。

其次是教育外部环境的变化。进入21世纪后，韩国的经济发展持续低迷，在子女生育、抚养和教育方面，民众普遍感到有很大的压力。尽管韩国政府先后出台实施了一系列鼓励和刺激生育的政策措施，但是人口出生率持续走低的趋势并未得到改变，导致小学和初中适龄入学人口锐减。韩国教育开发院的统计数据显示，初中学生和高中学生适龄入学人口分别在2006年和2010年开始全面进入下降阶段，随之而来的是学校现有教室等教育资源开始出现大量闲置乃至荒废的情况。2009年，韩国的初中和高中学校中，已经有856所学校出现了闲置教室，数量高达3 340间，占到所有教室数量的16.3%[1]。(不仅在韩国，全球范围内都存在着适龄入学人口不断减少，教育教学设施逐渐出现闲置的情况。)为了充分利用这些教育教学设施，欧洲各国及美国、日本、澳大利亚、新西兰等国家和地区的部分学校开始尝试采用旨在盘活现有教育资源的新型课堂教学模式，并取得了一定的成效，如美国的Block time制度，日本的学科教室制度等。韩国的学科教室制度正是在借鉴了这些国家经验的基础上正式引入的。

三、学科教室制的实施状况

“学科教室制”，是指在初中和高中阶段不分年级和班级，按学科设置专用教室的一种教学模式。它改变了以往学生固定在班级教室内了按照课程表等待各科教师依次到教室授课的模式，允许学生根据自己选择的课程在各个教室间流动，接受不同科目和进度的教育。学生流动上课，并不意味着取消以往的年级和

---

〔1〕 张雷生.韩国推进“学科教室制”[J].上海教育，2012(2):39-41.

班级,学生所属的年级和班级不变,班主任制度和指定的教师也不变。由于没有固定的班级教室所限,学生需要按照自己的课程表,分散到相应的教室上课。与传统的按照固定班级组织教学的方式相比,“学科教室制”扩大了学生对教育的选择权和主动性,提升了教师教学的专业性,改善了学生与教师交流的环境。

韩国在实施“学科教室制”时,按照教学科目、教室构筑和教育课程实施水平的不同,将实施方式细分为“自主运营支援型”(A型)、“科学/数学特色化支援型”(B-1型)、“英语特色化支援型”(B-2型)、“艺术、体育特色化支援型”(B-3型)及“分层教学型”(C型)5个类型(表4-2)。

表4-2 2011年学科教室制度的实施状况〔1〕

分类	学科教室制的实施类型					计
	A型	B-1型	B-2型	B-3型	C型	
初中	40	0	81	17	214	352
高中	65	125	72	13	179	454
合计	105	125	153	30	393	806

“自主运营支援型”学科教室制是在部分的学科都实施学科教室制的全面性学科教室制实施方案,“科学/数学特色化支援型”“英语特色化支援型”和“艺术、体育特色化支援型”是以一部分学科为中心实施的,“分层教学型”是把每个学科分为3～5个层次进行教学。一般情况下,像B型与C型只是在一部分学科中实施学科教室制度的,其实很难充分发挥出学科教室制度的优点。由于不能实施弹性化的教育课程,与目前所实施的一般教室与特别教室体系是比较类似的,因此很难期待只在部分学科中实施学科教室制的学校会取得明显的教学效果。但这种部分实施的制度,会减少所有学科都同时转变为学科教室制时可以会出现的问题,也可以缓和实施全面性学科教室制所带来的预算负担。

在空间方面,韩国主要实施的是一名教师负责一个学科的一个教室这样的制度。这主要是因为韩国在推行学科教室制度的初期,推广的优秀范例都是“一教师一学科一教室”这种情态,没有形成对共同学科教室制度的认识。

〔1〕[韩]全勇雄.学科教室制度现状及发展方案研究[R].首尔特别市教育信息研究院,2012-16.

实施学科教室制的学校在教育课程的具体实施方式上发生了一定的变化。在初中阶段,3个以上的学科实施分层教学,一般是增加班级的数量,按照学科水平的不同来编制班级。为了保证以活动为中心的课程及深化学习所需要的单位教学时间,是以Block time的方式来实施教育课程的。如在英语、数学、国语3个学科中实施分层的教学时,一般分成深化、普通、补充3个层次,按学生水平编制的班级就会比普通班级多1～2个。

在高中,实施学科教室制度的学校一般在所有科目中都实施分层教学或90～105分钟的Block time。2009年的修订教育课程强调学校可以在各学科教学课时数20%的范围内自行增减或进行集中性学习,可以增减教学课时数的科目主要是高中一年的国民共同基本教育课程,集中性学习主要针对的教学课时数为4～6的科目。高中实施学科教室制,扩大了各学校教学科目的选择范围,可以实施多种集中性课程,同时还大幅度地增加了学生自由选择科目,几乎所有的高中都扩大了学生可选择教学科目的范围。

学科教室制通过Block time、分层教学、移动教学等区别与以住的方式进行教学,对评价方式也产生了影响,因为评价与教学内容是不可分离的。部分学校开始在考试时按不同水平来命题,对深化、基本、补充等不同层次的题目赋予不同的分值。同时,提高叙述型题目的比重,重视解决问题的过程。

四、学科教室制给学校带来的变化

与传统的班级教室制相比,“学科教室制”扩大了学生对教育的选择权,提高了学生的主动性。学生可以按照符合自身特点的课程表来安排自己的个性化学习活动,而不是把一整天都耗费在同一间教室里接受“标准化”的教育,使自己真正成为学习的主人。

对于学校来说,在教学方式、管理方式等方面都有了新的变化。从授课的角度来说,教学方式从以教师为中心转变为以学生为中心;从课堂管理的角度来说,在实施学科教室制度的学校,其课堂管理的模式实现了从空间管理到学科管理的转变;从学习的角度来说,学生们可以像大学生一样,在不同的学科教室间往来。参与项目的每所学校都给不同的学科教室配备了体现学科特点的教学设备及教具。为了提高教学的有效性,学校还研发了各门学科的定制课程,以满足不同学业水平学生的个性化需求。

学科专用教室也给师生带来了充分的学习和交流空间。过去,教师集中在办公室备课,学生如果不被传唤,很少会主动找老师提问和交流。现在,教师可以在学科专用教室里备课,即使在休息时间也可以跟学生讨论问题,有利于激发学生学习的积极性。学校和教师还可以根据学生的水平,灵活掌控授课时间和授课方式,真正提高教育质量。

学校的整体运行也由于学科教室制度的引入而大为改观,很多学校称学生们参与学校活动更加踊跃。家长们认为,学科教室制鼓励学生进行自主学习,增强了他们学习的积极性;各学科教室配备的设备也充分满足了学生们的需求。对于教师,虽然由于实施学科教室制而使他们花费更多的时间和精力在课堂教学上,但学科专业性的提升及课堂教学的高效使他们有很强的成就感(表 4-3)。

表 4-3 学科教室制实施前后学校的变化

领域	学科教室制实施前	学科教室制实施后
教育课程	• 对公共教育的满意度低下 • 对教师教学的满意度低下	• 对公共教育的满意度提高 • 对教师教学的满意度提高
学校教师	• 以注入式教学为主 • 缺少发展学科专业性的机会 • 与教学相比更关注管理	• 经验型的双向教学 • 学科专业性得到提升 • 以教学及研究为中心任务
学生、家长	• 缺少选择适合自己能力的学科的机会 • 教学的参与程度低下 • 他律的时间管理	• 可以选择适合自己水平的教学科目 • 积极、主动地参与教学 • 自律的时间管理
教育行政组织	• 职能以管理为主 • 机构僵化	• 职能向以支援为主转换 • 机构弹性化

对于韩国政府实施的绝大多数教育政策,公众永远是褒贬不一,但令人惊讶的是,对于学科教室制却是众口一词地表示赞同。但韩国推行的学科教室制还处于初期阶段,还面临着如何扩大教室的面积以容纳更多的学生,如何增加预算以购买设施和设备等诸多问题,因此以后的成效到底如何还要拭目以待。

第三节 创造性教学的课堂教学案例

《2009修订国家课程》要求学校的课堂教学从以教师为中心转换为以学生为中心，培养学生的创造力和自主学习的能力。因此，各学校都不断地改进原有的教学方法，在各学科的教学中应用多样化的方法来培养学生的创造力及把新知识应用于生活中的能力。这里以初中“汉字”课为例，看一下具体教学中是如何培养学生的创造能力的。

初中“汉字”课的内容主要包括让学生了解汉字的读音，掌握词意，正确书写汉字词，了解汉字词的组合，通过汉字词的组合理解句子的涵义，了解古代成语，在日常生活中使用汉字词等。在汉字的生成方面，主要指导学生了解汉字生成的原理并利用这些原理来生成新的汉字。在学习汉字的生成原理时，可以把教学的重点放在通过原理的应用来培养学生的创造能力，引发学生对汉字的兴趣，提高学生创造性思维上。下面是京畿道金陵初中进行“汉字”课教学时，促进学生创造能力发展的具体方案[1]（表4-4）。

表4-4 “汉字”课创造性教学指导方案

<table>
<tr><td>单元</td><td colspan="2">4. 动物与植物</td><td>次期</td><td>1</td></tr>
<tr><td>主题</td><td colspan="2">象形文字和会意文字的书写</td><td>指导教师</td><td></td></tr>
<tr><td>学习目标</td><td colspan="2">——能够理解汉字生成的原理
——能够通过联想，写出新的汉字</td><td></td><td></td></tr>
<tr><td rowspan="2">学习资料</td><td>学生</td><td>练习册，个人活动的成果</td><td rowspan="2">学习形态</td><td rowspan="2">分组探究式学习</td></tr>
<tr><td>教师</td><td>电脑，各种引导物品，便携式摄像机</td></tr>
<tr><td colspan="2">使用的创造性思考方法</td><td colspan="3">联想法，头脑风暴法，综摄法，强制结合法</td></tr>
</table>

[1] [韩]创造性教学优秀案例. 京畿道教育研究院，www. gie. re. kr.

续表

导入 10分钟	• 检查预习内容 • 制定学习目标 • 解决内容探究	• 让学生就汉字的起源和发展过程发言 • 引导学生的学习动机,让其了解学习目标 • 提问:汉字是怎样创造的? • 让学生查看周边的物品,引导学生的学习动机	• 被点名的学生发言,其他学生回想(苍颉根据鸟瓜印的形状创造了文字) • 学生在听的同时,产生学习的动机 • 查看周边的物品,以图画的形式表现出来,并向对面的人传达要表达的意思	• 变通性 • 敏感性	• PPT • 告诉学生网址要使用的网址
展开 30分钟	• 制定教学活动的计划 • 了解汉字的创制原理	• 进行各组的合作学习 • 组成学习小组 • 和各组提出要解决的问题 • 说明汉字的构成原理 ——象形:通过原始人沟通的方法,了解象形文字的原理(展示相关的图片)。 ——指事:图画很难模仿的抽象性思维或涵义,用点或线条表现出来的构成原理	• 组成合作学习小组(6~7人一组) • 由各组长确定解决问题的方法 • 用图画表现"在山中抓到一只老虎"这一事实 象形: 日:模仿太阳模样的象形字 山:模仿山模样的象形字 指事: 上:指代在事物上方的指事字 本:指代树木的根部	• 类推力 • 想象力 • 独创性 • 想象力 • 变通性 • 精巧性 • 敏感性	• PPT • 展示电脑文件夹里的相关资料
展开 30分钟	• 介绍有创意的汉字 • 分组来生成象形文字和会意文字	——会意:与已经生成的文字结合在一起,形成与原文字涵意相关但具有新的读音和涵义的文字。 ——形声:与已经生成的文字结合在一起,形成新的文字,新文字一定取原文字某一个偏旁的读音	会意: 林:木+木=有很多树木的森林 休:人+木=人在树下休息 形声: 问:口是代表意义的部分,门是代表读音的部分		

续表

展开 30 分钟		• 为了引起学生对汉字学习的兴趣，向学生介绍在构成上有意思的汉字 • 问题：在井字中加一点会成为什么字？ • 尽量多地向学生介绍有创意的汉字 因 困 已 门 • 让学生自己根据汉字生成原理，写出自己的象形文字和会意文字(使用联想法、头脑风暴法、综摄法、强制结合法等方法) 根据所提供的资料，通过分组的合作学习来完成任务 • 让各组充分讨论后选出最有创意的汉字进行发表	• 丼：“扑通”的意思，是指投物品到井里发出的声音 • 发挥自己的创造力，写出包含自己创意的文字 • 完成任务 • 把新学习的汉字用图画表面出来，给对面的同学讲解 • 学生带着兴趣来倾听，并获得一些启示 • 一边听其他组同学的发展，一边对其进行评价	• 类推力 • 想想力 • 独创性 • 类推性 • 想想力 • 独创性 • 变通性 • 敏感性 • 精巧性	• PPT • 使用网络资源
总结 5 分钟	• 评价及反馈	• 确认目标的达成度 • 对写出有创意汉字最多的组，给予适当的表彰 • 实施过程评价 • 对教学内容进行总结 • 下次课程内容的预告	• 理解象形文字的内容 • 对学习的内容进行自主和同学间的互评	• 类推性	• PPT • 练习册

第四节 学校教学环境的保障

在韩国,一般指学校的物化要素为教育设施,比如校舍、操场、图书馆及其他附属设备和教学媒体。教学媒体主要包括照片、电影、唱片、收音机、电视、电子计算机等视听媒体和电子媒体。

为了保障学校教育的效果,韩国教育部门要求教育设施必须具备机能性、经济性、审美性、安全性等主要条件,具备适合性、效用性、通用性、实用性、经济性、美观性等基本属性。在教育部中专门设有教育设施担当官,统一管理各级教育设施管理机构和所属各级各类学校的设施,实现了一体化的管理组织结构。

一、关于教育教学设施的相关法律规定

韩国政府认为,为实现教育目的,一切教育活动只有在学校教育计划、设施计划和投资这三者达到一致的时候才能最大限度地发挥作用,教育落后的根本原因在于教育投资不足。基于这种认识,韩国从 1945 年集中大部分投资于学校,适应急剧增加的学生人口。从 1962 年开始,伴随国民经济发展 5 年计划,制定出发展义务教育设施长远计划,并不断加以充实。现在,学校建筑和内部设施的保证率已经稳定。在过去的 60 年里,韩国政府投入学校的资金达到文教预算的 20%左右,成为除劳动工资外投资最多的部门。关于教育教学设施的标准,韩国制订专门的法规做出了明确的规定。如 1969 年 12 月 4 日,制定了《学校设施、设备标准》,1982 年 12 月 31 日制定了《学校设施事业促进法》,根据这些法令,又制定了《关于学校教具设备的规则》和《学校教具中科学教具设备标准》等有关教育设备的细则。

1. 外部设施

学校外部设施由教室、附属设施和学校基地组成。

教室又分普通教室、管理室、职员室、特殊教室(音乐室、实验室等)。各级学校普通教室编制标准为小学必须做到每个年级班级数为 6 个以内,每班人数为 50 人以内;初中每一个年级班级数没有特定标准,但必须把每个班学生人数控制在 50 人以内;高中必须做到每个年级班级数为 6 个以内,每班学生人数为 50 人以内。

韩国除了对普通教室的照明、隔音、取暖、色彩规定严格标准以外,还要求适应学生身长不断增加配备不同大小的桌椅,黑板也不能一概搞平面型,可以弯曲化,以便教室两侧的学生看黑板字不受影响。

韩国《学校设施、设备基本令》第 5 条第 4 款规定,48 个班级以内的小学设一个教学实验室,24 个班级以内的学校可以兼用为普通教室;小学的音乐教室可根据自己学校的情况设置。30 个班级以内的中学设一个音乐室,9 个班级以内的可兼用为普通教室。技术课所需的特别教室,小学设 1 间,36 个班级以内的小学可兼用为科学实验室或普通教室;15 个班级以内的中学设一个特别教室,6 个班级以内的中学可兼用为科学实验室。各学校可根据所选择的实验内容,设立农业实验地、农业实验室、工业实验室、商业实验、水产实验室、家务室、裁缝室等。对于语言学习室,政府并没有规定必须设置,只是当做一种义务提倡。尽管如此,各级各类学校的语言实习室正在不断增加。

附属设施包括厕所、给水设备、取暖设备、仓库、住宅(特定地区)。厕所设置方面,规定男学生每 50 人设一个大便器,每 25 人设一个小便器;女学生每 20 人设一个大便器。韩国自 1986 年 1 月开发并普及水刷式厕所标准设计图 18 种,韩国绝大多数中小学已按照这个设计图要求把厕所改造完毕。在给水、取暖设备方面,1983 年 12 月文教部和动力资源研究所共同研究开发并推广了自然型太阳能校舍设计图,由于符合节能和改善教室环境的要求,已被广泛地利用。另外,大力推广冬季洗脸用温水设备和冷暖设施的普及。

学校基地指校舍基地和体育馆(操场和体育馆)。由于经济的急剧发展不少农民离开农村纷纷涌入城市,城市人口急剧增加。导致教育投资和学校基本建设跟不上城市教育人口的爆增,出现了大量的被称为“豆芽教室“的超规模班级和二部制小学。为了解决这种现象,韩国政府于 1982 年 4 月 28 日以国务总理名义责成文教部制定学校设立标准，建设部制定学校用地确保标准。以下为学校操场的面积标准：

小学的法定标准面积为 $3\,000+2a+b$；

初中的法定标准面积为 $4\,000+2a+b$；

高中的法定标准面积为 $4\,400+2a+b$。

其中，a 为学生总数超过 600 人时，超过的学生数；b 为学生总数超过 1 800 人时，超过的学生数。同时，在《学校教具、设备标准》中规定，小学的体育场要在足球场、排球场与其设备、篮球场、手球场、羽毛球场、乒乓球场等场地中选择两种以上。

2. 内部设施

包括实验仪器、电子计算机、特别教室。韩国教育行政部门规定，小学四、五、六年级职业课把电子计算机作为一个小单元教学；初中的技术课、技术家政把电脑作一个单元教学；一般高中把信息产业课作为一门课程教学。

特别教室指科学教室、音乐教室、美术教室、技术教室与计算机教室，是学校必须具备的设施。在《学校设施、设备基准令》和《学校教具、设备标准》中没有特别规定特别教室的面积标准，因此很多情况下只是在与普通教室相同的空间中设置必要的设备。目前，韩国在特别教室中进行的教学活动包括：

(1) 社会科的视听觉教学。

(2) 道德科的视听觉教学。

(3) 自然课的特别教学。

(4) 音乐课的律动活动，唱歌，听音游戏，创作活动等。

(5) 美术课的设计，创造，欣赏等。

(6) 体育课的体育活动。

(7) 计算机的学习及其应用。

(8) 特别活动。

在特别教室中除了进行以上的学科课程教学之外，还需要有个人进行学习的空间，保管各种物品和处理一些相关事物的空间。因此，特别教室要实现其多种职能就必须具备各种适合的、完善的设备。在现行的规定中，对于必须在特别教室中配置的教具、设备，与普通教室不同的只是可以进行实验、实习的操作台、可保管教具、作品的保管台,其他学习所必须的设备并没有明确地指出。

3. 图书馆

韩国各级各类学校教师用的图书馆和资料室已俱全,这里指的是为学生服务的学校图书馆。韩国把图书馆的资料、职员和设施称为图书馆的三大要素。韩国政府对学校图书馆制定了一系列的法规和政策。1963 年 10 月 28 日,韩国制定并颁布了《图书馆法》,1965 年颁布了《图书馆法实施令》。韩国在有关学校设施装备标准的法令中,对学校图书馆的阅览室座席及配置图书数量标准做出了如下规定:

小学每班在兼用教室里应配备单行本 100 册以上,每所学校应配备 500 册以上;高中每一个班级应配备 5 个,每所学校应配备 20 个以上阅览席,每个班级应有单行本 150 册以上,每个学校应有 800 册以上。另外,规定学校图书馆设施除了阅览室、图书室座席外,还必须配有必要的整理室、参考阅览室、电教室、小件保管室、职工阅览室等设施。

学校图书馆有以下几种作用:第一,向学生提供有关学校教育和个人发展所需要的信息;第二,向学生提供学习课本的有关资料;第三,培养学生利用图书馆的能力和习惯;第四,培养学生读书的技巧和读书的兴趣,增强想象力和创造力;第五,学生通过图书理解生活中的文化、风俗、历史,增强社会道德观。

韩国中小学校图书馆实行司书教师制度。司书教师指的是直接管理学校图书馆经营和服务活动的业务人员。司书教师的资格标准如下:

具有大学毕业文凭,在校期间曾攻读图书馆专业,而且学完所定课程的教师;具备教师资格并参加过规定的司书教师培训的教师;学完教育研究生院或教育部长所指定的研究生院教育专业或司书专业教育课程并获得硕士学位的教师。

二、中小学教育设施、设备的现状

1. 班级学生数

班级学生数过多的"过密班级"问题曾是韩国教育的一个核心问题,在许多学校里,由于班级学生人数过多而给教学和学习带来很多的障碍。

根据教育统计年报的统计,1985 年,全国平均每班的学生数为小学 44.7 人,初中 61.7 人,高中 56.9 人。之后班级学生数呈下降的趋势,2012 年,每班的学生数为幼儿园21.6人,小学24.3人,初中32.4人,高中32.5人(表4-5)。这是因为韩国政府推进的"教育条件改善事业"取得了很好的效果,但初中与高中过密班级的情况还没有得到完全的解决。

表4-5 各年度各类学校的班平均学生数[1] 单位:人

年度	幼儿园			小学			初中			高中		
	国公立	私立	全部	国公立	私立	全部	国公立	私立	全部	国公立	私立	全部
1985	33.4	35.5	34.5	44.5	55.1	44.7	61.1	63.1	61.7	55.4	58.0	56.9
1990	22.2	32.8	28.6	41.3	48.1	41.4	49.7	51.6	50.2	51.3	53.8	52.8
1995	21.2	31.5	28.5	36.4	42.5	36.4	47.9	48.9	48.2	46.7	48.8	47.9
2000	21.0	28.4	26.3	35.7	36.3	35.8	38.1	37.9	38.0	41.7	43.5	42.7
2005	19.3	26.2	24.2	31.8	32.2	31.8	35.4	34.7	35.3	32.2	33.2	32.7
2010	17.8	22.2	21.1	26.6	30.1	26.6	33.9	33.6	33.8	33.1	34.1	33.7
2011	17.3	22.3	20.9	25.4	29.6	25.5	33.0	33.0	33.0	32.5	33.9	33.1
2012	16.9	23.3	21.6	24.3	29.2	24.3	32.4	32.5	32.4	31.9	33.3	32.5

2. 每名学生的平均教育空间

建筑面积是包括教学空间、管理/支援空间、体育/集会空间、保健/卫生空间、供餐空间、宿舍空间及其他共有面积等在内的所有建筑物面积的总和,校舍面积是指学校土地除体育场之外的土地面积。生均建筑面积从1980年开始呈持续上升的倾向,但地域划分来看,首尔、大邱、仁川、光州、京畿道的小学、初中及高中都没有达到全国平均水平,在生均建筑面积、校舍面积、体育场面积方面,各地区略有差异,与特别市、直辖市相比,邑、面地区及偏远城市的生均面积要大许多。

在学校建筑的安全性方面,小学达到A级标准(没有任何安全问题,最好的状态)的占43.0%,B级(有轻微的问题但整体状态良好)为51.8%,C级(虽然存在问题,但经简单维修后可以恢复)为4.8%,D级(材料老化,是否能继续使用需要专业技术的判断)为0.4%,E级(材料严重老化,不可能修复或在安全上是禁止使用的)基本没有。

[1] [韩]教育开发院.教育统计分析资料集(幼儿教育、初等教育、中等教育篇),2012.

表 4-6 各年度各级学校生均教育面积[1] 单位:平方米

年度	人均建筑物面积			人均校舍面积			人均体育场面积		
	小学	初中	高中	小学	初中	高中	小学	初中	高中
1980	2.1	2.0	2.5	5.7	4.9	10.9	10.0	8.6	10.5
1985	2.9	2.6	4.0	6.9	4.8	9.0	12.4	8.5	10.1
1990	3.3	3.6	4.4	7.3	6.3	10.1	12.8	10.5	10.0
1995	4.7	4.1	5.7	9.2	6.5	12.1	15.0	10.1	11.2
2000	6.0	6.7	8.3	8.7	9.5	15.0	12.2	12.8	11.7
2005	7.9	8.5	12.6	10.1	10.3	18.7	12.4	12.2	13.7
2010	11.1	10.2	13.2	12.7	11.3	17.9	14.4	12.6	11.8
2011	12.0	10.9	13.9	13.5	11.8	17.8	15.2	12.9	12.3
2012	13.0	11.4	14.4	14.0	12.1	17.8	16.2	13.4	12.9

从表 4-6 可以看出,从 1980 年到 2012 年,各级各类学校学生人均占校地面积明显增加,虽然在城市土地非常紧张,但学生人均占有的体育场面积都有所增长,这有利于身体的发展和其他智能发展的需要。

3. 图书馆每个座位容纳的学生数与生均图书数

学校图书馆通过读书,进行人性教育并向教学过程提供必要的多样信息资料,使学生可以进行自我主导的学习,从这方面的意义来说,图书馆是学校教育的核心设施,也是教育课程运营的必要机构,对于教育教学具有重要意义。图书馆每个座位容纳的学生数及生均图书占有量是衡量图书馆设施的重要指标,从 1980 年到 2012 年,韩国各类学校的这些指标得了到持续的改善。

首先看图书馆每个座位容纳的学生数,从 1980 年到 2012 年,小学从 75.6 人(即平均 75.6 人学生占有一个图书馆的座位)下降到 10.4 人,初中从 28.1 人下降到 10.5 人,高中从 15.4 人下降到 11.3 人(表 4-7)。从区域划分来看,首尔、大邱、仁川等地小学及初中图书馆每个座位容纳的学生数要高于全罗南道、全罗北道、庆尚北道等地区;高中则是忠清北道、大田、蔚山等地的比例更高一些。

[1] [韩]教育开发院.教育统计分析资料集(幼儿教育、初等教育、中等教育篇),2012.

表 4-7 各年度各类学校图书馆每个座位容纳的学生数〔1〕

年度	小学		初中		高中	
	座位数/个	容纳学生数/人	座位数/个	容纳学生数/人	座位数/个	容纳学生数/人
1980	74 857	75.6	87 854	28.1	110 382	15.4
1985	211 830	22.9	110 826	25.1	181 485	11.9
1990	164 476	29.6	136 785	16.6	253 718	9.0
1995	168 160	23.2	143 016	17.4	264 942	8.1
2000	157 030	25.6	137 011	13.6	225 055	9.2
2005	235 714	17.1	147 904	13.6	175 021	10.1
2010	275 137	12.0	171 399	11.5	155 608	12.6
2011	279 560	11.2	173 151	11.0	168 788	11.5
2012	284 605	10.4	175 455	10.5	170 492	11.3

在生均图书占有量方面,从 1980 年开始也是持续提高,到 2012 年为小学 26.6 册,初中 18.2 册,高中 14.4 册,其中小学的生均图书量最多(表 4-8)。从区域划分来看,全罗南道、忠清南道、江原道等地的小学、初中的生均占有量更多,全罗南道、庆尚北道、江原道等地高中的生均占有量多于其他地区。各级学校几乎都是道区域的学校比特别市、直辖市区域学校的生均图书占有量要多。

表 4-8 各年度各类学校藏书数及生均图书数〔2〕 单位:册

年度	小学		初中		高中	
	藏书数	生均图书数	藏书数	生均图书数	藏书数	生均图书数
1980	2 747 683	0.5	3 412 727	1.4	3 817 826	2.3
1985	8 544 865	1.8	5 428 395	2.0	5 852 189	2.7
1990	10 893 822	2.2	6 273 786	2.8	7 071 725	3.1
1995	14 193 262	3.6	7 956 343	3.2	9 011 342	4.2
2000	14 761 563	3.7	11 093 005	6.0	11 118 438	5.4
2005	34 171 354	8.5	15 390 907	7.7	15 215 719	8.6
2010	64 055 427	19.4	27 925 729	14.1	22 913 090	11.7
2011	72 006 386	23.0	30 793 912	16.1	25 607 755	13.2
2012	78 409 152	26.6	33 642 532	18.2	27 654 921	14.4

〔1〕〔2〕 [韩]教育开发院. 教育统计分析资料集(幼儿教育、初等教育、中等教育篇),2012.

第五章

韩国基础教育质量评价

第一节 学校评价

一、韩国学校评价的发展过程

1. 学校评价的准备期(1996—1999)

韩国的学校评价,是1995年"5.31教育改革"的一个重要环节。光复以后,对于学校评价的理论、政策依据等的研究都非常少,学校评价只是对学校进行监督的一个环节。1996年,教育部对市、道教育厅评价项目之一的学校评价实施与否进行了评议后,决定在各市、道教育厅开始实施学校评价。1998年,修订后的《初、中等教育法实施令》第11条、第12条明确规定了学校评价的对象、学校评价的标准,为学校评价提供了法律保障。1999年,教育人力资源部颁布的《教育发展5年计划试行方案》中,提出了学校综合评价的具体实施方案。

这一时期的学校评价,是在对学校评价的相关理论及政策准备都不充分的情况下开始实施的,评价的重点在于确认市、道教育厅提出的重要课题在学校是否得以实施这一方面,是一种追求行政的目的的学校评价。

2. 国家水平学校评价的引入期(2000—2003)

韩国教育开发院受教育科学技术部的委托,从2000年开始对学校评价进行了的基础性研究,开发出"信息提供型学校评价模型"开始实施国家水平的学校评价。2000年,对全国16个市道的16所学校,进行了各自为期5~6天的集中现场访问评价;2001年,评价的范围扩大到48所学校(每个市、道各3所);2002年,对包括48所普通学校,10所学校模型研究性学校,26所自律学校,6所实施咨询的学校在内的100余所学校进行了评价;2003年,通过问卷评价,对全国756所小学、初中及普通高中进行了评价,通过访问,对全国100余所小学、初中及普通高中进行了评价。

国家水平的学校评价,把首要的目的放在了对各学校自主进行的学校改进提供支援上,评价的结果着重于对学校存在的问题及学校优点的描述,使学校可以灵活运用这一结果自主地进行学校的改进工作。表 5-1 为韩国教育开发院制定的初中阶段的学校评价领域及标准。

表 5-1 韩国教育开发院制定的学校评价领域及标准(初中适用)〔1〕

评价领域	评价标准	具体领域	具体的评价标准
教育活动	是否向学生提供了有意义的学习经验	学科教育活动	教师对学科的了解程度
			教师对学生的了解程度
			教学方法的运用是否恰当性
			评价及评价结果的运用是否恰当性
			教师改进学科教育深造的热情
		学科外教育活动	学校、班级活动的开展情况
			俱乐部、社团活动的开展情况
			对学生自律生活习惯的指导
教育支援活动	为了向学生提供有意义的学习经验,是否对教育活动提供了支持?	学校教育课程的编制	校长对学校教育课程的了解程度
			学校教育课程的编制是否恰当性
		人力资源的利用	校长为促进教师专业化所做的努力
			教职员组织的专业性及效率
			组织内决策的民主性
			人事管理的专业性、公正性
			学校外部人力资源的利用
		物质资源的利用	教育活动设施及条件的准备情况
			预算编制及设施是否符合教育需要
			预算执行的效率性及透明性
			社区物质资源的利用情况
			为确保学校财源所做的努力
学校教育目标、计划	为了向学生提供有意义的学习经验,是否发挥了引导其教育活动的作用?	学校教育目标、计划	学校教育目的的现实性及改进的方向性
		特色化努力	学校特色的教育可行性

〔1〕[韩]教育人力资源部·韩国教育开发院. 学校综合评价综合报告书,委托研究,CR2002—2003.

这一时期,市、道教育厅实施的学校评价,是以教育科学技术部实施的市、道教育厅评价的内容中,与学校教育直接相关的问题为中心进行的,也包括与各地区的特色工作及学校经营相关的部分内容。评价过程是先由制定评价的标准与方法,各学校根据这些标准与方法进行自我评价,并向教育厅报告评价结果,教育厅为了确认这一评价结果进行访问评价。对于评价结果优秀的学校,教育厅将给予鼓励奖金,并赋予该学校以学校人事权的加算分。

市、道教育厅主管的学校评价在当时起了很多积极的效果,使在校的教师认识到学校评价是一种日常的学校质量管理工作,学校评价为教师们提供了积累与管理相关的实务经验的机会。但市、道教育厅的学校评价在很多方面也受到了批评,如许多市、道教育厅的学校评价指标没有理论依据,指标中包括了学校所有的活动领域,导致学校的准备工作花费过多的时间与精力,评价指标却没有反映出解决特定教育问题的问题意识。

总体上看,这一期间在推行国家水平学校评价的同时,市、道教育厅自行制定学校评价计划,对向管辖的学校按照一定的周期(1～3 年)进行学校评价,学校评价分在国家水平与市、道教育厅水平两个层次上进行(表 5-2)。

表 5-2 各类型学校评价的特点〔1〕

	市、道教育厅的学校评价	韩国教育开发院的学校评价
实施年度	1997—	2000—2003
评价目的	以检查学校职责为主	以学校改进为主
评价方法	定量评价	定性评价
评价标准	以成果为中心,定量的标准	以过程为中心,定性的
评价者	由奖学士,教师等组成的评价团	学术界的专家,奖学士,教师等
自我评价	实施自我评价	不实施自我评价
访问评价	定量的书面评价	观察、面谈
结果报告	定量的报告	定性的报告
结果的应用	分级别进行财政支持	学校改进

3. 根据共同指标进行学校评价时期(2004—2011)

针对市、道教育厅学校评价的问题,2004 年,韩国教育科学技术部与教育开发院

〔1〕[韩]朴钟烈,金顺男.韩国学校评价的实态和方向探索[J].韩国教育,2002(2):5-31.

开发在国家层面开发了"市、道教育厅学校评价共同指标",并向各市道推广。韩国教育开发院对关于学校评价模型与评价指标的研究、开发及评价委员的研修等提供了各种支持,还出版了收录评价结果的报告书。每年对共同评价指标进行小范围的修订后向各市道公布。同时,市、道教育厅水平的学校评价也在实施,形成了国家层面开发的共同评价指标与市道自行开发的自我指标二元化的评价体系。

2006年,所有学校的评价指标由共同指标与自我指标共同组成(按8∶2的比例),评定方法相当程度上是依据专家的专业判断。2008年,在颁布教育自律化措施后,学校评价的主体由教育科学技术部转变为市、道教育厅,学校评价的自主性逐渐扩大(表5-3)。2009年,依据初中等教育法修订案,学校评价的责任完全由教育科学技术部转交给市、道教育厅。2010年,16个市、道教育厅的相关负责人员组成合议组织——学校评价运营委员会,负责对学校评价的主要事项进行商议。

表5-3 市、道教育厅学校评价共同指标体系[1]

评价领域	评价内容	评价指标
学校教育目标	学校教育目标与实践战略	1. 所制定学校教目标是否恰当?
		2. 为了实现学校教育目标,是否制定了具体的实践战略?
教育课程与方法	促进学生理解的努力	3. 是否对学生的特点进行了可信、可行的分析?
	教育课程的编制与运营	4. 教育课程的编制与运营是否与学校教育目标相联系?
		5. 学科教育课程是否根据学生的学习能力及特点重新组织、教授?
		6. 学校教育课程的编制及运营是否满足了学生在特长开发及职业成熟等多方面的要求?
教育成果管理	教育的成果	7. 学生是否达成了学校教育目标?
		8. 学生与家长是否对学校教育满意?
	评价管理及结果应用	9. 对于教育结果的评价是否可信、可行的?其结果的应用是否是合适的?
		10. 学校是否向家长通告了学校教育的质量(投入、过程、结果)及学生的学校生活情况?

〔1〕[韩]教育科学技术部、韩国教育开发院(2009). 学校评价共同指标介绍,研究资料CRM2009-10.

续表

教育经营	为改进学校，提高成员的领导能力所做的努力	11. 学校成员是否在各自的发挥了自己的领导能力？
		12. 为了促进学校的变化与改进，是否倾注了一系列的努力？
	专业共同体的构筑及与社区的关系	13. 学校成员是否为构建专业公共体而付出努力？
		14. 学校是否与社区构建了互惠的合作关系？

4. 市、道教育厅自主评价时期

2011年3月，初中等教育法实施令修订案颁布并于2012年3月正式生效，为市、道教育厅实施学校评价的自主性提供了法律保障。按照初中等教育法实施令的规定，学校评价领域包括教育课程及教学、教育经营、教育成果及满意度等，以前以活动为中心的评价体系转变为以学校的教育成就为中心(表5-4)。

从2012年开始，学校评价指标的选择，指标领域的比重，各指标的加权值赋予等与评价指标相关的大部分内容，都可以由各市道自行确定，这进一步扩大了市、道教育厅的自主权。

表5-4　2012年首尔市教育厅学校评价指标[1]

领域(比重)	指标	类型	分数					资料出处
			小学	初中	普通高中	特色高中	特殊学校	
教育课程与教学(25%)	1. 教育课程编制实施的合理性	定性	8	8	8	8	8	学校教育计划
	2. 创造性体验活动实施的内化程度	定性	7	7	7	7	5	学校教育计划/其他资料
	3. 改革教学所做的努力	定量	6	6	6	6	7	教育厅资料
	4. 放学后教育活动的参与情况	定量	4	4	4	4	5	教育厅资料
学校经营(30%)	1. 学校自我评价的实施	定性	5	5	5	5	5	学校教育计划
	2. 教师职务研修的参与	定量	5	5	5	5	5	教育厅资料

〔1〕[韩]2012—2014学校评价实施基本计划[R].首尔特别市教育研究信息院,2011.

续表

学校经营(30%)	3. 教育活动预算的比重	定量	5	5	5	5	5	信息公示
	4. 学校供餐的安全性	定量	5	5	5	5	5	教育厅资料
	5. 学校图书馆的利用	定量	5	5	5	5	5	其他资料
	6. 教育福祉及与社区的联系	定量	5	5	5	5	8	其他资料
教育成果及满意度(30%)	1. 基础学力指导	定量	5	5	5	5		信息公示
	2. 升学、就业指导	定量	4	4	5	5	5	信息公示
	3. 辍学的预防	定量			3	3	5	信息公示
	4. 学生健康的增强	定量	6	6	4	4	5	信息公示
	5. 安全事故的预防	定量	5	5	3	3	5	其他资料
	6. 学校共同体的满意度	定量	10	10	10	10	10	其他资料
学校发展(15%)	有特色、有创意的学校运营事例	定性	15	15	15	15	15	学校自我评价书
合计			100	100	100	100	100	

二、学校评价的法律依据及目的

韩国的教育法制体系很健全，几乎所有的教育活动都有相关的法律做为保障。在教育评价方面，《初、中等教育法实施令》第 11 条第 1 款至第 3 款规定了评价的对象，该法令规定“随着学校评价等评价的权力移交给教育监，教育部长以市、道教育厅及其所管辖的学校，教育监以其管辖的教育行政机构(地区教育厅)及学校为评价的对象。进行评价时要考虑到学校的条件、地区的实际情况及学校的特色。”明确规定，学校评价的实施者是各市、道教育厅，学校评价的对象是其所管辖的各级学校，包括小学、初中、普通高中、特色化高中及特殊学校。

《初、中等教育法实施令》第 12 条规定了学校评价的范围，该法令规定，“学校评价以下列事项为基准进行：①教育课程的运营及教学方法；②教育活动及教育成果；③其他与学校运营相关的事项中，教育科学技术部长官认为有必要的事项。”

评价的目的，在市、道教育厅层面及学校层面是不同的。在市、道教育厅层面，是以依据各学校评价结果，激发学校间的良性竞争，通过宣传优秀的改革事例，激励学校的发展为目的的。同时，市、道教育厅依据各级学校自身的特点及评价结果制定学校发展策略，探讨各种支持方案，力图使学校实现市、道教育厅制定的教育政策目标。

在学校层面，学校评价的目的是提供进行自我诊断的机会、使学校成员共享相关信息，自主管理学校，改善学校环境，进行创造性的学校教育活动，提高教育需求者的满意度，进而提高学校教育质量。

三、评价结果的应用

各市、道教育厅对学校评价结果的应用在具体细节上略有不同，但主要都是依据评价结果对学校提供行政、财政上的支持，促进学校的自主改进。

1. 教育监表彰

学校评价结束后，各市道的教育厅会按评价的分数，对在各评价领域居于前列的学校进行奖励并发放奖金。如在 4 个评价领域中，有 2 个以上的领域在优秀的范围（在所有评价学校中占据前 10%的位置），并且不存在不力领域（在所有评价学校中位于后 10%）时，教育厅会对该学校提出表彰，并发放一定的奖金，促进学校参与学校评价的积极性并努力提高学校的教育质量。

2. 对学校提供行政、财政方面的支持

市、道教育厅会根据评价的结果，决定对学校的支持力度。如首尔特别市教育厅在学校评价进行后，由教育研究信息院依据学校评价结果对各学校进行后续的咨询。根据学校的要求，由相关领域的专家组建咨询团队，实施 2 天以上的咨询，确定学校需要改进的领域。教育厅在实施符合各评价领域实际情况的咨询后，向学校提供阶段性的集中支持。

对于那些需要进行综合性、深层次诊断与改进的学校（如有 2 个以上评价领域处于不力范围，而且没有任何评价处于优秀范围的学校），教育厅会给予特别的咨询支持，依据教育研究信息院的推荐和学校的申请，委托学校咨询专业机构进行特别咨询，咨询的费用由教育研究信息院承担。

此外，学校评价与咨询结果，会反映到教育厅推进的学校支援事业中。教育厅在完成学校评价与咨询的结果报告时，要制定对于该学校的政策支援方案，加强对各学校进行符合学校实际情况的行政、财政支援。为了提高对各学校支援事业的实际效果，有些市道还会加强教育厅内部各部门及其他有关部门间的联系与合作，构建相关的合议体，在机构组织的设置上也体现出对学校支援的重视程度。

3. 促进学校的自发性改进工作

学校评价结果，会应用于学校改进工作。在学校自主地进行学校改进时，会根据学校评价结果进行自我分析，然后在此基础上制订下一年度计划及中长期的发展计划，并在实施学校计划的过程中不断地进行进行自我评价，以达到促进学校发展的最终目标。在这一过程中，学校的所有成员都能正确认识到学校的现状与存在的问题，与咨询团队合作，共同努力推进学校的改进工作。

第二节　学生的学业成就评价

2010 年，PISA2009 结果公布，韩国学生在阅读、数学、科学三个领域的成绩均名列前茅。OECD 后期的分析中提到，韩国取得成绩的一个重要因素是其拥有一套非常有效的学业诊断系列，并能根据诊断结果采取有效的措施[1]。

一、市、道教育厅主管的学业评价

1. 学科学习诊断评价

2008 年开始实施的“学科学习诊断评价”是以第七次教育课程中强调的“基础·基本教育”及 2007 年国家人力资源委员会审议的“生涯早期基本学习能力支援计划”为依据实施的。

这一评价开发并推广了能够掌握学生成就水平的标准化评价工具，目的在于辨别学力不足学生，促进基础学力指导工作，帮助学校改善评价方法。

〔1〕 NAEA：不让一学生掉队[J]. 上海教育，2013(11)：24-27.

考试的对象为小学4—6年级,初中2—3年级的学生,具体的参与范围(全体参与还是抽取样本)由各市、道教育厅自行决定。学生们要参加国语、社会、数学、科学、英语等5个科目的考试,各学科的考试都是由可以判别出各学年、各学科学习成就水平的内容构成,上一年度的课程为相应的考试范围,如小学四年级的考试范围就是三年级的学习内容(表5-5)。

表5-5 市、道教育厅主管的学科学习诊断评价概要〔1〕

	内容
对象	小学4—6年级,初中2—3年级
科目	国语、数学、社会、科学、英语
内容	可以辨别各学年、各学科 学习成就水平的内容
范围	各自年级前一年的课程内容

评价的结果主要用于识别学科学习不力的学生,对于没有达到基础学力的学生,教育厅及学校会提供各学习领域的补偿教育计划,对学生进行额外的指导,以帮助他们达到正常的学力水平。另外,评价的结果还做为在市、道教育厅及学校中进行有效的基础学力指导的基础资料,同时还应用于制定相关教育政策,改善学校教学方法的基础资料。

2. 全国联合学力评价

全国联合学力评价是依据《初、中等教育法》第9条(评价)及全国市、道教育监协会的协议事项而实施的。评价的目的是提高学生对大学修学能力考试的适应力,满足家长们对学生升学资料的需求。因此,全国联合学力评价与大学修学能力考试极为相似,具有大学修学能力教育的模拟考试的性质。全国联合学力评价的具体目的如下:

(1) 为提高高中生的学力提供基础性的诊断资料。

(2) 以大学修业能力教育的形式进行评价,提高学生对大学修业能力考试的适应力。

〔1〕[韩]潘宰千.国家水平基础学力诊断及学业成就评价体制改善方案研究[R].教育科学技术部,2008.

(3) 通过出题信息的共享，提高在职教师的评价能力。

(4) 通过开发优质的评价题目，提高评价的公信力。

(5) 把评价做为教学过程的一个环节，力图提高学生的学习能力。

(6) 为学生、家长提供升学指导资料。

评价的领域包括语言领域，数理领域，外语领域，社会、科学探求领域，包括了大学修学能力考试中除职业探求及第二外语外的所有领域。评价对象为全国高中1—3年级的学生中自愿参与的学校及学生，但实际上，所有的学校与学生都参与了这项评价。

命题委员由教育厅管辖的中学教师负责，为了保证题目的质量，教育厅选择教育经历5年以上的具有学士学位的教师或教育经历3年以上的具有硕士或博士学位的教师来命题。命题委员由高中校长或校监、评价委员、学力评价管理团队的推荐后，最终由命题委员选定委员会确定人选。考试的领域、科目及命题范围都与大学修学能力考试保持一致，根据参与考试的学生的年级可以做一些调整，每年考试的命题范围由首尔市教育厅确定。

全国联合学力评价考试作为大学修学能力考试的模拟考查，从高中一年级到三年级的学生每年共进行12次(分别由首尔市、仁川市、京畿道教育厅主管)，对学生的学力评价，提高了学生对大学修学能力考试的适应能力。尤其是对于高中三年级学生来说，可熟悉大学修学能力考试的题型，掌握自己的学习水平。但全国联合学力评价依据全国市、道教育监的协商，由3个教育厅轮流负责命题，因此每个命题机构的命题体系及难易程度不可避免地会出现差别，这会对学生了解自己的实际水平造成某种不确定。

二、国家水平的学业评价

1. 小学三年级的基础学力诊断评价

韩国的国家水平基础学力诊断评价依据教育部的“国家人力资源开发计划”于2002年开始实施，以小学三年级的学生为对象，在国家层面对基础学力进行的评价，通过评价来确定学生是否达到了阅读、写作、基础数学领域的最低教育目标，根据诊断的结果提供适当的教育项目计划，以保障所有的学习者都能达到国家水平的基础学力。国家水平基础学力诊断评价的主要目的是：

（1）以小学三年级的学生为对象实施国家层面的基础学力诊断评价，掌握基础学力不足学生的情况，通过对每年成绩变化的分析，诊断教育的质量并进行管理。

（2）分析与基础学力相关的影响因素，其结果做为提高学校教育质量的依据，如制定提高基础学力的教育政策、监督指导、改善教学等的基本资料。

（3）掌握学力不足学生个人在学习能力方面的特点及各学习领域成绩低下的原因，使考虑到个人差别的个性化教学成为可能。

（4）为学力不足的学生提供补偿教育项目计划，预防学习缺失的继续积累，有效保障国民的基础学力。

评价的领域包括国语能力与数理能力中的阅读能力、写作能力及基础数学能力。阅读、写作及基础数学能力不仅是学习国语与数学时的基础，也是在学习其他学科时所必需的，包括以后进入社会生活也是必备的基本能力。因此，韩国国家层面的基础学力诊断评价中，把评价对象科目确定为阅读、写作及基础数学这三个领域。国家水平基础学力诊断评价中的"基础学力"，是指通过补偿学习等追加教学，使所有学习者都必须具备的最低学习能力。基础学力的期望水平，在小学三年级是指在学校学习与社会生活中必须具备的阅读、写作、基础数学的最低、必需的学习能力。阅读方面基础学力在小学三年级的达成标准是具有进行阅读并掌握其含义所需要的能力，具体包括对韩文字的解读、单词的理解、写实性的理解、欣赏与评价等。写作方面基础学力在小学三年级的达成标准是具有通过文字表达所思考内容的能力，具体内容包括书写单词和句子，内容的生成、表现与传达等。基础数学在小学三年级的达成标准是具有理解基础概念并利用其解决实际问题，具体包括基本性的数的概念、演算、图形和测量等。

国家水平的基础学力诊断评价的实施分为预备考查、正式考查、同等化考查。

预备考查：考查的对象学校是根据大城市、中小城市、邑、面地区城市的规模，在全国选定的6～8所学校。因为在一个学校完成所有的测试会使学校的负担太重，所以在实施预备考查的学校中选择2个班级，其中的一个进行阅读和阅读实际技能型评价，另一个班级实施写作和基础数学检查，最小限度地减少教师的负担。预备考查可以根据各学校的实际情况在暑假结束或开学后进行，在实施时，韩国教育课程评价院的研究员直接派遣到各学校对实施要领进行说明，并对所有的考试管理与案例事项进行彻底的监督。

正式考查：在正式考查实施一周之前，韩国教育课程评价院把评价工具箱（包括问卷、机读卡、实施简章、津贴免税单、回邮用信封、考试状况表等）发送到各学校，由各学校的评价管理者负责安全保管。在正式考查期间，如果发生了预期外的状况，各学校要根据评价的宗旨进行现场处理以使评价顺利进行。评价结束后，评价管理者在对试卷进行确认后放入回邮用信封，在信封表面记录栏里记录后发送到韩国教育课程评价院，并就发送事项报告给市道教育厅（表 5-6）。

表 5-6 基础学力诊断评价实施中相关机构的作用分担状况[1]

分类	主要内容
教育部	制定基础学力诊断评价的相关政策，保证预算
韩国教育课程评价院	—开发评价工具 —实施以市、道教育厅的评价管理者为对象的相关说明会 —制作评价工具箱（包括问卷、机答卡、实施简章、回出用信封、考试状况表、津贴免税单、责任书、计算机用水性签字笔等） —向各市、道教育厅发放评价工具 CD（试卷、实施简章） —向市、道教育厅提供样本学校名单 —解读并分析学生的机答卡 —开发答题卡的分析程序，制作样本学生的分析卡并提供给各市道教育厅 —分析基础学力诊断评价的结果，制作国家水平的报告并进行推广
市道教育厅	—与韩国教育课程评价院合作，推进与评价相关业务的实施 • 确定韩国教育课程评价院抽取的样本学校 • 掌握样本学校的班级数与学生数 • 确定评价管理者 —对样本学校的评价管理实施业务研修 —从评价的实施学校获得评价实施状况的报告，在有异常情况时通知韩国教育课程评价院 —自主决定非样本学校是否实施评价及对答题卡的解读及分析等相关事项

〔1〕［韩］潘宰千. 国家水平基础学力诊断及学业成就评价体制改善方案研究［R］. 教育科学技术部，2008.

续表

评价实施学校	—从评价院处接收到评价工具箱后，负责其安全保证，确认数量与内容 —当发生评价工具不足时，可自行复印使用，在有异常情况发生时及时与韩国教育课程评价院联系，保证在考试当天不发生任何问题 —评价的管理者与监督教师要提交保证评价工具安全的责任书，放入回邮的信封中

同等化考查：为了对基础学力的变化进行分析，制定各年度一致性的基础学力达成标准，韩国教育部还实施同等化考查，依据同等化考查结果对达成的标准线进行调整，以确定学生是否达标。同等化考查的学校样本也是依据各地区的情况来选择，共选择大城市中的5所学校和中小城市的3所学校及面、邑区域的2所学校，对所选定学校的所有班级实施考试评价。同等化考查对所选样本进行为期2天的考试，分别使用上一年度实施的国家水平基础学力诊断评价问卷(B型)和该年度正式考查的评价问卷(A型)，利用平衡随机样本设计来实施。即把实施同等化考查的学校依据其班级数，分为I和II两个群随机交叉进行A、B型的考查(表5-7)。

表5-7 同等化考查的实施设计

时间	考查试卷类型	
	Ⅰ群	Ⅱ群
第一天	B型问卷	A型问卷
第二天	A型问卷	B型问卷

实施国家水平学业评价的意义在于，基础学历诊断评价的结果将用于改进那些没有达到国家基础学力水平的学生的教育教学。所以，以小学三年级学生为对象进行的这一基础学力诊断评价，其结果的应用是非常重要的。在国家层面，首先是掌握了未达标的学生状况，通过每年变化来诊断教育的质量，另外了解对基础学力产生影响的各因素之间的关系，据此来制定各种教育政策及进行奖学指导。在市、道教育厅层面，以教育部的国民基础学力保障政策作为基础，考虑到各市、道的实际情况，进一步制定并推进具体的基础学力责任指导制度。教育厅为了对学校中未达到基础学力的学生提供支持，组建指导对策班子来掌

握未达标学生的现状，制定具体的对策，提供符合实际需要的援助方案。同时，各教育厅开发并普及实施补偿教育所需要的资料，选出实施补偿教育中的优秀教师和学校进行表彰。在学校层面，实施担当教师负责制，成立基础学力特别班级，或举办假期训练营，通过各种方式来进行补偿教育。

从 2010 年开始，为了减轻学生的学业负担，小学三年级的基础学力诊断评价被统合在学科学习诊断评价中。

2. 国家水平学业成就度评价

韩国所实施的国家层面的学业成就度评价是从 1963 的中央教育研究所的“基础学力调查”开始的，其后有行动科学研究所进行的“学校教育的全国性评价研究”、韩国教育开发院的“为了验证新教育体制效果的学力评价”、国立教育评价院于 1986 年至 1997 年间实施的“全国中小学学业成就度评价”等。但这些评价由于评价工具的开发及实施过程、结果分析等程序不是很精密，没有很好地对成就水平的变化及成就度与背景因素之间的关联进行分析，作为学校教育质量管理的一个重要环节，存在着许多不足。

为了克服这些问题，韩国教育课程评价院在其刚成立(1998 年)时就制定了国家水平教育成就度评价的基本计划，其后所实施的“国家水平教育成就度评价”及“国家水平学业成就度评价”都是国家水平的教育评价。

(1) 国家水平学业成就度评价的目的

实施国家水平学业成就度评价的目的，首先在于掌握学生各学科学业成就的变迁，为达到教育课程的教育目标及改进教育课程提供基础性的资料；其次是分析学业成就度与教育中各种因素的联系性，探析对学业成就度产生影响的主要原因，了解学生、教师及学校各种构成要因之间的关系；第三，掌握学生的学业成就水平，使其与补偿教育相联接；第四，开始高质量的评价工具，改善学校的教学—学习方法，引导学校改进评价的方案。

为了达到这些目标，韩国教育课程 评价院组织各学科的专业人员开发了各学科的成就标准，并以此标准为基础开发了评价的问项。作为基于标准的评价，向学生通报各学科的成就标准时一般分为优秀、普通、基础、未达基础标准四个等级。各等级的一般标准如下：

优秀：作为评价对象的各年级学生，对于应掌握的基本内容，大部分都能很好地理解。

普通：作为评价对象的各年级学生，对于应掌握的基本内容，相当部分都能很好地理解。

基础：作为评价对象的各年级学生，对于应掌握的基本内容，部分内容能够理解。

基础学力未达标：作为评价对象的各年级学生，对于应掌握的基本内容，基本没能理解。

下面以初中数学课程为例，介绍具体的成就标准（表 5-8）。

表 5-8 初中数学课程的成就标准〔1〕

分类	内容
优秀学力	• 理解实数的概念，能熟练地进行运算，能以集合或数式的方式来表达问题； • 能推测并证明平面图形和立体图形的性质； • 能求出复杂事件的概率，能解释累积频数和相对频数的图形； • 能进行因式分解，可以解复杂的联合一元方程式和联合不等式； • 可以求一次函数和一次函数式、图形，并利用一次函数解决问题
普通学力	• 理解实数的运算原理，可以进行运算； • 理解很多平面图形的性质（四边形的性质、勾股定理、图形的合成与相似等）； • 会求立体图形的体积，能进行近似值的计算； • 能解释频数分布表、柱状图、频数分布多角形，求平均数； • 可以解一次方程式和一次不等式，能进行多项式的运算； • 在坐标平面上能推测到点的位置
基础学力	• 理解集合的演算，找出实数的大小关系； • 理解多种图形的基本概念； • 能求出扇形的幅度和弧的长度； • 在比较简单的情况下能求出数和概率； • 能解出简单的一元方程式； • 在实际生活中，能找出一次函数的关系
基础学力未达标	• 基本的概念理念和运算能力不足，在解决数学问题时感觉到困难，需要更多的努力

〔1〕［韩］潘宰千. 国家水平基础学力诊断及学业成就评价体制改善方案研究［R］. 教育科学技术部，2008.

教育课程评价院对评价的结果(国语、数学、英语目前为全体评价,科学与社会为取样评价)进行分析,其结果应用于国家及地区制定教育政策、改进学校的教学—学习方法及对学生进行职业生涯指导的必要资料。

(2) 国家水平学业成就度评价的基本计划及实施情况

韩国教育课程评价院为了解决原有学业成就度评价中存在的问题,于1998年进行了“国家水平教育成就度评价方案研究”,制定了对主要科目以2年为一个周期进行评价的国家水平教育成就度评价基本计划。按这一计划,在1999年以小学六年级、初中三年级、高中二年级学生为对象,进行了社会和数学的预备评价。按照当时的教育成就度评价基本计划,是要按学科顺序长时间进行的,从2000年开始每年实施2～3个评价领域,以2～3年为一个周期。但开始实施正式评价的2000年,按照当时教育部及市、道教育厅的要求,决定每年都进行国语、社会、数学、科学、英语等5个学科的评价,韩国教育课程评价院只能对评价周期、评价内容等主要事项进行了修改。因此,2000年不仅进行了社会与数学的正式评价,没有进行预备评价的国语、科学、英语等科目也进行了正式评价。

开始正式评价后,评价对象和评价内容在不断进行调整,如评价的样本不断扩大,评价对象取消了小学六年级的学生等,韩国教育课程评价院2015年的评价计划见表5-9。

表5-9 2015年国家水平学业成就度评价〔1〕

学年	学科	评价范围	时间	实施日期
初中3年	国语、数学、英语	初中1—2年级所有课程,3年级第1学期课程	每科60分钟	6月23日
	社会、科学(取样评价)			
高中2年	国语、数学、英语	高中一年级的所有课程	每科60分钟	

〔1〕 国家水平学业成就度评价.韩国教育课程评价院主页. http://kice.re.kr/contents.do?contentsNo=25&menuNo=245.

第三节 学校的教育监测

为了把学校办成家长满意的教育场所，韩国的各中小学在学校运营过程中尽量反映家长的声音，这其中家长会做为全体家长意见的代表起了重要的作用。家长会有明确的程序来保证所有的家长都能方便地提出自己的意见，参与到学校的运营中，对学校教育进行监测。

在韩国，学校教育的监测不是对学校进行监视、干涉的活动，而是向学校提出正确的意见，是家长与学校之间进行沟通的一种渠道。

一、教育监测的具体活动

(1) 由有意愿的家长组成监测团体，随时进行的教育监测活动。

(2) 通过每个月以班级、学年为单位的例会进行的教育监测活动。

(3) 通过学生家长的咖啡厅聚会进行的教育监测活动。

(4) 通过对家长的问卷调查进行的教育监测活动。

(5) 通过学校网页进行的日常性的家长意见征询。

二、教育监测的推进步骤

1. 制定教育监测计划

对于放学后学校、体验活动等家长们非常关心的主题，准备相关的问卷调查，制定教育监测的计划。

(1) 商议主题与内容。设定那些家长可以提出意见的主题(以满意度、改进点为主)。根据相关的指南或规定，对于其实施方式是适合的还是错误的进行的监测，是市道教育厅要指导、检查的事项，不适合家长监测的主题。

(2) 协商教育监测的方案。

2. 实施教育监测

通过家长总会、家庭通信文(给家长的信)、家长们的咖啡厅聚会、文字信息(短信)等方式,征求所有家长的意见。

(1) 对于监测的内容,不用非常详细,但要把核心的内容记录下来。

(2) 以条目的方式,自由记录。

(3) 询问子女或周边人的经验、意见。

3. 教育监测结果的整理

以家长们共同提议的内容为中心,整理监测的结果。

(1) 对于给定的主题,提出符合实际的建议。

(2) 根据实际的事实来写学校现场的事例。

(3) 提出能在所有学校适用的具有普遍性的做法。

4. 向校长、学校运营委员会的委员长提出建议

对于学校教育发展中必要的事项,向学校及学校运营委员会的委员长提出建议,反映到学校教育的实践中。

5. 对监测结果的宣传

通过学校的主页及其他方式,公示教育监测结果的处理方式。

第六章

韩国基础教育教师专业发展

第一节 教师培养体系

一、教育培养制度的变迁过程

1. 初等学校教师的培养制度

韩国最早的教师培养机构是于1895年设立的汉城师范学校,是一所由开设二年制的正规课程和6个月的短期课程,专门以男子为教育对象的培养机构。在日本占领时期共开设了15所师范学校,其中10所在南半部。

韩国光复后,南部的10所师范继续承担着培养初等教师的任务,在美军政厅时期又新建了7所学校,20世纪50年代全国的师范学校达18所。这些学校构成50年代培养初等教师的主干。光复之后,随着教育人口的增加,对教师的需求也一直呈增加的趋势,只依靠师范毕业生很难满足对教师的需求,因此光复后开始在这些师范学校中附设"初等教员临时培养所"。随着供求矛盾的缓和和调整,临时培养所到1958年就全部停办了。初等教师的培养由专门的培养机构——师范学校一元化培养。从50年代中期起,在全国开展了把师范学校的课程延长、升格为初级大学课程的运动,在1961年9月颁布的《关于教育的临时特例法》中确定了二年制教育人学制度。

作为"7.30教育改革"的重要措施之一,从1981年开始二年制的教育大学逐渐改编成四年制大学。教育大学是依据1961年的《关于教育的临时特例法》规定,把在当时相当于高中水平的师范学校中培养的小学教师,升格到在二年制的国、公立教育大学中培养。随后在1962年修订、公布的《国立学校令》中确定了其法律依据,从1962年3月1日起教育大学正式起步。但是,由于家长的学历水平不断提高,小学的教育内容逐渐复杂、多样化,要培养适应这种状况的优秀小学教师,因其仅相当于初级大学水平的课程,其修业年限受到很大限制,各界舆论都主张把其改编成四年制的学校。这样,在20世纪80年代,为了提高小学教师的专业性和减少与中学教师间的学历差别,逐渐把二年制大学升格,改编为四年制。为了提高教育大学与各小学的联系性,培养适合未来社会需要的教师,在把教育大学升格为四年制大学后,又经历了几次教育课程的改革,在1983年2月对课程进行了全面的修订,加强了基础学科的教育,并设置了各学科的教材研究和深化课程。

2. 中等教师的培养制度

韩国光复后,正规的中等教师培养机构——师范大学开始起步。最初成立的师范大学为汉城大学师范学院、大邱师范学院、公州师范学院等。与此同时,私立的师范大学也开始在综合大学内或单独设立起来。根据新的学制又建立了二年制的师范大学,作为培养中等学校教师的教育机构。1962年,随着教育大学开始起步,二年制的师范大学或升格为四年制师范大学,或被改编为一般的大学。因此,1962年以后所有的师范大学都统一为四年制。

虽然师范大学构成专门培养中等教师的主流机构,但除此之外还设立了一些培养中等教师的课程,如在一般大学中设置的教职科制度。从1953年开始,在一般大学中,除教养和专业课程外,学生如履修所规定的教职科目,可获得2级正教师资格证书。这样,师范大学的教育课程和一般大学的教职培养课程成为培养中等教师的两大支柱。

20世纪60年代的大学整顿引起了对教师培养机构的争论。一部分学者和专家提出废除正规的师范大学,通过设置教育研究生院,招收一般大学的毕业生来培养教师。文教部于1962年开始试验性地在汉城大学新设了教育研究生院,但新生招生的结果是300人的定额只勉强招收了30人左右,以新设教育研究生院来代替师范大学的构想最终没能实现。汉城、庆北和公州这三所师范大学作为中学教师的培养机构,其地位更牢固了。1965年,为了适应中等教师需求的急速增长,又新设了5所私立的师范大学。

20世纪七八十年代是韩国高等教育大发展时期,这期间师范大学的数量也在不断增加,1971—1980年期间就增设了14所师范大学,1981—1987年间又增设了13所师范大学(其中包括升格的大学)。由于70年代和80年代初期如雨后春笋般增设了很多师范大学，到 80 年代出现了教师供应过剩和教师就职困难的问题。

随着由以前的在严格控制、统治下实施向大量扩张的体制转变，带来了很多的负面影响。原先必须经过严格选拔、培养的教师，不仅可以在突然间扩张的师范大学中大量培养，而且很多增设的师范大学设施设备不完备，使人们对在这些学校里培养出来的教师怀有疑虑。

韩国的教师培养政策是在缓和教师需求过剩问题的同时，集中力量提高教师的质量，当时文教部推行的改革方案如下：

第一，从 1982 年开始，废除职业系列的指定大学制度。职业系列指定大学是指一段时期内，由于职业系列教师的离职率很高，许多毕业生又不愿意从事教师这一职位，造成教师的不足。为了确保学校的职业系列教师，文教部规定，在一些指定大学的职业系列学科，毕业生即使不学习教职课程，只要在其专业课程中学习的科目达到 9 学分，就可以授予准教师资格证书。在 1982 年被指定的 11 所国立大学的 132 个学科和 24 所私立大学的 324 个学科被停办。

第二，限制教职课程学习者的数量，提高其质量。教职课程是指在非师范系列的一般大学中，由文教部长官认可，向学习所规定的教职科目和专业科目者授予教师资格证书的制度。最初只限于在师范大学中不能培养或培养困难的科目，以缓和教师供求的矛盾，但后来大部分的大学都设立了教职课程，与师范大学相比，培养的教师数量更多。

从 1982 年入学的新生开始，对学习教职课程的学生的选拔从原来的不受限制变为限制在该学科毕业生定额的 30%以内，并把以前规定的教职科目与专业科目的平均成绩从 70 分提高到 80 分以上。从 1984 年开始，又把教职课程的修习学分从原来的 16 学分调整到 20 学分，全面提高教师的专业素质。

第三，为了解决教师的供需矛盾，大幅缩减国立师范系列大学的定额，把一些私立的师范大学改编为一般大学，并控制一般大学中师范系列学科的设置。

第四，改革入学选拔制度，对于想进入师范系列大学学习的学生，不仅要看其大学入学学力考查的成绩和内申成绩，还要考虑到其个性、适应性和其他成绩，并附上毕业学校校长的推荐信，以对学生进行综合的评价。

第五,为了加强科学技术教育,在师范大学中成立科学教育研究所。为了加强科学教育专业教授的学科进修,从 1984 年推行了向教育先进国家派遣教师,提高其素质的海外进修计划。

3. 韩国教员大学的成立

把教师教育的三大职能——教师培养、教师进修和教育研究有机地结合在一起的新型师范大学——韩国教员大学的成立,可以说是韩国 20 世纪 80 年代教师教育的一个显著特点。

1982 年 4 月,确定了韩国教员大学成立的基本计划案。1983 年 7 月,举行了奠基仪式,1985 年 3 月正式成立。新生是根据各市、道教育监的推荐在各地区选拔的,毕业后回到原地区分配、任用。韩国教员大学的作用主要体现在以下两个方面:第一,它是面向未来社会,培养主导韩国历史、文化、社会的精锐的民族教育工作者,它将起到为建立文明社会,引导韩国教育发展的牵引作用。第二,它把重点放在为使韩国社会不断发展,促进第一线教育改革实践上。

韩国教员大学的教育培养职能是指它不仅培养担当幼儿教育、初等教育和中等教育的优秀教师,而且还培养学科教育专家和教育管理专家。其教师进修职能是指它承担提高在职教师的素质和能力的继续教育,通过各种长短培训课程,培训教育专家。其教育研究职能是指进行有关如何发展学生的个性、学科教育、学校行政管理等教育理论、学校教育学及教师教育等方面的系统研究。

根据这三个职能,学校的结构也分为三个部分,即履行教师培养职能的大学本科和研究生院、履行教师进修职能的教师综合研究院、履行教育研究职能的教育研究院。大学的本科学科又分为 3 个学院:第一学院包括幼儿教育科、初等教育科;第二学院包括人文、社会科系列(国民伦理、普通社会、历史、地理等 4 个专业)和语言文学教育系列(国语、英语、德语和法语等 4 个专业);第三学院包括理学教育系列(数学、物理、化学、生物、地球科学、家政、计算机、技术教育等 8 个专业)和艺术体育系列(音乐、美术、体育等 3 个专业)。各学院的修业年限为 4 年,教员大学免除学生的讲课费和入学金,并由国库支付一部分学费。

韩国教员大学不仅仅只培养中小学的教师,而是培养包括幼儿园教师在内的一体化教师培养机构,是以培养具有高度使命感的优秀教师为目的。

二、教师培养的现状

1. 教师培养机构

韩国的小学教师主要由教育大学培养，目前，韩国有11所教育大学，除大田、蔚山、京畿道、庆尚北道和全罗南道外各市、道各设置1所，教育大学全部为国立。教育大学作为培养小学教师的专门教育机构，招收高中毕业生，修业年限为4年。韩国《教育法》第119条规定，教育大学的培养目标是："第一，培养学生具有勤勉努力的精神，高度的合作和责任心，并具备正确的判断能力和实践能力的国民品质；第二，掌握国民教育的理念及其实践的方法；第三，要具备作为教育者的坚定信念和坚韧不拔的思想。"所以，教育大学作为培养初等学校教员的国立大学，具有与普通大学不同的性质和使命。

除此之外，韩国教员大学的第一学院的初等教育专业培养小学教师，每年招收160名左右的学生。私立大学中，梨花女子大学的初等教育专业是唯一培养小学教师的机构，每年招收50名左右的学生。

与小学教师相比，中学教师的培养机构相对复杂，目前，韩国的中学教师由国立或私立大学中设置的师范学院、普通大学的师范类专业、普通大学的教职课程及教育研究生院来培养。

师范学院：以培养中学教师为目标的师范学院一直是培养与输送中学教师的骨干力量，目前韩国有41所大学设置了师范学院，其中设置在私立大学中的师范学院无论其数量还是学生数都占大部分。

普通大学的师范类专业：这类机构原来是为了确保职业系列的教师而在农业、工业、水产系列大学中设置的实业教育专业，但1970年以后，实业系统以外的人文、社会、自然科学系统的大学也被允许设置学科教育专业，开始培养与师范学院一样的普通学科的中学教师。目前，普通大学设有59个师范类专业，但学生的数量相对比较少。

普通大学的教职课程：教职课程是为了普通大学中希望从事教师职业的学生提供的教师培养课程，在第二学年结束后，依据学生的品格与学业成绩，在该学年专业定额的10％范围之内选拔优秀者，在学习教师资格课程合格后可授予其教师资格。

教育研究生院：是为进行教师在职教育而设置的特殊研究生院，但一部分教育研究生院也招收不具有教师资格证书者，通过学习规定的课程授予其教师资格证书，因此也具有教师培养的功能。目前，韩国共有国立与私立的教育研究生院134所(开设教师培养课程的有79所)，由于在籍的学生大部分为在职的教师，培养新教师的数量是有限的。

除以上这些机构之外，专科大学会授予实业类及艺术、体育专业的学生实际技能教师资格证书，护理类大学及专科大学的毕业生在定额50%以内也会获得保健教师的资格证书。同时，如在大学的相关专业学习了教职课程，也可获取特殊教师、图书教师、养护教师的资格。咨询教师的资格只是在在职的教师中，进行资格进修或在教育研究生院学习咨询专业后才能获得。

目前，韩国中小学教师的培养机构与培养学生数如表6-1所示。

表6-1 韩国中小学教师培养机构与培养人数现状〔1〕

分类		机构数/所	编制定员/人				
			2007年入学	2006年入学	2005年入学	2004年入学	合计
小学	教育大学	11	5 529	6 015	6 015	5 615	23 174
	教员大学	1	148	160	160	160	628
	梨花女大	1	41	49	50	50	190
	小　计	13	5 718	6 224	6 225	5 825	23 992
中学	师范学院	41	10 744	10 898	10 950	11 018	43 610
	师范专业	59	3 746	3 706	3 510	3 200	14 162
	教职课程	154		24 329	24 741	24 868	73 938
	教育研究生院	134	20 388				20 388
	小　计	388	34 878	38 933	39 201	39 086	152 098
合计		401	40 596	45 157	45 426	44 911	176 090

小学教师主要由国立的教育大学来培养，需求与供给相对适应，大部分的毕业生都能被聘用为教师，是一种定向型的培养体制。由于1999年开始教师退休

〔1〕［韩］金甲星. 教师培养体制改革方案研究[R]. 韩国教育开发院研究报告，2009.

年龄提前，退休教师的人数增多而带来教师不足，一时出现了教师供不应求的现象，当时通过各种缓解措施补充了对小学教师的需求。但近些年来，随着出生率的降低，学龄儿童人数不断减少，原来的供不应求现象转变为供应过剩，而且预计这种供应过剩现象会持续下去。

中学教师的培养，从光复以后到 1949 年，是在汉城大学、庆北大学、公州师范大学等大学中设置师范学院和教师临时养成所(二年制和四年制)来培养的，1950 年开始增设师范大学。如 1951 年最早的私立师范学院在梨花女子大学成立，在釜山大学、全南大学等国立大学中也成立了师范学院，逐渐形成了国立与私立二元化的教师培养体制。1980 年以后，在维持原有的培养体制的同时，政府开始试图缩减培养规模，因为随着中学教师培养规模的增大，出现了未受聘用者累积的现象。为了解决教师培养资源过剩的问题，韩国政府采取了把学习教职课程的学生比例从学科定员的 30%减少到 10%的限制措施，对新成立的教育研究生院，不再赋予其教师培养的职能。

2. 学生选拔与鼓励制度

为了保障优秀的教师队伍，从教师候选者时就开始选拔优秀的学生。现行的教师候选者选拔是在大学入学考试这一框架下实施的，但为了使教师培养机构能选拔具有良好品格及职业热忱的候选者，韩国教育部提供了相应的制度保障。即教育大学、师范学院、普通大学的师范类专业在选拔新生时，要进行教师职业适应性及品格考试及面试，其结果折算为录取分数。而且，为了选拔优秀的学生，实施校长特别推荐制度，优先招收由中学校长推荐的学生。目前，教师培养机构的入学选拔中，大学修学能力教育的成绩大概占 50%左右，适应性及品格考试成绩占 5%，面试成绩占 5%，高中综合生活记录簿的成绩占 40%，各大学的具体比例会多少会有些差别[1]。

为了选拔优秀的教师候选者，以前在国立的教师培养机构中，全额免除学生的学费，并且以义务服务为前提，实施优先聘用制度。之所以实施这一制度，是因为当时韩国的教师数量不足，这一制度可以确保吸引优秀的教师候选者。

---

〔1〕 [韩]李润植等.教职与教师[M].首尔:学知社,2010:85.

1989 年以后，韩国宪法裁判所认为这一制度违反了宪法的规定，废除了国立大学毕业生优先聘用制度和学费全额免除制度。作为其后续措施，向优秀的学生提供师道奖学金进行支援。但目前的状况是师道奖学金制度也被废除了，没有向教师培养机构的学生提供任何特别的激励措施。

3. 教育课程

(1) 教育大学的课程

教育大学的教育课程在 1981 年至 1984 年改编为四年制的学士课程时，是以当时的文教部制定的教育课程准则为基础，由各大学自行编制、实施的。但目前的课程，是以《高等教育法》第 44 条[1]为基础，没有其他的特别限制，由各大学自主的编制与实施，体系与课程编制、科目构成基本上是统一的。

教育大学的教育课程基本上分为通识课程、专业课程及教育实习三类，总学分为 140～145 学分。通识课程与普通大学的通识课程在编制自身上没有大的差异，但在科目构成及其内容方面更注重与教师应具备的资质与涵养的联系性，通识课程的学分一般为 30～44 学分。专业课程主要由小学教育中所需要的内容，如教育学、学科教育、深化课程、实际技能、毕业论文等构成。一般教育学课程为 16～20 学分，学科教育为 43～63 学分，实际技能为 6～16 学分，深化课程为 15～30 学分。表 6-2 为汉城教育大学的教育课程。

在教育实习方面，1980 年改编为四年制大学后，规定希望成为小学教师者要在附属学校中进行 4 周以上的实习，进入 20 世纪 90 年代以后，各小学教师培养机构规定进行为期 8 周、4 学分的教育实施课程，在附属学校及合作学校中进行。许多学校曾把教育实习的整个过程分为参观实习、课堂教学实习及实际业务实习等阶段，使教育实习比较复杂，但目前的趋势是使教育实习整体化。教育实习可以在第 3、第 4 学年每学期进行一次，也可以在第 2 学年进行 1 次、第 3 学年进行 2 次，第 4 学年进行 1 次，各教师培养机构可以规定自己的实际情况多样化地实施。

---

[1] 韩国《高等教育法》第 44 条为教育大学等的目标，具体目标为：①使学生具有教育者应具备的确定的价值观和健全的教职伦理；②使学生学到教育的理念和其具体的实践方法；③使学生具备教育者应有的资质与力量的基础，使其在职业生涯中能自我发展。

表 6-2 汉城教育大学的教育课程[1]

<table>
<tr><th colspan="3">分类</th><th>科目</th><th colspan="3">学分</th></tr>
<tr><td rowspan="7">教养课程</td><td colspan="2">基本教养</td><td>国民伦理(Ⅰ、Ⅱ)4,国语(Ⅰ、Ⅱ)4,哲学概论 2,英语(Ⅰ、Ⅱ)6,韩国史 3,文化史 3,数学 3,自然科学概论 3,体育(Ⅰ、Ⅱ)4,电算学 2,现代社会和经济 2</td><td colspan="2">36</td><td rowspan="7">52</td></tr>
<tr><td colspan="2">第二外语选择</td><td>德语 2,法语 2,汉语 2,日语 2(选一)</td><td colspan="2">2</td></tr>
<tr><td colspan="2">人文科学选择</td><td>文学 2,韩文 2,语言生活 2,逻辑学 2,美学 2,心理学 2(选 2)</td><td colspan="2">4</td></tr>
<tr><td colspan="2">社会科学选择</td><td>政治学 2,经济学 2,社会学 2,文化人类学 2,法学 2,地理学 2(选 2)</td><td colspan="2">4</td></tr>
<tr><td colspan="2">自然科学选择</td><td>物理学 2,化学 2,生物学 2,地球科学 2(选 2)</td><td colspan="2">4</td></tr>
<tr><td colspan="2">艺、体能、实业选择</td><td>美术 2,音乐 2,舞蹈 2,戏剧 2,家庭生活 2,职业生活 2(选 1)</td><td colspan="2">2</td></tr>
<tr><td colspan="2">其他</td><td>教练(Ⅰ、Ⅱ、Ⅲ、Ⅳ)4</td><td colspan="2">4</td></tr>
<tr><td rowspan="6">专攻课程</td><td rowspan="2">教育基本课程</td><td>必修</td><td>教育原理 2,教育心理学 2,教育课程 2,教育社会学 2,教育评价 2,教育史 2,生活指导 2,学校班级管理 2,教师论 2,幼儿教育 2</td><td>20</td><td rowspan="2">24</td><td rowspan="6">92</td></tr>
<tr><td>选修</td><td>教育工学 2,教育研究及统计 2,教育哲学专题讲座 2(选 2)</td><td>4</td></tr>
<tr><td rowspan="2">学科教育课程</td><td>各科教育</td><td>道德和教育(Ⅰ、Ⅱ)4,国语和教育(Ⅰ、Ⅱ、Ⅲ)4,社会和教育(Ⅰ、Ⅱ)4,数学和教育(Ⅰ、Ⅱ)4,科学和教育(Ⅰ、Ⅱ)4,体育和教育(Ⅰ、Ⅱ、Ⅲ、Ⅳ)4,音乐和教育(Ⅰ、Ⅱ、Ⅲ、Ⅳ)4,美术和教育(Ⅰ、Ⅱ、Ⅲ、Ⅳ)4,统合学科教育和特别活动 1</td><td>33</td><td rowspan="2">34</td></tr>
<tr><td>艺、体能专业选修</td><td>体育专业 1,音乐专业 1,美术专业 1(选 1)</td><td>1</td></tr>
<tr><td colspan="2">深化课程</td><td>各科的学科教育研究 9,学科内容研究 21,毕业论文</td><td colspan="2">30</td></tr>
<tr><td colspan="2">教育实习</td><td>参观实习(1 周),参加实习(2 周),教学实习(Ⅰ、Ⅱ)(2 周),业务实习(2 周)</td><td colspan="2">4</td></tr>
<tr><td colspan="3">自由选修课程</td><td>各学科的各 3 个课目(6 学分)</td><td colspan="3">6</td></tr>
<tr><td colspan="3">合计</td><td colspan="4">150</td></tr>
</table>

〔1〕[韩]韩国教育报社. 韩国教育年鉴[M]. 教育年鉴编撰委员会,1992.

(2) 师范学院的教育课程

韩国师范学院的课程是从美国军政时期起受美国大学教育制度的影响而形成基本框架的。1949 年公布的《教育法》规定,师范学院的教育课程结构由必修科目和选修科目组成,必修科目由基础科目和专业科目组成,毕业学分要求为 180 学分。从 20 世纪 70 年代开始,师范大学的学分要求开始降低,基本在 140 学分左右,课程大致分为教养科目、教职科目和专业科目三类,但各师范学院的课程呈现出多样化的特征,各师范学院按照国家规定的“不同资格证书类别专业科目与教职科目免试检定合格标准”来具体编制教育课程(表 6-3)。

表 6-3 师范学院与普通大学教职科的免试检定合格标准[1]

分类		2008 学年以前入学者	2009 学年以后入学者
专业科目		42 学分以上 包括必修科目 14 学分(5 科目)以上	50 学分以上 包括必修科目 21 学分(7 科目)及学科教育领域的 8 学分(3 科目)
教职科目		20 学分以上 包括教职理论 14 学分以上,学科教育 4 学分以上,教育实习 2 学分以上	22 学分以上 包括教职理论 14 学分(7 科目)以上,教职素养 4 学分以上,教育实习 4 学分以上
成绩标准	师范	无	
	教职	专业科目与教职科目的平均成绩分别在 80 分以上	毕业全部成绩在 75 分以上

韩国教师的资格检定有考试检定和无考试检定两种,师范大学及普通大学教职课程的学习者修完规定的学分并通过毕业考试就可以获得中小学教师资格证书,而且成绩标准相对宽松,大多数的毕业生都可能获得。但《教师培养体制改革方案》实施后,对专业科目及教职 科目的学分要求都有所提高,如果毕业成绩的标准平均分没有达到 75 分(100 分制),不再授予教师资格证书,加强了对学生教育能力的要求。

各教师培养机构的教养课程在其构成与实施方面略有差别,虽然大体上都包括学术基础课程、一般教养课程及特殊教养课程,但不同领域所要求的学分不尽相同,而且实施机构也有差别。如首尔大学、延世大学等综合性大学一般设有

〔1〕[韩]郑美京.教师培养教育课程改革方案研究[R].韩国教育开发院研究报告,2010.

通识教育学院(或称为学部学院)来开设教养课程,而一些规模较小的大学则由各学院分别进行教学(表 6-4)。

专业科目方面,各教育培养机构或学科设置的科目不尽相同,但韩国教育部对不同类别教师资格证书的专业科目的基本学习科目有基本的规定,如对中等国语教师,要求必须在国语教育、国语国文教育及相关的专业学习以下每个类别中至少一门课程:国语教育论;国语学概论、国语文法论、国语史;国文学概论,国文学史;文学教育论;沟通教育论(表现教育论、理解教育论)[1]。

表 6-4 汉城大学师范学院国语教育专业课程设置[2]

	第一学期	第二学期
第 1 学年	国语教育学概论	文学教育原论
第 2 学年	国语学教育论	国语方法教育论
	韩国文学教育论	韩国汉文教育论
	韩国语言规范论	韩国现代文学史教育论
	韩国古典文学史教育论	韩国现代诗教育论
	会话教育论	
第 3 学年	国语文化教育论	媒体语言教育论
	国语史教育论	作文教育
	韩国古诗歌教育论	国语史教材讲读
	国语思考与论述教育论	韩国现代散文教育论
	读书教育论	韩国语教育论
第 4 学年	国语教学论	国语教育研习
	韩国古典散文教育论	国语意义化教育论
	文学欣赏研习	韩国口碑文学教育论
	国语音韵教育论	话剧教育论

(3) 一般大学中的教职课程

普通大学的教职课程,必须按韩国教育部的规定开设相关的科目并满足一定的学分,方才得到教育部长官的认可。教职课程的学习者必须修习《教师资格鉴定令实施规则》中规定的课程。2006 年教育科学技术部颁布的《教师培养体制改革方案》对《教师资格鉴定令实施规则》中规定的教职科目进行了修订,规定了教职课程的具体

---

[1] [韩]郑美京.教师培养教育课程改革方案研究[R].韩国教育开发院研究报告,2010.
[2] 韩国首尔大学网站. http://plaza.snu.ac.kr/~ed705/.

领域及其构成,但各大学可以根据本校的实际情况给学生更多的选择机会(表 6-5)。

表 6-5 教职科目的领域及其构成〔1〕

领域	科目及学分	
教职理论	14 学分以上(7 个科目以上)	
	教育学概论	教育哲学及教育史
	教育课程	教育评价
	教育方法及教育工学	教育心理
	教育社会	教育行政及教育经营
	生活指导与商谈	其他与教育理论相关的科目
教职素养	4 学分以上 对特殊儿童的理解(2 学分以上) 其他与教职素养相关的科目(2 学分以上) 如教职伦理与服务、社会变迁与教育、教育法、学生文化、班级管理与生活指导、教职实务等	
教育实习	4 学分以上 学校现场实习(2 学分以上) 教育服务活动(2 学分以内)	

(4) 韩国教员大学的课程设置

由于韩国教员大学同时具有教师培养、教师进修和教育研究等职能,因此其课程也分为不同的部分,这里介绍履行教师培养职能的大学本科和研究生院的课程设置。

韩国教员大学的本科课程是以能够适应学科的发展和社会的变迁,坚持学问间的连续性,避免邻近学科的重复,有效地进行教育,理论与实习相结合为编制原则的。除特殊情况以外,1 个学科编为 3 学分,同一科目在一个学期内开设,练习、小组讨论、实验、实习、教学技能等两个学时为一个学分。课程分为基础科目、专业科目和选修科目。基础科目和专业科目又分为必修科目和选修科目,专业科目包括教育学领域、学科教育领域、专业领域、教育实习科目。

本科的毕业学分规定为 150 学分以上,但副专业履修者的学分要求达到 160 学分以上。基础科目包括必修科目和选修科目共 45 学分以上,专业科目包括教育学领域为 19 学分以上,学科教育领域为 9 学分以上,专业领域为 60 学分以上,教育实习为 4 学分,总共 92 学分。但是如履修副专业,还包括其他学科的

〔1〕[韩]教育人力资源部. 教师培养体制改革方案[R]. 教育人力资源部,2006.

教育领域和专业领域中相应学科所指定的必修科目9学分。

韩国教员大学的教育实习课程分为参观实习(2周)、讲课实习(4周)、实际管理实习(2周)。这些实习课程是作为专业课程的一部分而开设的,也是成为第一线教师之前,运用在大学学到的理论在就职前实习学校里实践的机会,从而为系统地进行理论与实践相结合而进一步努力。为了落实大学教育实习课程,在大学附设了幼儿园、小学、初中、高中等一系列的学校。这样,参观见习(第6学期)、讲课实习(第7学期)可在这些学校里进行,而实际管理实习(第8学期)则要到各市、道教育委员会所指定的学校进行(表6-6)。

表6-6 韩国教员大学第一学院的课程设置[1]

<table>
<tr><td colspan="7">2008学年度以前入学者</td><td colspan="6">2009学年度以后入学者</td></tr>
<tr><td colspan="3" rowspan="3">领域</td><td colspan="4">履修单位</td><td colspan="3" rowspan="3">领域</td><td colspan="3" rowspan="3">履修单位</td></tr>
<tr><td colspan="2" rowspan="2">单一专业者</td><td colspan="2">双专业者</td></tr>
<tr><td>主专业</td><td>副专业</td></tr>
<tr><td rowspan="2">教养课程</td><td colspan="2">必修</td><td>6</td><td rowspan="2">21</td><td>6</td><td rowspan="2"></td><td colspan="3" rowspan="2">教养课程</td><td colspan="2" rowspan="2">21</td><td rowspan="2">21</td></tr>
<tr><td colspan="2">选修</td><td>15</td><td>15</td></tr>
<tr><td rowspan="8">专业课程</td><td rowspan="2">共同</td><td>教育学</td><td>12</td><td rowspan="2">16</td><td>12</td><td rowspan="2"></td><td rowspan="4">教职课程</td><td colspan="2" rowspan="2">教职理论</td><td colspan="2" rowspan="2">14</td><td rowspan="4">22</td></tr>
<tr><td>教育实习</td><td>4</td><td>4</td></tr>
<tr><td rowspan="2">学科教育</td><td>必修</td><td>6</td><td rowspan="2">9</td><td>6</td><td>3</td><td colspan="2">教职素养</td><td colspan="2">4</td></tr>
<tr><td>选修</td><td>3</td><td>3</td><td>3</td><td colspan="2">教育实习</td><td colspan="2">4</td></tr>
<tr><td rowspan="4">学科内容</td><td rowspan="2">必修</td><td rowspan="2">22</td><td rowspan="4">48</td><td rowspan="2">22</td><td rowspan="2">22</td><td rowspan="4">专业课程</td><td rowspan="2">学科教育</td><td>基本</td><td>3</td><td rowspan="2">9</td><td rowspan="4">57</td></tr>
<tr><td>选修</td><td>6</td></tr>
<tr><td rowspan="2">选修</td><td rowspan="2">26</td><td rowspan="2">26</td><td rowspan="2">20</td><td rowspan="2">学科内容</td><td>基本</td><td>18</td><td rowspan="2">48</td></tr>
<tr><td>选修</td><td>30</td></tr>
<tr><td colspan="3">自由选修</td><td colspan="2">46</td><td colspan="2">8</td><td colspan="3">自由选修</td><td colspan="3">40</td></tr>
<tr><td colspan="3">生活观教育</td><td colspan="4">履修(P)/未履修(F)</td><td colspan="3">生活陶冶教育</td><td colspan="3">履修(P)/未履修(F)</td></tr>
<tr><td colspan="3"></td><td colspan="4"></td><td colspan="3">教育服务</td><td colspan="3">履修(P)/未履修(F)</td></tr>
<tr><td colspan="3">总计</td><td colspan="2">140</td><td colspan="2">150</td><td colspan="3">总计</td><td colspan="3">140</td></tr>
</table>

[1] 韩国教员大学网站. http://www.knue.ac.kr/.

(5) 教育研究生院的课程设置

教育研究生院的设置目标是培养具有优秀素质的中坚骨干教师和教育行政人员。从1965年起,在教育研究生院中持有教师资格证书者修完教职课程后,可以取得上一级教师资格证书。于是教育研究生院也成为培养中等教师的机构之一。

教育研究生院的入学资格为大学本科毕业生、在国外修完正规大学课程者及由教育部长官认定资格者,修业年限为2年,最多不超过3年。学生必须修完32个学分,并且参加10周以上的教育实务实习。教育实务实习分为5周(90学时)的教学实习和为期5周以上的研究实习,但如果具有正教师资格,可免除教学实习。

教育研究生院的授课形式有白天制、夜间制和季节制。研究生院除设有学位课程外,还设有非学位的研究课程。

专业与课程设置最初只有教育科这一单一学科,分为13个专业。其课程从内容上可分为教职科目和专业科目。在教职科目方面,具有正教师资格证者的最低学分为6学分;非师范系统的大学毕业生,又没有正教师资格证书者的最低学分为12学分。教职科目包括教育统计、教育评价、教育研究方法、教育哲学、教育心理学、教育课程、教育思想史、学习与教学理论、生活指导、教育社会学、教师教育论等,学生可以在这些科目中选修。教育课程的学分分配为:教职课程6～12学分,学科教育课程4～6学分,专业课程20～24学分,总学分为32学分。

进入20世纪80年代,教育研究生院在学制和课程上做了调整,修业年限改为3年,最多不超过5年。对学位的授予提出了更高的要求,规定在修完所规定的学分,外语考试和学位综合考试都合格,提交的学位论文由研究生院委员会审定通过后,才可授予学位。学位课程和非学位课程的学分要求如表6-7所示。

表6-7 教育研究生学位及工作学位课程学分要求

	教职课程	专业必修课程	专业选修课程	论文	总计
硕士课程	6	6	12	8	32
研究课程	6	6	—	—	12

教育研究生院在课程设置和规定上具有灵活性,即研究课程学制为1年,但修完研究课程也可以进入硕士课程,修满硕士课程学分后可以提交硕士论文。所以,这种教育研究生院制度很受教师和教育行政人员的欢迎,对推动韩国教师素质的提高发挥了重要作用。

第二节　教师资格制度

一、教师资格鉴定制度

1. 教师的资格制度

韩国的教师资格制度始于1948年,1949年12月正式写入《教育法》。随着韩国教育的普及与师资质量的提高,对《教育法》中规定的教师资格与种类进行了多次修订。韩国1995年修订的现行《教育法》规定:基础教育阶段的教师分为正教师(一级、二级)、准教师、教导教师、图书管理教师、实业技术教师、养护教师,每一类教师都有相应的资格标准,并根据总统令规定,获得教育部长官授予的资格证。

各级各类教师的资格标准如下。

(1) 一级正教师

小学一级正教师的基本要求是:持有小学正教师(二级)资格证,具有3年以上教育经历,修完所规定的再教育课程者;持有小学正教师(二级)资格证,在教育研究生院或教育部长官指定的研究生院教职科修完初等教育课程,取得硕士学位,并具有一年以上教育经历者。

中学一级正教师的基本要求是:持有中学正教师(二级)资格证,教育研究生院或教育部长官指定的研究生院教职科取得硕士学位,并且具有一年以上教育经历者;对尚未取得中学正教师资格证,但在教育研究生院或教育部长官指定的研究生院教职科取得硕士学位，并且具有3年以上教育经历者；或具有3年以上教育经历的教育大学、专科大学的教授、副教授。

特殊学校一级正教师的基本要求是：大学或专科大学毕业生，在校期间修完所规定的特殊学校教职课程者；在特殊学校教师资格检定中合格者。

（2）二级正教师

小学二级正教师的基本要求是：教育大学毕业生；师范大学毕业的专攻初等教育课程者；在教育研究生院或教育部长官指定的研究生院专攻初等教育科，取得硕士学位者；持有小学准教师资格证，具有2年以上教育经历，修完所规定的再教育课程者；持有中学教师资格证，接受了必要的补充教育者；专科大学或同等学历，在临时教师培养机关修完所规定的课程者；持有小学准教师资格证，具有2年以上教育经历，广播函授大学初等教育科毕业者。

中学二级正教师的基本要求是：师范大学毕业生，在教育研究生院或教育部长官指定的研究生院教职科取得硕士学位者；修完临时教师培训机构的教育课程者；在大学的教职科毕业者；在校期间取得所规定的教职学科学分的一般大学的毕业生；持有中学准教师资格证，具有2年以上教育活动经历，修完所规定的再教育课程者；持有小学准教师以上资格证的大学毕业生；具有2年以上教育经历的教育大学、专科大学的讲师、助理教授。

（3）准教师

小学准教师的基本要求是：在小学准教师资格鉴定中合格者；在以高中或同等学历为入学资格的临时教师培养机构修完所规定的课程者；广播函授大学初等教育科毕业者。

（4）指导教师

中学指导教师的基本要求是：教育部长官指定的大学（专科大学除外）的工业、水产、海洋等学科毕业生；中学准教师资格鉴定中合格者；持有中学正教师（一级）资格证，接受过所规定的指导培训者；持有中学正教师（二级）资格证，具有3年以上教育经历，接受过所规定的指导培训者；持有中学准教师资格证，具有5年以上教育经历，接受过所规定的指导培训者；在校期间专攻教育学或心理学的大学毕业生，具有5年以上教育经历，接受过指导培训者。

特殊学校指导教师的基本要求是:持有特殊学校教师资格证,具有5年以上教育经历,接受过指导培训者;在校期间专攻教育学或心理学,具有5年以上教育经历,接受过指导培训者。

(5) 图书管理教师

图书管理教师的基本要求是:在校期间学习图书馆专业,修完所规定的教职课程的大学毕业生;持有准教师以上资格证,接受过所规定的图书管理培训者;在教育研究生院或教育部长官指定的研究生院教职课程中学习图书管理课程,取得硕士学位者。

(6) 职业技术教师

职业技术教师的基本要求是:在校期间修完由总统规定的职业系统课程的专科大学毕业生;在校期间学习过艺能、体育以及由总统规定课程的技能大学、专科大学毕业生;职业高中或三年制的技术高中毕业,在专业资格鉴定中合格者;具有职业科、艺能科或保健科的知识和技能,在教师资格鉴定中合格者。

(7) 保建教师

保建教师的基本要求是:大学护理学科毕业,持有护理许可证者;专科大学看护理科毕业,在校期间取得所规定的教职学分,持有护理员许可证者。

韩国各级种类师资培养机构的毕业生最初获得的资格一律为二级,有1～3年的工作经历且经过一定培训后,方可获得一级教师资格。因此,韩国二级教师的学历包括硕士、学士、短期大学毕业等,甚至还包括经过培训的高中毕业生。这种划分方法表明,韩国对教师经验的重视超过对学历的注重。从另一方面,也体现出韩国的文化传统,即"尊重前辈、论资排辈"的思想对教师资格制度的影响。

在韩国,教师资格从一级晋升为校监或校长的机会很少,因此对大部分教师来说,一级教师是最高的级别。专家们认为,教师等级上的平均主义和晋升机会少,是影响教师工作积极性与进取精神的重要原因。

2. 教师资格的鉴定

韩国教师的资格检定,是根据《教师资格检定令》和《教授资格检定令》来进行的。教育部设有教师资格检定委员会,有关教授资格审查委员会和教师资格检定委员会的组织、权限、管理和教师的资格检定及资格认定所必要的事项,由总统令规定。

教师的资格必须根据检定得到认可获得,检定方法有两种,一种是免试检定,一种是考试检定。免试检定由教育部行使,考试检定由教师资格检定委员会行使。教师资格检定委员会作为会议制审议决议机构,其决议具有行政上的约束力。

根据免试检定要求,能够获得教师资格的课程有:正规教师培养机构毕业;有普通大学修习完“教职课程”;临时教师培养机构毕业;被特殊认定的教育机构毕业;根据学识和品德而认可等。

考试检定的内容有:学力考查,是按照教师资格要求,对申请者要取得的相应学科的科目进行考查,以测其学力水平;实际技能考查,是对申请者根据教师资格的相应的实际技能进行考核;口试,是针对教师的品德、适应性和基本素质进行的。

除以上免试检定和考核检定之外,还有推荐检定。检定校长或园长是否有真正的学识、能力和高尚的品德,由资格检定委员会审议决定。

韩国教师经过法令规定的课程取得最初的资格,以后的资格晋升是通过规定的教师经历年限和进修教育而实现。凡教育大学、师范大学、普通大学的“教职课程”学习者,通过考试合格的,均可以获得教师资格,但有免试检定和考试检定之分。

免试检定:教育大学毕业生、师范大学和教员大学以及广播电视大学初等教育科的毕业合格者就任小学教师可以免试通过。根据《中学教师资格基准》规定,通过各种规定证明和手续审查者,可以随时免试发给教师资格证,但对普通大学“教职课程”的毕业生,限一年内可以免试,超过一年,就要通过考试检定之后才能发给中学教师资格证。

考试检定:根据《教师资格检定令》规定,担任中学的准教师、特殊学校的教师、职业技术技能教师的检定对象为具有高中毕业学历以上者,要通过考试检定合格后,才能发给教师资格证。中学准教师资格应试者中担当军训课男教师者必须是高中毕业后参加预备役的军官,而担当军训课的女教师者必须是高中毕业的退役女军官或是护士系统、保健系统的女军官。

韩国教师资格制度是严格的，不是所有毕业生都能够获得教师资格证书。

二、教师聘用制度

根据《教育公务员法》规定，韩国教师的任用制度包括新聘用教师的任用、晋升、提级、转职、补职、兼职、派遣、降职、休职、职位解除、停职、复职、解任与罢免等条款。在此，仅对新聘用教师的任用制度做简单介绍。

1. 新教师聘用制度的法令规定与聘用的基本原则

韩国《教育公务员法》第10条规定，教育公务员的聘用依据其资格、在职继续教育的成绩、工作业绩及其他可以实际证明的能力等进行，所有具备教师的资格并希望被聘用者根据据其能力都具有均等的聘用机会。所以，韩国教师聘用制度的基本原则是能力主义、资格主义和机会均等主义。即符合《教育法》规定的资格标准并取得了教师资格证者，才能被任用为教育公务员，聘用时根据被任用者的能力、资格、业绩等来进行选择，强调其客观性和公正性。韩国《教育公务员法》第10条规定，反对聘用教师以血缘、地缘、学阀门派、政党关系等归属为基准的不正当原则。

2. 新教师的聘任制度

韩国现行的新教师聘任制度是根据《国家公务员法》所规定的公务员聘任原则而制定的。新教师的聘任通过公开选拔进行。在进行公开选拔时，国立学校的校长一般把选拔的权力委托给该学校所在地区的教育监，由教育监统一进行新教师的选拔。公开选拔通过笔试、实际技能考核及面试等方式进行。为了选拔优秀的教师候选者，在笔试成绩中要加入其在学期间的成绩。以前在进行公开选拔时对参与者的年龄是有限制的，但从2005年开始取消了这一限制。参加公开选拔者一定要具有聘用岗位的教师资格证书(包括将要取得教师资格证书的应届毕业生)，应聘中学教师者，要具有与所聘用岗位相一致的学科教师资格证书。

新教师聘用考试中的笔试由叙述式的简答题、选择题及论述题组成，实际技能考核只在艺术、体育等需要实际技能的科目中进行。面试主要考查应聘者是否具有教师应具备的热忱、教职观、品格与素养。考试的科目与分值由考试实施机构自行确定，一般为了实施上的便利，初试由各市、道教育厅共同命题并进行管理，但各教育厅之间在命题范围及分值分配上会有所差别。下面以首尔特别市教育厅小学教师聘用考试为例，说明教师选拔考试的详细内容(表 6-8)。

表 6-8 2007 年度首尔市小学教师各考试科目的分值与出题范围[1]

<table>
<tr><th>分类</th><th>考试科目</th><th>分值</th><th>出题范围</th><th>备注</th></tr>
<tr><td rowspan="2">初试</td><td>教育学</td><td>30 分</td><td>教育学的所有领域(60 个题目)</td><td>客观的选择题</td></tr>
<tr><td>教育课程</td><td>70 分</td><td>小学教育课程的所有领域</td><td>主观题 15～20 道</td></tr>
<tr><td rowspan="3">复试</td><td>论述</td><td>20 分</td><td>小学教师实务、通识与教育课程领域</td><td>在初试当天进行</td></tr>
<tr><td>一般面试</td><td>15 分</td><td>教师适应性、教职观、品格与素质</td><td rowspan="2">只针对初试合格者进行</td></tr>
<tr><td>实际技能面试</td><td>20 分</td><td>英语介绍(10 分)
教学实际技能(10 分)：教案的制作</td></tr>
</table>

大学成绩在教师聘用考试中的反映比例由各市、道教育厅自行确定，一般各教育厅会把大学成绩分为 10 个等级，最高等级为 20 分，最低等级为 15.5 分，虽然最多有 4.5 分的差距，但大学成绩在教师聘用考试中的影响力已经远不如以前。

小学聘用新教师时，总的考试分数里包括一些加算分数，如区域加算分、法定加算分、能力加算分等。区域加算分是指无教师经历者中，对在应聘所在区域的教育大学或韩国教员大学初等教育专业的毕业生加算的分数，具体的加分在各地区之间会有所不同。法定加算分是指对依据《关于对国家有贡献者的优先及支援的法律》第 29 条，《关于独立有功者的法律》第 16 条等相关法律中所规定的就业支援对象加算的分数，在笔试中这些支援对象可获得各考试科目总数 10％的加分，但获得法定加算分的合格者不能超过选拔总定额的 30％。能力加算分的计算在各教育厅有一定的差别，首尔教育厅是通过英语能力面试来考查应试者的英语能力，其成绩会加入到总的面试成绩中；但全罗南道等地区是通过

〔1〕 2007 年度首尔特别市公立幼儿园、小学、特殊学校、治疗教育巡回教师聘用候选者选拔竞争考试实施计划(首尔特别市教育厅公告第 2006-129 号)。

托福等考试成绩来计算,只要在这些英语能力考试中取得一定的分数,就可以在初试中获得3分的加分。中学新教师聘用考试的基本内容与方法和小学教师相似,只是学科内容更加深化。

为了适应2009年课程修订案中提出的加强创造性教育、人性教育的要求,适应学校内外部环境的变化,韩国教育部于2012年12月发表公告,提出从2013年开始对教师聘用考试制度进行调整。新的方案指出,在教师的聘用中,与知识相比教职的适应性与品性更为重要,为了培养能适应未来社会的人才,教师应该具备以下的条件:

第一,要参加教师聘用考试,必须通过国史编撰委员会实施的"韩国史能力检查考试认证"(三级以上),这一规定从2013年9月以后进行的考试开始实施,韩国史能力检查考试认证的有效期限为考试实施预定日以前的5年,如果要参加2013年的考试,那么在2008年1月以后取得的资格就都是有效的。要求取得这一认证资格是因为作为教师,必须具有正确的历史观及相关的历史知识。

第二,所有的教师培养机构都必需对在学期间的学生进行1~2次的"教职适应性、品性检查",在各阶段加强对学生的职业生涯指导,其结果要反映在与教师资格证书的取得相关的免试检定评价中。

第三,对大学中与取得教师资格相关的教职科目的成绩评价标准及教职素养学分进行调整,提高相关的要求。在大学中,与取得教师资格相关的教职科目的履修标准,从换算分数百分制的75分提高到80分,教职素养的学分从4学分提高到6学分,新增加"学校暴力的预防及对策"(2学分以上)相关课程,从2013年入学的新生开始实施。

第四,在初中教师聘用考试中,取消教育学的客观性考试,考试体系从三阶段简单化到二阶段。以前的考试范围过于宽泛,以背诵为主的内容过多,引起私教育的泛滥,因此新的考试制度取消客观性试题。在第一阶段的教育学考试中进行论述、专业科目的书面考试(简答型、叙述型等),第二阶段的考试中以课堂实际技能、深层面试等方式进行,从2013年开始实施。

表6-9为教师聘用考试制度改进方案的比较。

表 6-9 教师聘用考试制度改进方案的比较[1]

分类	2013 年以前	2013 年以后
聘用考试的科目中韩国史能力检查考试认证	—	必须取得韩国史能力检查认证考试的三级以上资格
加强大学教职科目的履修标准	毕业平均换算分数为百分制的 75 分以上	提高教职科目履修标准 —专业科目方面,毕业平均换算分数为百分制的 75 分以上 —教职科目方面,毕业平均换算分数为百分制的 80 分以上
教师培养机构中教职适应性·品性检查的实施	由教师培养机构自行决定是否实施	—教师培养机构必须进行这一检查,并要把结果反映到是否赋予教师资格的评价上 —在学期间必须实施 2 次以上 —开发并推广教职适应性·品性检查的模型
教师聘用考试体制的改进	三阶段的选拔 小学: —(第一阶段为客观式)教育学、教育课程 —(第二阶段为论述式)教职论述、教育课程 —(第三阶段)课堂教学实际技能、深层面试等 中学: —(第一阶段为客观式)教育学、专业课程 —(第二阶段为论述式)专业课程 —(第三阶段)课堂教学实际技能、深层面试等	二阶段的选拔 小学:从 2012 年开始实施 —(第一阶段)教职(论述),教育课程 —(第二阶段)课堂教学实际技能、深层面试等 中学:从 2013 年开始实施 —(第一阶段)教育学(论述),专业(笔答型) —(第二阶段)课堂教学实际技能、深层面试等

[1] [韩]教育科学技术部. 从 2013 年开始实施的新教师培养·教师聘用考试制度介绍[R]. 教育科学技术部,2012.

第三节 教师在职专业发展

一、教师的在职进修

韩国的教师进修制度是从1945年光复以后开始的,但真正走上规范化、法制化是20世纪60年代初。1953年制定公布的《教育公务员法》在1963年做了全面修订,对教师的进修制度做了一系列明文规定。后来,逐步修改完善形成了具有自己特点的教师进修体制和研修教育课程。现在,其教师进修制度已以法律形式固定下来,深受中小学教师们的欢迎。

1980年7月30日,韩国教育当局公布新的教育改革措施,被称作"7.30教育革命"。随着"7.30教育改革"的推进,教员研修更加层次化,即分为资格研修、一般研修、新农村研修、海外研修以及关于教育专门职务及教育行政职务的职务研修等。

1968年在修订《教育法》时,规定20世纪70年代初在汉城大学附设广播函授大学,成为担当在职教育的重要一翼。那时开办了二年制函授大学,到1981年设置了五年制的学士课程和二年制专科大学课程。由于正式设置了与在职教育相关的初等教育专业,这就给初等教师提供了提高学历的机会。从1982年3月,设计了研修的"标准教育课程",在研修院统一使用。1987年7月又修改编写了新的标准教育课程。进入90年代,教育教员研修体制包括四个种类:初等教员研修院(设在教育大学里)、中等教员研修院、教育行政研修院、综合教员研修院(设在普通大学、韩国教员大学、师范学院)等。

韩国政府从第六个经济社会发展五年计划时期(1987—1991)开始在各市、道设置教员研修院。截至1993年,全国成立了15个教员研修院,每个市、道都设有教员研修院。从中央到地方的教员研修院对教育行政管理人员、校长和教师的培训都有各自的计划，根据不同培训对象设置不同的培训方案和课程，编制相应的教材。

1983年文教部为资格研修制定了各级研修课程及时间分配标准。例如，为获得一、二级正教师资格，中等教师的所有专业课程占58.1%，时间为260学时。1987年文教部根据修订的《教员研修令》调整研修时间和课程内容，于1987年5月15日修订了《教员资格研修标准教育课程》。进入90年代，韩国对在职研修又做了调整，课程种类分为资格研修、一般研修、职务研修、特别研修。

由此可见，韩国的在职研修已形成从中央到地方较完整的教育体制，研修课程水平是在高层次上进行的。这是其在职研修制度的两个明显的特征。

韩国现行教师进修制度中关于教师进修的分类、进修机构的设置、进修课程的设定以及进修对象的选拔等都有明确而严格的规定。

1. 进修的机构与种类

目前韩国教师的在职进修是以教育进修院为中心进行的，教育进修院主要包括大学附设的初等、中等教育进修院、市道教育进修院、首尔大学附设的教育行政进修院、韩国教员大学的综合教育进修院、远程教育进修院、教育人力资源进修院等。其中，初等教育进修院附设于教育大学中，中等教育进修院附设于国、公、私立大学中，目前韩国共有83所大学附设的教育进修院。市、道教育进修院是根据各地方自治团体条例的规定，负责各市、道教育进修的专门机构，1986年在京畿道设置了第一所教育进修院后，目前在全国的17个市、道都有设置，成为提高各地方教职员素质的重要进修机构。教育行政及综合教育进修院共8所，分别是首尔大学师范学院附设的教育行政进修院、韩国教员大学的综合教育进修院、韩国广播通讯大学的综合教育进修院、韩国科学创意财团的综合教育进修院、韩国理工大学新技术研究中心附设的综合教育进修院、韩国教师总联盟附设的综合教育进修院、现代人才开发院附设的综合教育进修院及东北亚·独岛教育进修院。

现行教师在职进修的种类，按照进修的性质，可分为三种，即资格进修、职务进修和特别进修。资格进修是为了取得上一级资格或新的资格而进行的进修课程。资格进修的时间一般为30天以上，学习时间为180小时以上。资格进修的对象，除园长、校长外，依据《初、中等教育法》《幼儿教育法》附表的规定，由校长或园长在具有相关教育经历者中推荐候选人后由教育监指定最终人选。但国立学校的进修候选者由所属学校的校长指定，校长、园长课程的进修对象由教育部长最终指定。在资格进修教育中，凡学完所规定的课程者，都可以授予高一级资格，资格进修是在职进修教育的核心。

职务进修是为了提高教师的教育理论水平和履行其职务时所必需的能力而进行的进修。职务进修的课程与内容、时间由进修院的院长确定。进修的对象是在综合考虑到教师的学历、工作经历、进修课程的内容及本人的要求等因素后，按进修机会均等的原则最终确定的。

特别研修是国家或地方自治团体制定的特别研修计划，把教育公务员派遣到国内外的教育机关或研究机关接受一定时间的研修。

2. 教师在职进修的教育课程

根据1961年公布的《教育公务员进修机构设置令》，教育行政进修院教授有关教育行政的理论和技术，教师进修院教授有关教育实际的理论和方法。但对课程并没有做出明确的规定。到1983年，教育部为资格进修制定了各级进修课程及时间分配标准，如为获得一、二级正教师资格，中等教师在进修时所学的专业课程要占总课时数的58.1%，时间为260学时。

目前的在职进修课程，是2008年由当时的教育人力资源部根据《教师进修规定实施细则》所规定的，该细则具体规定了校(园)长、校(园)监及一级正教师资格进修的标准课程。

下面以中学一级正教师为例，看一下其资格进修课程的具体内容(表6-10)。

表6-10 校(园)长、校(园)监、一级正教师进修课程的领域及时数分配[1]

	基本素养	教职一般	专业	总时数
校长	36～72	36～72	216～288	360～432
园长	36～72	36～72	216～288	360～432

[1] 韩国教育部.校(园)长、校(园)监、一级正教师资格进修的标准教育课程[R].韩国教育部告示第2008-5号,2008.

续表

校监	36～54	18～36	90～126	180～216
园监	36～54	18～36	90～126	180～216
中等一级正教师	18～36	18～36	108～144	180～216
初等一级正教师	18～36	18～36	108～144	180～216
幼儿园一级正教师	18～36	18～36	108～144	180～216

(1) 基本素养领域

基本素养领域占总课时的10%～20%,内容包括社会变化与教育、国际社会与统一教育、文化与艺术、人类与环境、现场体验5个方面。社会变化与教育为2～6课时,包括未来社会与教育的方向、促进国家发展的教育课题、世界的教育动向与我国教育的课题3个科目;国际社会与统一教育为4～8课时,具体包括统一教育的理论与实际、国际理解教育、国际社会的变化和教育的对应方案、促进国家发展的历史意识的培养及课题、韩国近现代史的理解及发展方向、国家与市民伦理等6个科目;文化与艺术为2～6课时,包括文化、艺术的理解和艺术的理解与欣赏2个科目;人类与环境为2～4课时,包括科学和技术的发展与教育、促进有效经济生活的教育课题、ICT发展与教育、地理环境的变化与环境教育4个科目;现场体验为4～6课时,包括服务活动、现场体验学习、兴趣与健康生活等3个科目。另外还有由进修机构自行选择的科目4～6学时,各科目的教学方法有讨论、远程教学、现场实习及课堂讲授等。

(2) 教职一般领域

教职一般领域占总课时的10%～20%,内容包括教师的专业性、班级管理、生活指导及职业生涯教育、教育法规及事务管理、对教育课题的理解等5个方面。教师的专业性为2～4课时,包括教育力与教师的专业性、教师的责任与教职伦理、学校评价及教师评价的理解、研究学校的理解及实际等4个科目;班级管理为2～6学时,包括班级管理的理论与实际、班级管理和班主任的作用、学生咨询的理论与实际等3个科目;生活指导及职业生涯教育为4～8课时,包括生活指导的实际、民主社会及人权教育的实际、两性平等教育的实际、学校安全教育的实际、职业生涯及职业选择的课题、信息通讯伦理教育的实际等6个科目;

教育法规及事务管理为2～4课时，包括教育行政及教育法规的理解、校务及事务管理、学校人事及财政管理等3个科目；教育课题的理解为4～6课时，包括优质教育的理解与实际、特殊教育的理解与实际、创造性教育的理解与实际、有效的替代教育方案、对教师团体的理解、教育改革的方向及课题等6个科目。另外还有由进修机构自行选择的科目4～6学时，各科目的教学方法有讨论、远程教学、现场实习及课堂讲授等。

(3) 专业领域

专业领域占总课时的60%～80%，包括学科教育论及学科教育课程、学科教育学、教学方法、教学评价、特别活动、放学后学校活动、学科研究及教育工学、现场教育探究、评价等9个方面。学科教育论及学科教育课程为12～16学时，包括各学科教育论及最新动向，各学科教育课程编制、实施的实际，不同水平的教育课程，中学教育课程的编制及实施，学校教育课程的变迁及主要内容等5个科目；学科教育学为28～34学时，这各学科核心领域的深化学习科目；教学方法为14～22学时，包括教学理论、各学科不同教学模式的指导方法、各学科的课堂分析方法、各学科教学资料的制作、各学科课堂教学的改进案例、网络学习的理论与案例、项目学习的理论与实际、学科用图书的分析及应用等8个科目；教学评价为6～10学时，包括论价的理论与实际、各学科评价及成绩管理、各学科评价问题的开发及问题分析的实际、自选活动的评价等4个科目；特别活动为6～8学时，包括特别活动(启发活动、自治活动、适应性活动、服务活动、庆典活动等)的实施及评价案例、交换学习的理论与实际、现场体验学习的理论与实际3个科目；放学后学校活动为6～8学时，包括终身教育活动的优秀实施案例，特长、性向活动的优秀实施案例，不同水平补充课程的优秀实施案例等3个科目；学科研究及教育工学为8～10学时，包括学科研究的理论与实际、教育工学和教学设计、各学习类型的教学器材应用方法等3个科目；现场教育探究为18～22学时，包括与前辈教师的对话、优秀学习探访、范学科学习的优秀案例、自我主导型学习的优秀实施案例、与学科相关的现场探访、现场研究的理论与实际等6个科目；评价为4～6学时，另外还有由进修机构自行选择的科目6～8学时，各科目的教学方法有讨论、现场实习、实际技能实习及课堂讲授等。

二、教师的奖学制度

在韩国,奖学是一种促进教师的专业发展,使其进行更好的教育的一种指导、咨询活动,奖学的最终目的是为了改善教学。为了达到改善教学的目的,包括教师、教育课程、学习环境及教材、学生等教学的各主要因素都要发生变化,促进这些变化的教育活动就是奖学。所以,奖学可以界定为为了促进教育活动的改善,主要以教师为对象进行的各种指导、咨询活动[1]。

奖学的类型,按主体的不同,大体上可以分为由教育行政机构主导的奖学和由在学校现场以校长、校监为主,在合作的氛围中进行的具有自主性质的奖学两大类。教育行政机构主导的奖学,即教育部奖学、市、道教育厅奖学、地区教育厅奖学通过多种方式及方法推进。而很多时候,教育行政机构和学校建立一种合作关系共同推进奖学。

1. 由教育行政机构主导的奖学

(1) 综合奖学

综合奖学是以奖学指导班的形式进行的关于教育措施的推进事项、教育课程的运营、学校经营等全部领域的综合性奖学活动,主要由对学校现状的掌握、课堂教学参观、协商、确认、评价等方式构成整个奖学过程。

(2) 担当奖学

担当奖学是由负责各学校的奖学者随时对相关学校的全部教育活动所实施的奖学活动,主要由咨询、协商、参观、确认、评价等方式构成整个奖学过程。

(3) 抽样奖学

抽样奖学是按学校类别或主题,以随机取样的方式选取样本学校,以对学校的经营或主题活动进行检查、协商、支援为目的而进行的奖学活动。

(4) 确认奖学

确认奖学是确认学校对于前一次奖学指导时提出的需要改正、补充的事项已经了解或为了确认学校经营活动而进行的奖学。

---

〔1〕[韩]李润植等.教职与教师[M].首尔:学知社,2010:202.

(5) 特别奖学

特别奖学是当有特别的事件发生或担心其发生时,为了解决该问题或预防其发生而进行的必要指导、咨询等奖学活动,或是对特殊学科领域或问题领域所进行的奖学。

(6) 合作奖学

合作奖学是由奖学者、学校管理者、教师或其他自愿人士共同组成奖学合作体而进行的奖学活动。或是为了促进各地区教育厅奖学人员的工作效率、加强相互间的合作而由几个地区教育厅构成奖学合作体共同进行的奖学活动。

(7) 个别奖学

个别奖学是由奖学者个人对所负责的学校实施的奖学活动,主要由咨询、协商、参观、确认、评价等方式进行,与担当奖学类似。

(8) 学科奖学

学科奖学是按各学科的不同,由学科负责的奖学者以学校相关学科的活动为中心所实施的奖学活动,主要由课堂教学参观、教学协商等方式进行。或是由学科负责的奖学者对与学科相关的教育政策的制定,教育课程的实施,教学设备的确保及使用计划的制定、调整、普及,教学资料的开发及研究、实验、示范学校的运营,各种教师进修及学校中与学科相关的教育活动进行指导的奖学活动。

(9) 一般奖学

一般奖学是与综合奖学或特别奖学相对应的一种形式,是对学校教育活动或工作内容进行协商、研究后进行指导、提供咨询的一种奖学活动。

(10) 访问奖学

访问奖学是针对学校的邀请或教育行政机关的需要,由相关学校的负责奖学者或负责相关事务的奖学者对学校进行访问所实施的奖学活动。

(11) 通讯奖学

通讯奖学是对于教育课程的实施、学校运营及其他学校所提出的问题和需要协商的事项,利用通讯手段进行指导及提供咨询。

(12) 邀请奖学

邀请奖学是根据学校的需要,向奖学者提出邀请而实施的奖学活动,主要通过课堂教学参观、出席研究会议、咨询、协商等方式进行。

(13) 定制型奖学

定制型奖学是具有专业性的外部奖学人员对学校或教师个人教育活动中存在的问题进行研究、分析,提出适当的解决方案,并对这一方案的顺利实施提出不断支持的一种奖学活动。

2. 以学校现场为中心的奖学

(1) 课堂教学奖学

为了改进教师的教学技能而进行的由校长、校监(包括外部的奖学要员、专家、自愿人士)主导的,具有很强的个性化、体系化性质的指导、咨询活动,奖学的对象主要为初任教师、教龄比较短的教师或为必要提高教学技能的教师。

(2) 同事奖学

为了改进同事间的教育活动,通过组成小组或结对子的方式相互促进教学研究或对共同性的课题及所关心的事物进行商议、研究,是同事间共同努力的活动。具体包括以教学研究为中心的同事奖学(同年级的教学研究、同学科的教育研究),以商议为中心的同事奖学(同学年、同学科、同处室教师间的商议,部长教育的商议,辅导小组活动,各种正式的非正式的商议等),以研究为中心的同事奖学(共同研究课题的推进,共同示范课题的推进,共同研究资料、作品的制作等),以好友为中心的同事奖学(各种健康的好友间活动)。同事奖学的对象是全体教师,但主要针对那些有意愿共同工作的教师及关心领域相同的教师。

(3) 自我奖学

教师个人为了自身的专业发展而自主地制定系统计划并主动去实践的活动。主要包括对自我教学的分析研究,自我评价,通过学生对课堂教学的反省,个人现场研究,专业书籍、资料的阅读,进修研究生院课程,专业机构、专家的访问访谈,现场访问,参加学科研究会议、学术会议、演讲会等。自我奖学的对象是全体教育,但主要针对那些具有自我分析、自我指导技能的教师及愿意一个人独自工作的教师。

(4) 简式奖学(日常奖学)

由校长、校监间歇式地在较短的期间内通过班级巡视或教学参观等方式对教师的教学活动和班级管理活动进行观察,在这些方面对教师进行指导、提供咨询的活动。这种简式奖学是校长、校监在日常要实施的活动,因此也称为日常奖学,奖学对象为全体教职员。

(5) 自我进修

为了改进教育活动及满足教职员的需求,利用校内外的人力、物力资源,由学校自主进行的进修活动。主要包括学校主导的各种进修活动,如在进修时发表课堂教学奖学、同事奖学、自我奖学结果等。奖学的对象为全体教职员。

如上所述,形式多样的奖学制度对提高学校的教育教学质量、提高教师的素质起到了很大的作用。但在实施过程中也存在着一定的问题,如奖学行政组织主要是以管理行政为中心的,权力主要集中在中央行政;奖学行政组织中奖学担当者的数量不足且还要承担许多非专业性的工作;学校现场的奖学中,教师的参与热情不高。针对这些问题,韩国也在不断采取改进措施,如加强以现场为中心、以教师为中心的奖学,提高奖学的专业性及民主化,改善奖学的条件等。

第七章

韩国学校内部管理制度

第二次世界大战之后,韩国政府长期控制着中小学的教育目标、课程、教材、教育评价等,导致了学校教育的单一性,学校内部缺乏活力。从1995年的"5.31教育改革"方案颁布后,政府开始逐步扩大学校的自主权。2008年,韩国教育科学技术部提出了"扩大学校自治权三阶段计划",提出第一阶段的任务是立即废除无谓的规章制度,第二阶段的主要任务是将和基础教育相关的13项议题的决定权从教育科学技术部下放到地方主管部门,第三阶段的主要任务是允许学校在20%的范围内决定每个学年各个科目的学时,即赋予学校在课程方面有一定的自主决策权,并增加招聘新教师和扩建学校方面20%的自主权[1]。2010年,韩国教育科学技术部明确指出教育管理部门的根本任务在于支持学校以正确的方式教育学生,并发起"学校自治性竞争力提升计划",赋予学校更多的自我管理的权力。

第一节 学校内部管理机构

一、学校运营委员会:自主决策的学校共同体

长期以来,韩国的学校在管理方面缺乏自主权,学校的运营体制不是以教育需求者为中心,而是以教育供给者为主设计并运营的。这样,教育服务的需求者——学生、家长及区域社会的多样化要求及意见不能及时反映到学校的运营中。1995年5月,《新教育体制教育改革方案》的颁布,为提高学校的自主性与创造性,改变学校运营体制提供了契机。该方案提出,为了形成以家长、教师及社区人士自主参与为基础的良好的教育环境,作为制度的保障,实施学校运营委员会制度。学校运营委员会在1995年下半年开始示范性实施,1996年在市级

[1] 创新管理学校:充分发挥学校自治性[J].上海教育(环球教育时讯),2013(11):60-61

以上行政区域的国、公立学校中开始实施，之后逐步扩大到邑、道地区的学校。从2000学年开始，在所有私立的小学、中学也全面建立学校运营委员会，成为学校的自治机构。

学校运营委员会是一种能把教育服务的需求者——学生、家长及社区的要求及意见积极反映到学校教育中的制度，学校运营委员会依据各学校的实际情况及特色，为学校实现多样化的创造性教育活动提供了基础。随着以扩大学校自治权为中心的多样化教育政策的推进，学校运营委员会的作用正在逐渐加大。学校运营委员会也打破了韩国教育由政府集中控制的局面，实现了学校所有权与经营权的分离，使其向宪法规定的教育自治的目标迈出了实质性的一步。

1. 学校运营委员会的性质

(1) 学校运营委员会是学校层面的教育自治机构。对于学校运营的重要事项，在学校成员的共同参与下，经过民主程序自主决策。

(2) 学校运营委员会是学校内外成员共同参与的学校共同体。学校运营委员会是学校内部的构成主体——教师，以及家长与社区人士等学校内外成员一起参与学校运营重要事项决策的学校共同体。

(3) 学校运营委员会是实施个性化、多样化教育的制度保障。学校委员会制度是可以实现符合学校规模、学校环境的实际情况及学校特色的多样化、有创造性的教育的制度性保障。

学校运营委员会是以《初、中等教育法》与《初、中等教育法实施令》为依据设置并运营的机构，是与校长(学校决策的执行机构)相独立的机构，对于与学校运营相关的主要事项，国、公立学校委员会对其进行审议，私立学校的委员会对其进行咨询。对于学校发展基金的筹措、使用等相关事项，国、公、私立学校都行使审议及决策职能。

2. 学校运营委员会的主要职能

(1) 制定和修订学校宪章和校规。

(2) 审议学校预算与决算。

(3) 编制、实施学校教育课程。

(4) 选定教学用图书。

(5) 审议校服、运动服、影集等与家长的经费负担相关的事项。

(6) 运营放学后学校。

(7) 确定公开招聘校长的公开聘用方法,任用并进行评价。

(8) 推荐招聘教师。

(9) 筹措与使用学校运营经费。

(10) 学校供餐。

(11) 大学入学选拔资料中的校长推荐。

(12) 组建并运营学校运动部。

可以看出,学校运营委员会的职责,大到学校发展的方针政策,小到日常事务,其职责范围涵盖广泛,这决定了其在整个学校管理系统中的重要地位。

3. 学校运营委员会的工作程序

下面以编制、实施学校教育课程为例,具体说明学校运营委员会的工作程序。韩国的教育课程分为国家统编课程(由教育部确定,是为了达成初、中等教育目的与教育目标,学校必须实施的教育课程)、地区课程(由市、道教育监依据地区特色及学校实际情况、学生实际状况、家长及社区要求等制订合适的标准与内容)和校课程(符合学校实际要求的"该学校具体实施的教育课程")三类。教育课程的编制、实施主要包括准备、编制、实施、评价四个阶段。

(1) 学校教育课程的准备

学校教育课程的编制与实施主要是由"学校教育课程委员会"负责进行的,这是在国家水平教育课程的实施过程中,由教育部规定在学校中必须设置的机构,是向校长提供教育课程运营相关决策的咨询机构,由学校教师、教育课程专家及学生家长组成,主要负责制订学校教育课程实施计划,对教育课程实施情况进行评价等。

在准备阶段,主要对各种实际情况进行调查、分析。如对国家水平教育课程、市道教育厅教育课程的制定方针进行分析,对本地区的特殊性、学生及教师、社区居民的要求、前一年度教育课程评价结果等进行调查等。

(2) 学校教育课程的编制

通过各种调查与实际状况的分析,首先确定学校教育课程编制及运营的基本原则和方向,以正规教育课程编制与时间分配为中心,以学校内外的所有教育活动为对象进行编制。

编制计划:包括学校教育课程编制、运营的方向,学科、创造性体验活动的指导,学校教育评价等内容。

设定基本方向:指明校长的经营理念,学校教育目标、学科领域,各学年教育重点等。

制订学校教育课程试行方案:包括课程编制及时间分配,学科(群)活动的编制计划,创造性体验活动的编制计划等。

试行方案的检验、审议:在学校教育课程委员会中进行审议、确定。

(3) 学校教育课程的实施

由于各学校学生的学业成就水平、教师等级等教育条件各不相同,要集中学校成员的智慧运营教育课程。运营教育课程时需要注重以下几点:

实施经常性的教师研修,提高教师水平;

为了保证按照教育课程编制计划正常实施课程,进行随时性的检测;

教育课程运营内容与评价内容要保持一致。

(4) 教育课程评价与质量管理

国家层次的评价:定期进行学业成就评价、学校与教育机构评价,教育课程编制与运营的评价。

市、道层次的评价:定期地掌握各级学校教育课程的编制及运营状况,为有效地改善教育课程运营状况并进行质量管理提供必要的支援。

学校层次的评价:对学校教育课程的编制是与符合国家教育课程的标准,是否考虑了学校的特色及学生、家长的要求,教育课程是否正常实施,取得了教育效果等进行的学校自我评价。

4. 学校运营委员会的委员构成

学校运营委员会的委员由学生家长委员、教师委员、社区委员构成。其中家长委员代表该学校的家长,教师委员代表该学校教师,社区委员为愿意为学校运营做出贡献的社区人士。

委员会设内委员长与副委员长及监事。委员长作为学校运营委员会的代表,是整理议事、维持秩序的负责者。具有召集定期会议及临时会议,制定、变更议事日程，审议回复下属委员会的议案，移送审议议案，通报审议事项的处理结果等权力。副委员长在委员长不在时代行其职责。监事负责处理与学校运营委员会会议的召集、举行、审议、会议记录等相关的运营委员会的全部事务。

学校运营委员会委员的人数是依据《初、中等教育法实施令》第 58 条规定的，按学校规模而有所不同，大致在 5～15 人之间。在校学生数不足 200 人时，委员数为 5～8 名；学生数在 200～1 000 人之间时，委员数为 9～12 名；学生数超过 1 000 人时，委员数在 13～15 名。学校运营委员会委员的最终定，由该学校的学校运营委员会规程确定。

《初、中等教育法实施令》第 58 条对学校运营委员会委员的构成比例也做了明确的规定，不同类别学校中委员的构成比例稍有差异(表 7-1)。

表 7-1 不同类别学校中委员的构成比例

类别	普通学校	产业需要型高中及特色化高中
学生学长委员	40%～50%	30%～40%
教师委员	30%～40%	20%～30%
社区委员	10%～30%	30%～50%

需要说明的是，产业需要型高中及特色化高中的社区委员中，要有一半以上是该学校所在地区基础性产业领域的企业家。

另外，在不满 100 名学生的小规模学校，学校运营委员会委员的构成比例，国立学校由学校规程，公立学校由市、道的条例规定的范围内，可以根据委员会规程另行确定，这种情况下，必须包括 1 名以上的家长委员、教师委员和社区委员。从规定的成员比例来看，学生家长占了委员会成员的大多数。可见，韩国中小学校的学校运营委员会不仅恢复了家长参与学校教育管理的权力，而且把家长摆在了一个相当重要的位置上，这是难能可贵的。

5. 学校运营委员会委员的选定

依据韩国《国家公务员法》第 33 条的规定，不能担当国家公务员者，不具备学校运营委员会的委员资格。家长委员必须是子女在该学校就学的家长；教师委员必须是在该学校就职的教师；社区委员则是在该学校所在区域居住的预算、会计、监查、法律等方面的专家，或是执行与教育行政相关业务的公务员，以该学校所在地为活动基地的企业家，该学校的毕业生及其他愿意为学校运营做出贡献者。

以下具有委员资格者，经过以下程序，经选举后确定其学校运营委员会委员的身份。

(1) 以学生数为基准，确定委员定员及构成比例，必要时通过学校运营委员会的审议(咨询)，对学校运营委员会章程进行修订。

(2) 制订学校运营委员会的构成计划并作选举宣传。

(3) 依据各市、道的条例及各学校运营委员会章程，组成选举管理委员会。

(4) 通过家长通知信、公告栏、学校网页等方式发布选举公告，为候选人登记提供充分的时间。

(5) 选举家长委员及教师委员：家长委员在学长会议中直接选出，教师委员在教职员全体会议中以无记名投票的方式选出。

(6) 选举社区委员：经过家长委员及教师委员的推荐，由家长委员与教师委员以无记名投票的方式选出。

(7) 选举委员长与副委员长：由除教师委员外的其他委员以无记名投票的方式选出。

(8) 选举结果的公布：通过家长通知信、公告栏、学校网页等方式公布选举结果。

为了保证学校运营委员会议案审议的专业性，提高效率，学校运营委员会可以组建各种下属委员会，如"校长推荐委员会"和"教师推荐委员会"等，对议案进行事先调查、收集资料、检查。还可以把由学生家长等组成的学校内外各种自发性组织设置成为下属团体，如"家长委员会""家长后援会""母亲会"等，这些自发性组织与学校运营委员会进行有机合作，其代表在得到学校运营委员会的允许后或以出席运营委员会的会议并发言。

二、校长：学校决策的执行者

韩国中小学的教育行政管理强调校长负责制。即校长对外是法人代表，对内管理学校的所有事物。韩国《教育法》第75条规定,“校长要统管校务,监督学校所属的教员,教育学生。”校长作为学校管理的最高责任者要控制、管理学校教育的所有业务,不仅要监督、指挥所属的教员,还要担负教育学生的责任。校长之下设有校监,相当于我国中小学的副校长,其任务是“根据校长的命令处理校务,教育学生”,校长不在时代理校长的工作。学校校长的活动包括对内和对外两部分。

1. 校长的对外活动

(1) 与教育委员会和教育厅的联系

各级学校的教育都要坚持执行国家的教育政策,韩国所有的初、中等教育机构,要与按照中央教育行政机关的教育政策,制定具体的教育计划和管理、运营措施的各市、道教育委员会与教育厅紧密联系,直接接受教育监的监督,使教育委员会与教育厅所制定的种种教育政策在学校内得到体现。因此校长平时要与以上各级教育行政机关的有关人员进行频繁的接触,保持密切的联系,明确学校管理上的指示,同时在各方面得到上级机关的协助。与小学与初中直接联系的教育行政机关为教育厅,与高中直接联系的教育行政机关为教育委员会。学校校长为了对学校进行民主性的管理,要在与国家教育政策不相违背的范围内,发挥高度的创造性完成其各项任务。

(2) 与地方公共团体的联系

《教育法》第6条规定,“国家与地方公共团体依据教育法和其他法律的规定,设置并管理学校以外的教育设施,并对所有的教育机关进行指导、监督。”这表明了公立学校与地方公共团体之间的紧密联系,其主要的联系体现在教育财政方面,在这一方面学校校长要与地方行政机关很好地合作。

2. 校长的对内的活动

在学校内部,学校校长的活动大体上分为管理的职能和指导的职能两种。属于管理职能的活动主要包括:

(1) 教育委员会所决定的事项在学校中的实施和监督。

(2) 制定学校自身所需要的规定并加以实施。

(3) 管理学校的建筑物和其他附带物品。

(4) 编成班级,并进行升级管理。

(5) 开发管理自己学校的教育课程。

(6) 监督课外教育。

(7) 监督教职员的任用、教职员的组织与他们的工作。

属于指导职能的活动主要包括:

(1) 组织合适的教育课程。

(2) 鼓励教师的发展和提高,以便于对学生的指导。

(3) 对社区进行调查和研究。

(4) 确保有关的教育资料。

(5) 了解班级的情况,对教师进行评价。

(6) 领导职员会。

(7) 领导教职员的研究课题。

第二节 学校内的人事管理

一、校长的聘任

长期以来,韩国中小学校长的选拔及任用是根据韩国《教育法》和《教育公务员法》的规定进行的,校长必须具备相应的资格,依据教育公务员晋升规定中的评定分数(经历年限+服务实绩+研究成绩+加算分数)的顺序,在经过资格研修后由总统令任命。

中学校长的资格标准为:具有中等学校校监资格证书和3年以上教育经历并接受规定的培训者;学识渊博、德高望重,得到教员资格检定委员会的推荐并获得教育部长官认可者;有过教育大学、专科大学校长的工作经历者。

小学校长的资格标准为:具有小学校监资格证书和3年以上教育经历并接

受规定的培训者;学识渊博、德高望重,得到教员资格检定委员会的推荐并获得教育部长官认可者[1]。

按照这种晋升标准,教育经历要达到28年以上者才会有机会晋升为校长,年轻有为的教师即使已经具备了校长所应有的素质,也没有机会得到提拔。这样的晋升规定使中小学校长高龄化,导致学校的活力不足。同时,这一校长任用制度依据晋升规定中的评定的分数来任用校长,使教师热衷于晋升分数的累积,不能专心于教育活动,经常出现忽视对学生的教育、指导现象,影响了学校的教育质量。因此,要提高学校教育质量,使学校有自己的特色,选拔和任用有能力的校长,就要对现在的任用制度进行改革。

其次,改革校长任用制度也是为了改变校长权力的集中化而实施的一种措施。韩国全国教师联盟、家长团体及革新委员会的成员都强调要通过学校各类人员的参与来构建能真正反映教育要求的新的校长任用制度,必须使学校运营民主化。任用校长时,要更加强调校长的领导理念和学校运营的民主性,而不是象征教师专业性的资格证书。

此外,长期以来受新自由主义思想的影响,韩国在学校教育改革中也应用了市场竞争的原理,反映教育需求者的教育要求,使他们能选择自己喜欢的学校。在校长任用制度方面引入竞争机制,就要实行公开聘任的方式,并使中小学校长这一职位向大学教师、企业的管理者、教育行政人员等其他各界人群开放。

受上述因素的影响,为了促进学校和地区的发展,任用年轻、有能力者为校长,放宽聘用资格,实施民主性的、透明的招聘程序,实现校长任用方式的多样化。2005年10月,韩国教育部发表了《教员晋升、研修、养成体制改善方案》,提出了"为了使年轻、有能力的教师得到晋升,要完善现有的制度,逐渐扩大通过公开招聘来任用校长的数量,构建公开任用制度的基础"[2]这一宗旨。并于2006年11月颁布了《教师政策改善方案》,规定从2007年9月起,在部分学校

---

〔1〕[韩]韩国教育法典编撰委员会.教育法典[M].首尔:教学社,2000.

〔2〕[韩]无资格校长公募制的争议点与问题[EB/OL].[2009-05-12].http://gnfta.or.kr/bbs/view.php?id.

中试行校长公开招聘制度。

1. 校长公开招聘的类型

按照对校长资格标准要求的不同，韩国的校长公开招聘制度分为内部型、开放型和招聘型三种。

(1) 内部型公开招聘

内部型公开招聘是以有15年以上中小学教育经历者为对象进行校长公开招聘的制度，无论申请者是否具有校长资格证书都可以参加公开招聘，主要是选拔普通中小学的校长。由家长全体会议决定是否实施校长公开招聘制度和实施哪种类型的公开招聘制度，然后经学校运营委员会讨论后由校长向教育监提出进行校长公开招聘的申请。教育监批准(即把学校指定为自律学校)后，在全国范围内进行公开招聘。学校运营委员会首先对申请者进行资格审查，审查通过后向市、道的教育监推荐2名候选者，教育监确定最终人选后由总统令任命。韩国教育与科技部规定从2007年起至2012年，在全国73所学校试行这一制度[1]。

(2) 招聘型公开招聘

招聘型公开招聘是在全国范围内，以具有校长证书者为对象进行校长公开招聘的制度。由各道、市的教育监与学校进行商讨决定是否进行校长公开招聘。学校运营委员会对申请者的资格进行审查后，对候选者排序后上报给教育监，教育监下属的审议委员会最终审议后由总统令进行任命。这一任用制度从2006年9月开始在农村、渔村的47所学校开始试行。

(3) 开放型公开招聘

开放型公开招聘是以在全国的教育机构、公共团体、企业界等机构服务3年以上者为对象进行校长公开招聘的制度，申请者不必持有校长资格证书，但要求其所学专业与学校的特色化方向相关。主要是选拔特色化初、高中，职业类高中和艺术、体育类高中的校长。经学校运营委员会审查资格后，按候选者的排序推

---

〔1〕[韩]校长招聘·公募制示范引入[EB/OL].[2009-05-12]. http://news.hankooki.com/lpage/society/200606/.

荐给教育监,最后由总统令任命。在这一制度下,企业的管理者、大学教授等都有机会成为这类学校的校长。韩国教育部在2007年4月决定,2007、2008年分别在11所学校中开始试行此制度。

2. 校长公开招聘制度的实施步骤

校长公开招聘制度的实施主要包括选定学校、提交申请、资格审查、确定人选、职务研修、任用等几个步骤[1]。

(1) 选定学校

首先预备指定试行的学校。各市、道教育厅在可能试行的学校范围内,考虑自身的条件,暂定可能试行校长公开招聘制度的学校。在暂定试行学校时,如确定的是那些需要进行改革的学校(如学力低下、生源不足的学校),岛屿、偏僻地区、农村渔村地区、落后地区的学校,要首先考虑对它们的行政、财政上的支援。

预备指定的学校经全体家长会议和学校运营委员会讨论,决定实施校长公开招聘后,要向教育监提交申请。如果没有学校自愿提出申请或申请的学校为新开设的学校(指还没有组成学校运营委员会的学校)时,教育监可以根据本市、道的条件行使自己的权力直接指定。选定的对象是校长在学期末即将退休或校长再任的任期即将期满的学校,而且要事先通过信函向家长通报校长公开招聘制度的相关信息。学校自愿提出申请时,校长也要把校长公开招聘的相关信息向学生家长和学校运营委员会通报。在对学校的申请进行审议后,教育监从中选定实施校长公开招聘制度的学校,当没有学校提出申请或申请的学校很少时,教育监可以在包括新设学校在内的需要进行改革的学校中直接指定。

(2) 发布校长公开招聘公告

在确定了试行校长公开招聘制度的学校后,教育监要在教育厅的网站和相关教育期刊发布公告,公布试行学校的名单及申请资格、需要提交的文件等相关事项,公告的时间一般不超过12天。公告之后如果没有人提出申请,必须进行再次的公告,若再次公告后依然没有申请者,教育监就要撤回对相关学校进行校

---

[1] [韩]校长公募制第4次示范运营计划[EB/OL].[2009-05-04].http://www.mest.go.kr.

长公开招聘的指定。公告后若只有1人申请,也必须进行再次的公告,但如果再次公告后依然没有新增申请者,可以进入下一公开招聘程序。

申请者的基本资格按公开招聘类型的不同有所区别,如内部型为有15年初、中等学校教育经历的教育公务员或私立学校的教师;开放型为在与该学校教育课程相关的机构或团体中从事3年以上工作者;招聘型为持有校长资格证书者。所谓的"初、中等学教育经历"是指在符合《初等教育法》第2条各款的学校中以专职教师的身份工作的教育经历,也包括《教育公务员法》第32条所规定的时间制教师的工作经历,但不包括名誉教师、产学兼任教师等的工作经历。另外,所有的申请者在时间上要保证能在学校完成一个完整的任期,原则上,公开招聘的校长在任职期间不能调动工作。

申请者需要提交的文件包括校长公开招聘的申请书,人事记录卡的复印件,工作经历及各种活动的实际成绩,自我介绍,学校经营计划书及其他学校运营委员会所要求的资料等。申请者要把这些资料直接提交给各学校,由学校进行初步的审查。

(3) 资格审查

在申请者提交申请之后,教育监组建审查委员会对申请者的资格进行审查。委员中专业人员占有一定的比例,这里的专业人员指教育行政专业人士或有相关审查经历者。为了保证审查的公正性,在选择审查委员时,要避免有与申请者有亲属关系者或申请者的学生家长参加。资格审查可以由学校主管,也可以直接由各教育厅主管。由学校主管进行审查时,由学校运营委员会自行组建"学校公开招聘校长审查委员会",委员的人数与构成比率由该学校的"学校运营委员会规定"确定,一般学校运营委员会的委员不能兼任审查委员。由教育厅主管进行审查时,市、道教育厅(负责高中)或地区教育厅(负责小学与初中)组建"教育厅公开招聘校长审查委员会",由教育厅决定委员的人数和人员构成比率。一般情况下,家长、地区的居民代表约占委员总数的50%,其他为教师与专业人员〔1〕。具体的审查程序如下:

---

〔1〕[韩]校长公募制第4次示范运营计划[EB/OL].[2009-05-04]. http://www.mest.go.kr.

第一次审查:文件的审查。对申请者提交的文件进行初审,选择 5 人以下进入第二次审查。当申请者不超过 3 人时,如果没有特殊的理由,都可以进入第二次审查,如果所有申请者都被审查委员会认定为不合格,那么校长就要向教育监申请撤回对校长公开招聘学校的指定。

第二次审查:深层审查。对申请者发表的学校经营计划进行审查,并进行提问、相互的讨论和深层的面谈,审查委员会对这些项目进行综合评价后选定 3 名候选者,推荐给学校运营委员会。为了保证评价的公正性,审查委员会给每一名候选者分配适当的时间,尽量使他们充分表达自己的想法。同第一次审查一样,当申请者不超过 3 人时,如果没有特殊的理由,都要推荐给学校运营委员会。如果所有申请者都被审查委员会认定为不合格,那么校长就要向教育监申请撤回对校长公开招聘学校的指定。

第三次审查:学校运营委员会的审查。学校运营委员会对审查委员会推荐的 3 名候选者进行再次的深层审查(包括深层面谈、文件审查和相互讨论等),其结果与第二次审查的评定分数相加确定最后的名次,选择排名前两位者向学校校长通报。如果所有申请者都被审查委员会认定为不合格,那么校长就要向教育监申请撤回对校长公开招聘学校的指定。如果申请者中有该校学校运营委员会的成员,为了保证审查的公正性,在第三次审查时要把该委员排除在外。第二次审查的分数在第三次审查结果出来之前不能公开。

校长把从公开招聘委员会推荐的两名候选人上报给教育监,教育监在考虑推荐的顺位和其他相关因素后,从中确定一名,最终推荐给教育科学技术部长官。如果在公开招聘校长的过程中存在疑问或在程序上有不符合规定的问题,教育监要向学校校长通报,也可以据此取消校长公开招聘学校的指定。

(4) 任命

公开招聘校长经过一系列的审查程序后,最终由总统令任命,公开招聘校长的任期为 4 年。通过公开招聘任用的校长,在正式上任前要进行职务研修,对于没有校长资格证书者,任职后还要给予进行资格研修、职务研修、工作研讨等进行信息交流与发展自身能力的机会。校长研修的相关内容见表 7-2。

表 7-2 公开招聘校长研修内容〔1〕

类别	任用前的研修	任用后的研修
研修对象	所有被任用为校长者	公开招聘校长中无校长资格证书者
研修种类	职务研修	资格研修、职务研修、工作讨论
研修机构	教育科学技术研修院	韩国教员大学等
是否为义务性研修	义务	由市、道教育厅自行安排

在公开招聘校长的任职期间,要对其进行业务评价。包括中间评价(任职 2 年时的评价)和最终评价(4 年任期结束时),评价依据学校发展计划和教育与科技部颁布的《对公开招聘制示范运营学校校长进行评价的实施指南》进行。对校长进行评价时,该学校的教师、学校运营委员会委员、全体学生家长和外部专家都可以参与,如没达到规定的评价标准,市、道教育厅的人事委员会可以对其进行处罚,以后不能再应聘校长职位。

从校长公开招聘制的实施与任命过程来看,这一制度体现了这样几个特点。首先是选拔方式的多样化,校长的选拔与任用方式不是单一的,公开招聘制的不同类型对候选者的要求不同,要考查其多方面的能力,而不是如以前的晋升制度那样过分强调晋升规定中的评定分数。第二,是开放性与民主性。校长选拔任用的每个环节对社会都是公开的,公开校长聘任的资格、公开选拔的程序和考核、评价的条件。同时,在资格审查过程中重视家长、地区各方人士的参与,在校长的任用过程中比较充分地体现了民主,改变了以往受长官意志影响比较大的现象。第三,是竞争性,根据校长任用的资格要求,每次审查时都会确定一定数额的候选人而不是确定唯一的候选者,由专业人士对候选者的才能、教育理念和学校发展计划进行考核,候选者要经过相互间的竞争才能最终被任用。

自 2007 年 4 月开始试行的校长公开招聘制度,虽然实施的时间比较短,但采用公开招聘的学校正在逐渐增多。自 2007 年 9 月,55 位公开招聘的校长开始履行其职责开始,至 2010 年 9 月,校长公开招聘制在所有公立学校全面实施,已经有 1 624 名公开招聘上岗的校长在不同的学校实施其各具特色的教育理念,在许多学校正产生积极的变化。

---

〔1〕[韩]校长公开招聘制第 4 期示范运营计划[EB/OL].[2009-05-04]. http://www.mest.go.kr.

对比公开招聘制试行学校前任校长与现任公开招聘校长的职务履行情况，调查结果显示，现任校长要比前任校长具有更高的职务履行水平，校长所应具备的基本特征也更明显。学校的变化也被评价为更积极，即实施公开招聘制后该学校在很多方面都显示出正面的发展。公开招聘制试行学校与一般学校的对比结果，也显示出公开招聘校长比一般学校的校长具有更高的职务履行水平，具备更多校长所应具备的基本特征，试行实施学校表现出更积极的变化。

此外，对学校其他影响因素的分析结果表明，公开招聘的类型、公开招聘的时期、学校所在区域、学校级别等对公开招聘校长的职务履行效果都有影响。从类型上看内部型公开招聘的校长，从时期上看第1期试行计划期间公开招聘的校长，从学校所在区域来看邑面(韩国的基层行政区域单位)所在学校的校长，从学校级别来看小学的校长，在职务履行方面得到的分数更高。总的来看，校长公开招聘制在邑面区域、小学、内部型及第1期试行实施的学校中取得了更好的效果。另外，分析结果也表明，招聘型在高中和中小城市所在学校的效果比较好，而内部型在小学及中小城市所在学校的效果更好[1]。

总体上看，尽管校长公开招聘制在实施的过程中，也存在着许多争议，但通过公开招聘任用的校长，给学校带来了更多积极的变化，取得了比较好的效果。釜山汽车高中就是一个典型的例子。

作为一所Meister高中，釜山汽车高中公开招聘到一位具有多种工作经验和能力的校长李升熙，他曾任雷诺三星汽车公司副总裁，就任釜山汽车高中校长后，受到了当地民众的广泛关注，也给学校带来了巨大的改变。2010年，釜山汽车高中85%的高一学生都通过了汽车技工证书考试。学校文化和面貌的变化更为显著。过去，由于自我认知度低，釜山汽车高中的学生难以感受到学习的快乐，尽管他们也都是通过努力学习才考入这所学校的优秀学生。现在，由于李升熙校长努力地将他自身的经验运用到对学生的指导上，学生们对他们将来的成功建立起了自信，学习也变成了一件有意思的事情。很多住校的学生现在常常自觉地学习

〔1〕[韩]校长公募制学校的效果分析[EB/OL].[2009-05-04]. http://www.mest.go.kr.

到很晚，每周 3 节 90 分钟的英语课上，学生们的积极性也大大提高[1]。

为了进一步推进校长公开招聘制度，韩国教育部不断总结经验，对成功案例作了深入的研究，听取各方面的建议，以期招聘到更多优秀的校长。

二、教师评价制度

1. 教师评价制度的变迁过程

(1) 实施“教育工作成绩评价”阶段

1964 年 7 月 8 日颁布的《教育公务员晋升规定》中指出，要以全国统一的评价指标对教师和副校长(不包括校长) 进行评价，这就是韩国长期实施的“教师工作成绩评定”。教师工作成绩评定依据《教育公务员晋升规定》第 3 章第 16 条到第 28 条的规定实施，评价的结果将成为决定教育公务员能否晋升的重要资料。

1964 年颁布《教育公务员晋升规定》明确规定了评价的目的与标准。在该法第 1 条中规定，评价的目的以“在晋升任用方面以人事行政方面的公正为目标”。该法第 16 条规定了评价标准：按照不同的职别，根据适当的因素来评价；排除评价者的主观因素而客观的评价；保障可信性和妥当性；综合地分析评价评价对象的工作成绩。

此后，《教育公务员晋升规定》经过了一系列的修订过程，对教师评价的领域、评价实施的时间等进行了不断的调整，其具体变化情况见表 7-3。

依据 2002 年修订后的规定，韩国中小学教师工作成绩评价的内容包括教育者应有的素质(12 分)、作为公务员的精神态度(12 分)、学习指导(24 分)、生活指导(16 分)、教育研究与所承担的业务(16 分)，总分为 80 分。校监要作成绩评价的内容包括教育者应有的素质(12 分)、作为公务员的精神态度(12 分)、对教育活动的帮助与教育研究(24 分)、对教师的帮助(16 分)、行政与业务管理(16 分)，总分为 80 分。评价结果分为优、良、差四个等级，其中优为 72 分以上，所占比例为 20%；良为 64～71 分，所占比例为 30%；中为 56～63 分，所占比例为 40%，差为 56 分以下，所占比例为 10%。教师由校监进行评价，最后

[1] 多项制度点燃教师热情[J]. 上海教育，2013(11)：66-69.

由校长确认评价的结果;而校监由校长进行评价,最后由地区的教育厅确认评价的结果。

表 7-3 教师工作成绩评价规定的变更事项〔1〕

<table>
<tr><th></th><th>1964 年制定</th><th>1972 年修订</th><th>1986 年修订</th><th>1990 年修订</th><th>2002 年修订</th></tr>
<tr><td rowspan="3">评价内容和分数</td><td>工作实绩(30 分)
班级管理 8 分
学习指导 8 分
生活指导 8 分
教育研究 6 分</td><td>工作实绩
(40 分)</td><td rowspan="3">各评价要素的分数一律为 8 分</td><td rowspan="3">素质与态度
(24 分)
教育者品行
(12 分)
使命感
(12 分)
学习指导
(24 分)
生活指导
(16 分)
班级管理
(16 分)</td><td rowspan="3">素质与态度
(24 分)
教育者品行
(12 分)
公务员应有态度
(12 分)
学习指导
(24 分)
生活指导
(16 分)
教育研究
(16 分)</td></tr>
<tr><td>职务履行(15 分)
基本能力 5 分
指导能力 5 分
创新能力 5 分</td><td>职务履行
(20 分)</td></tr>
<tr><td>工作态度(15 分)
责任感 5 分
协作性 5 分
遵守法规 5 分</td><td>工作态度
(20 分)</td></tr>
<tr><td>评价比率</td><td>优 20%
中 70%
差 10%</td><td>优 10%
良 30%
中 50%
差 10%</td><td>优 20%
良 30%
中 40%
差 10%</td><td>优 20%
良 40%
中 30%
差 10%</td><td></td></tr>
<tr><td>评价时期</td><td>每年 6 月、12 月进行 2 次评价</td><td colspan="4">12 月末 1 次</td></tr>
<tr><td>评级期间</td><td colspan="2">1 年</td><td>3 年</td><td colspan="2">2 年(从 1994 年开始)</td></tr>
<tr><td>评价结果</td><td colspan="5">不公开原则</td></tr>
</table>

这种评价制度实施了一段时间后,并没有取得提升教师士气,提高学校质量的结果,其主要原因在于该评价体系对教师的指导能力和专业性没有提出要求,忽略了教师能力提高的问题,使评价流于形式。刚进入 21 世纪的韩国,正是家长们对公众对教育质量、尤其是对教师的素质及能力充满质疑的时期,有人夸张地把韩国的教育概括为 19 世纪的教师在 20 世纪的教室里教育着 21 世纪的学

〔1〕[韩]韩国教育学会,韩国教育行政协会,韩国教育评价学会.为了公共教育的充实化和学校教育力的提高——教员评价制度改善政策研究[M].韩国教育学会,2005:13.

生。在提高教育质量这一问题上，虽然有许多的影响因素，但民众认为其中最重要的影响因素之一就是教师专业能力的提高。当时的教师评价制度对提高教师的专业性和教育质量方面究竟起了什么样的影响作用？在人们对此进行反思的时候，要求对教师评价制度进行改革的声音逐渐多了起来。

面对除了正常在学校学习之外，学生还要花费家庭大量费用去私立的补习学校学习，公立学校教育处于接近崩溃状态，韩国学生对学习的满意程度在OECD成员国中最低[1]这样的现实，家长们强烈要求提高教育的质量。在教师方面，带着“教师为什么一成为教师就可以永远都是教师?”这样的疑问，家长们要求那些在评价中不合格者必须辞职，在社会上也逐渐形成了不能再容忍这种情况的氛围。韩国EBS教育广播以全国中小学的531名教师和550名家长为对象进行了舆论调查，其中74.7%的家长对此表示赞同，教师中也有47.6%以上赞同[2]。造成教师总体质量不高的一个主要原因，就是这是当时韩国的教师评价制度只是用于教师晋升、调动、奖励等人事决定的资料，没有用在发现优秀教师或开发教师个人的资质等方面。尤其是在全体教师中能晋升到校长或校监的只占2%～3%，[3]只是以此为目标的教师才关心教师的评价，而没有此目标的大多数教师根本就不关心评价问题。因此，对教师的评价是为了激励教师，使教师具有积极向上的动机，为改善教育活动提供必要的信息，提高教师对教育活动的责任与义务，必须与其他所有的教育政策一样，教师评价也要向提高教育质量的方向发展。当时的教师评价制度的最大问题就是在学校的实际工作中把全身心奉献给学生的教师没能得到正确的评价，没能建立能使其正常晋升的体制。因此，要进一步提高学校教育的质量，就必须改善教师的评价制度。

(2)《提高专业性的教师评价制度》的颁布及其争议

原有韩国教师评价被限定在教师工作成绩评定这样狭窄的概念之内，只被用于决定教师能否晋升的资料，只对少数希望晋升的教师来说是重要的，而对其他大多数教师而言则是毫无意义的制度。为了解决这些问题，相关的研究提出了教师

---

〔1〕［韩］申相明．教师评价的争论与发展方向[J]．教育评论，2004(4)．
〔2〕［韩］安善锡．学校自治条件下的新教师评价方案[R]学运委，2004，8．
〔3〕［韩］李庆子．教师评价制度——学生家长是如何看待的[R]．学运委，2004，9．

资格制度二元化的改善方案。因为是否能教好学生和能否管理好学校是两个不同的问题，必须把能教好学生的教师提拔为校监或校长是不正确的，正确的做法是给予能教好学生的教师以更好的待遇，使其继续好好地进行教学。因此，教师晋升的方向可以有两个，一是二级教师→一级教师→校监→校长；另外一个则是二级教师→一级教师→先任教师（一级教师和首席教师之间的一种教师职务）→首席教师。

在校长方面，当时校长的任用是通过晋升任用和招聘任用两种方式进行的。晋升任用是通过晋升的评定来实现的，通过各级别的教师→校监→校长这样的晋升过程来任用。评定的因素包括工作经历、工作成绩、教育（研究）的实际成绩。招聘任用制度是指根据学校与地区社会的实际情况，为了使学校更好地运营，招聘学生家长所希望的校长的制度，任用的对象只限于校长资格证书持有者和在该地区服务的教育公务员。招聘任用制度根据希望实施招聘制的学校的申请，由教育厅在所属全体学校总数的10％以内来指定实施的学校。这种校长任用方式也同教师评价制度一样在改善的过程之中，韩国教育开发院提出了对校长晋升制度进行改革的措施，如废除校长招聘制的地区限制，具有15年以上教育经历的一般教师也可以被任用为校长，并开始研究推进校长的公开招聘制度。当时的研究成果可以归纳见表7-4。

表7-4 韩国中小学教师评价的问题与改善方向

主要项目	存在的问题	改善方向
评价内容	1. 工作成绩评定的要素过于抽象，没能具体化	1. 在内容中要包括学生的学业完成程度与学业评价
	2. 用于提高专业化的具体性的信息不足	2. 要包括提高专业性所必要的信息
	3. 全国范围内内容划一	3. 根据学校的情况进行修订与补充
评价方法与步骤	1. 只以国、公立学校为评价的对象	1. 也包括私立学校的教师
	2. 只由校长和校监进行评价	2. 同事与学生、家长也可以进行评价
	3. 进行的是分数化和序列化的相对评价	3. 向能促进改善与发展的强调指导与帮助、劝告的评价方式转变
	4. 评价结果不公开	4. 在适当的范围内公开评价的结果
评价结果	应用于教师的晋升或调动等人事管理	用于提高教师的专业性

在此基础上，教育部委托韩国教育协会、韩国教育行政协会和韩国教育评价学会等3个组织，制定了新的教师评价方案。2005年5月，韩国政府公布了政策试行方案，虽然遭到教职团体的强烈反对，仍于2005年11月正式颁布了《提高专业性的教师评价制度》，并公布了48所试行学校的名单。评价方案的具体内容如下：

评价内容：涉及教学计划、教学实施、评价活动、学生满意度、家长满意度等5个领域，每个领域内又有细化具体的评价项目。如教学计划包括教学目标、教学设计、对学生特性的理解等项目；教学实施包括营造授课环境、引发学习动机、传达授课内容、授课态度及反馈等项目；评价活动包括评价内容和方法、评价计划、评价结果运用等项目；学生满意度是指对教师授课的满意程度；家长满意度是指对学生学校生活的满意程度。

在评价过程中，教师、校长及学生、家长都会参与其中，分别对不同领域进行评价。如教师参与教学计划、教学实施、评价活动、学生满意度这4个领域的评价，校长会参与教学计划、教学实施、评价活动等3个领域的评价，学生会参与到学生满意度和家长满意度2个领域，家长则参与家长满意度的评价。

评价标准等级：评价结果分为非常优秀、优秀、一般、不足及非常不足5个等级。“非常优秀”代表对评价内容具有非常出色的能力和专业性知识；“优秀”代表对评价内容有信心，授课水平高；“一般”代表着对评价内容的知识、授课水平都很一般；“不足”指缺乏对评价内容的信心，授课水平不高；“非常不足”指缺乏对评价内容的信心，授课水平低。〔1〕

评价程序和方法：教师评价一般分为3个阶段，即准备阶段、实施阶段、结果处理和运用阶段。准备阶段由组建评价管理委员会→任命评价管理者→制定评价计划→制作评价便览和培训资料→培训和宣传→组建同年级教师协议会等步骤组成。实施阶段包括同事评价→校长和副校长评价→学生及其家长满意度调查→教师自评。结果处理和运用阶段包括整理评价结果→向各个教师通报其评价结果并填写评价报告书→运用评价结果和制定支援计划三个步骤。〔2〕

〔1〕［韩］教育人力资源.教师评价试行手册[R].2005-11.
〔2〕柳京淑.韩国中小学教师评价政策的调整[J].比较教育研究，2006(11):70-74.

围绕着《提高专业性的教师评价制度》的争论一直不断，早在2003年的下半年，教育与人力资源部为了制定教师人事改革方案而开始收集国民的意见，围绕校长任用的问题召开协议会时，教师评价已经开始成为争论的问题。成为社会争论的焦点则是在2004年2月3日，教育与人力资源部长安炳永在"推进学校教育正常化"大会的特别讲座中指出要在教师评价制度中引入教师间的相互评价，来促进学校教育质量的提高。其后，教育副总理在发表减轻私教育费对策的同时，公开提出要通过确保优秀教师来提高对学校教育的信任度的方案，引入教师评价体制。接着指出要使教师和学生家长也成为评价的主体，使对此的争论进一步扩大。争论的问题首先是是否实施新教师评价政策。韩国"全国教师劳动组合"主张全面废止"教育工作成绩评价"制度，引入新的"学校教育综合评价"。提出改善现行校长任命制度，将教师和学生工会、学生的家长团体参与学校活动的权利法制化等主张。"韩国教员团体总联合会"则主张保持"教育工作成绩评价"制度，在原有基础上逐渐修改、补充。他们主张建立首席教师制度，使多层次的教师参与评价。

由谁来进行评价这一问题同样引起了广泛争论，以前是由校长和校监来进行评价，现在教师自己、学生及家长是否也要成为评价的主体？教育人力资源部的基本立场是同事、学生及其家长都要参与新教师评价，通过评价，各方可以对教师的教育活动充分地表达各自的意见，可以帮助教师提高其专业性。学生家长的意见是，通过参与教师评价可以提高其对学校事务的参与程度，对学校教育活动提供一些很好的意见，也可以提高公众对学校教育的理解和信赖度，起到增强家庭和学校之间联系的纽带作用，从这一意义上，要求参与教师的评价。学生们认为，参与教师评价可以向教师反映他们的要求，形成相互尊重的师生关系，也可以成为学生向学校申诉的一种途径。但教师团体对此方案持怀疑的态度，认为学生家长并不能完全掌握教师的有效信息，对于尚未成熟的学生来说，很难对教师进行有效的评价。有些教师甚至担心，根据学生的想法对教师进行评价可能会带来负面影响，学生参与评价可能会侵害教师的权威，从而引起教师的抵触情绪。

2. 现行教师评价制度

现行的教师评价制度是在2005颁布的《提高专业性的教师评价制度》基础

上进行修订后实施的。从2005年在48所学校里进行试点,作为"学校教学能力建设改革"的一个重要内容,到2009年试点学校增到了3121所。在试验的基础上,政府对政策实施的具体组织过程、评价结果等进行了系统的分析,并听取各方面人士的意见,不断地对教师评价制度进行完善,最终于2010年3月颁布《教师能力开发评价制度》,在全国开始实施以促进教师专业发展为目的的新教师评价制度。

教师能力开发评价制度的目标在于:第一,诊断教师对于学习与生活指导的专业性,依据诊断结果帮助教师提升其专业性;第二,使教师能在新的理念下探讨并分析自己的教学,向教师提供自身发展所需要的资料;第三,通过公正、适当的评价及对评价结果的处理,提高学校教育的质量并提升公众对公共教育的信任程度。

教师能力开发评价面向全国所有国立、公立和私立的小学、初中、高中及特殊学校的各类在职教师,评价包括同事评价、学生满意度评价及家长满意度评价三种类型。

(1) 评价的领域及指标(表7-5)

表7-5 教师能力开发评价的领域及指标[1]

评价领域	评价要素	评价(调查)指标
学习指导	教学准备	—对教育课程的理解及对改进教学方法所做的努力 —分析学生的特点及教学内容 —制定教学策略
	教学实施	—教学导入 —教师的提问 —教师的态度 —教师与学生的相互作用 —对学习资料的运用 —课堂教学的进行 —学习管理
	评价及应用	—评价内容与方法 —评价结果的应用

[1] [韩]教育科学技术部.教师能力开发评价制度[M].首尔:教育科学技术部,2010.

续表

生活指导	个人生活指导	—对个人问题的掌握及进行有创意、人性化的指导 —与家庭合作指导 —出路指导及学生特长、个性指导
	社会生活指导	—基本生活习惯的指导 —学校生活的适应性指导 —民主市民素养的指导
	学生支援(不承担教学任务的教师)	—不承担教学任务的教师依据自己职务领域的特点对学生提供帮助情况

教师评价由学校的校长、同事、学生、家长共同参与进行。通过同事进行的评价由 3 名以上的教师和校长一起进行,参与评价的领域包括教学实施、评价与应用、个人生活指导、社会生活指导等,以日常的观察和听课为主要评价方式。学生和家长也要参与到教师评价中,主要通过调查问卷对教师的学习指导与生活指导方面进行满意度评价,调查问卷中包括学习指导和生活指导方面的 18 个指标,每个指标包括 2～5 个问题,涉及教师教育教学的各个方面。具体参与评价的学生与家长由学校的“教师能力开发评价管理委员会”选定。其中小学 1—3 年级的学生由于受其认知水平的限制,不参与教师满意度调查。

对于校长与校监的评价,主要是关于学校经营方面,包括学校教育计划、校内督查、教师人事、设施管理及预算使用情况等。

(2) 评价标准与评价周期

依据教师对各评价指标的理解及实施程度,评价结果分 5 个等级,即非常优秀、优秀、一般、不足及非常不足,其具体的评判标准如表 7-6 所示。

表 7-6 教师能力开发评价的评判标准〔1〕

评语	评判标准
非常优秀 (5 分)	—对于相应的评价指标具有非常出色的能力和知识,完成水平非常高,是专业的并可成为他人的模范 —对于相应的评价项目,80%以上是满足的

〔1〕 [韩]教育科学技术部. 教师能力开发评价制度[M]. 首尔:教育科学技术部,2010.

续表

优秀 (4分)	—对相应的评价指标具有自信心,完成水平水平高 —对于相应的评价项目,60%～79%是满足的
一般 (3分)	—对于相应评价指标所要求的能力、知识及完成水平都一般 —对于相应的评价项目,40%～59%是满足的
不足 (2分)	—对于相应评价指标缺乏自信或完成水平差 —对于相应的评价项目,20%～39%是满足的
非常不足 (1分)	—对于相应评价指标自信心与完成水平都非常差 —对于相应的评价项目,只有0～19%是满足的

对教师的评价,原则上每年要实施1次以上,学校可以依据"教师能力开发评价管理委员会"的决定按学期来实施。评价的时间一般在每年的3月至10月期间实施,在10月底结束,以便在11月至第二年的2月进行与评价结果相适应的教师研修项目。学生及家长的满意度调查一般在第一学期期末进行。

(3) 评价的实施与管理

由于教师能力开发评价是针对全国所有教师的一种评价制度,从教育部到学校都参与了教师评价的管理。其中,教育部负责制定教师能力开发评价的基本计划;市、道教育厅的教师能力开发评价管理委员会负责制订教师能力开发评价的实施计划,由专门的人员负责教育厅与学校间的联系,对所属各学校的评价进行管理,推进所属学校对校长、校监的评价业务。各学校的校长负责制定本校的评价实施计划,实施并向教育厅报告自我能力开发的相关情况。各学校教师能力开发评价管理委员会负责推荐评价的管理者,审议本校的实施计划,审议评价结果报告书。

教师评价一般分为3个阶段,即准备阶段、实施阶段、结果处理和运用阶段。各阶段的日程安排与活动内容可以根据各学校的教育条件及教学日程安排自行确定,下面是教育部所做的一个实施案例(表7-7)。

各学校在进行评价时,根据教育科学技术部的总体指标自行设计评价的项目,如首尔一所学校设计的评价项目包括"是否积极研究新的教学方法并努力付诸实践""是否有明确具体的教学目标""是否通过有兴趣的提问调动学生的兴趣和好奇心,提高学习积极性""是否向家长反映学生在校的表现""是否指导学生遵守学校的规章制度"等。在给学生及家长的问卷中,其问题更是具体而多样。题目包括"老师详细告诉我们每节课要学习什么内容""老师认真听我们发表自己的意见和想法”“老师给我们布置的作业量适当,内容合适”“老师对我的个人生活很关心”“老师关心我是否和同学相处得好”〔1〕等。

表 7-7 教师能力开发评价的实施日程安排示例〔2〕

阶段	月份	活动内容
准备阶段	2—3 月	· 任命评价管理者 · 审议教师能力开发评价管理委员会的运营规定 · 组建教师能力开发评价管理委员会(5～11 名) · 制定并审议教师能力开发评价的实施计划 · 教师研修(了解评价实施计划) · 家长研修(对教师能力开发评价进行详细说明) · 成立学年或学科协议会 —确定针对各评价对象的评价成员小组 —确定听课的范围、步骤、方法,制定公开课计划 —确定家长公开课的计划
实施阶段	4 月	· 制定各种评价指标的具体项目 · 制作教师研修、学生教育、向家长宣传所需要的资料 · 让学生了解满意度调查的意义、目的 · 向学生家长宣传满意度调查的相关内容
	5—6 月	· 完成在线评价系统的准备工作 · 同事评价准备工作 · 向学生进行关于满意度调查方法的教育(指导自由应答式的技术方法) · 提供家长满意度调查方法的指南 · 实施学生、家长满意度调查及同事评价
结果处理和运用阶段	7—10 月	· 处理满意度调查的结果 · 通报学生、家长满意度调查的结果 · 实施同事评价(至 10 月底全部结束) · 通报同事评价结果 · 制定以提高专业性为目的的支援计划 · 制定并实施各种研修计划 · 实施适当的研修 · 制定并审议学校的综合报告书
	11—2 月	· 根据评价结果,实施适当的研修与咨询 · 进行关于能力开发实际情况的自我检定 · 制定下一年度的计划

〔1〕 多项制度点燃教师热情[J].上海教育,2013(11):66-69.
〔2〕 [韩]教育科学技术部.教师能力开发评价制度[M].首尔:教育科学技术部,2010.

在这项制度实施之前,韩国教师的工作是比较独立的,自己备课,自己上课,一般情况下,集体活动只是参加由学科学会召开的一年2～3次的学科业务会议。因此,开始实施新的评价制度时许多教师都很不适应,尤其是让学生和家长也来参与评价并公开他们的课堂,这让教师们觉得压力很大。但在经过试运行并有2010年开始全面推行之后,教师们已经逐渐把教师专业发展评价作为自己教学活动的一个常规。过去封闭的课堂正在转变为开放的课堂,教师之间也会分享教学信息,会学习其他教师的教学方法。首尔国立大学附属女中校长李宏基说,教师们现在都非常积极地参与观课活动,和同事们开放自己的课堂,"以前从来没有开放过课堂的教师们,如今越来越多地谈到他们的课堂,希望找出更好的教学方法,学校的氛围也因此有所改善。"[1]

虽然这一新的评价制度在课堂开放、促进教师专业发展方面取得了一定的成效,但其存在的问题也是很明显的,首先表现在教师对专业发展的认识方面。韩国教育科学部在2011年发布的一项临时调查报告显示,当年有近90%的教师、79%的学生和46%的家长参与了教师能力开发评价。其中,教师在同事评价中的平均得分为4.74分,在学生评价中均分为3.85分,在家长评价中均分为4.15分[2]。可以明显看出,教师在同事评价中的分数要远高于学生评价和家长评价,造成这一现象的主要原因在于评价中得分较低的教师要接受不同程度的教育研修,而很多教师把为了促进教师专业发展的研修看做是对低效教师的一种惩罚,会让他们觉得是一种羞耻。因为担忧这种"羞耻",教师在进行同事间的互评时候倾向于打高分。可见,许多教师对专业发展还没有足够的认识,还没有认识到评价的目的是为了帮助教师诊断教学中的问题。在没有提高认知的情况下,如果只是把强制性的专业发展培训施加给教师,必然会引起他们的不满,达不到通过评价提升教师专业发展能力的最终目的。

其次是评价的客观性与公正性问题。评价的客观性在很大程度上依赖于评价主体对评价内容与标准的理解,如果不同的评价者对某一评价标准的理解存在差

〔1〕 多项制度点燃教师热情[J].上海教育,2013(11):66-69.

〔2〕 张志坚.韩国中小学教师评价新制度研究[J].基础教育发展,2013(1):51-54.

异,那么必然会影响评价结果的客观性。对教师的调查问卷中会出现“课堂教学是否热情”“教学过程是否流畅自然”等问题,而这些问题对于不同的评价者在理解上可能存在很大差异。在家长参与方面,虽然参与教师评价有利于家长了解学校教育情况,但家长很难了解所有的任课教师并对他们的教育教学进行客观评价。此外,教师们还有会担心评价中同事随意评价,学生和家长按教师人缘好坏进行评价等问题。这些问题都使教师能力开发评价体系的公正性、客观性受到质疑。

第三节　学校的课程管理

长期以来,韩国的课程决策集中在教育部,负责确定各级各类教育机构的教育课程基本指南和具体指南,并负责组织编撰和审定各级各类学校教育所需要的教科书和教学参考书。中央集权的课程管理从第六次课程改革开始有所改变,在教学计划方面,以高中为例,第五次课程改革规定高中课程由 84 课时公共必修课程、108～102 课时选修课程和 12 课时特别活动三部分组成,其修读科目及各科目课时均由教育部统一规定。而在第六次课程改革时,高中课程的三个组成部分是 86 课时公共必修课程(含特别活动)、106 课时的必修课程和 12 课时的选修课程,依次由教育部、市道教育厅和学校决定。之后教育部不断下放课程管理的权力给地方教育行政部门及学校,到 2009 年对国家课程进行修订时,一个重要的原则就是扩大学校的自主权。目前的课程设置中,允许学校自行将几门相关的科目组合成大的模块,对几个年级而非一个年级开放。赋予学校在 20%的范围内自由增减所有科目课时的权利。使学校的课程计划变得灵活多样。

韩国的学校教育课程指以国家水平教育课程标准及市、道教育课程制定、实施指南为依据,由各学校自行制定的符合社区的特殊性及学校的实际情况、学生的学习状态的“该学校具体实施的教育课程”。即学校为了顺利地实现教育目标，完成相应的教育课程及评价，对在校学生提供的具体教育计划项目，是具有特色的教育设计图及教育实施的详细计划[1]。这一学校教育课程中，能充分反映出该学校的教育目标及经营理念，教育的价值观及学校的特色，体现出该学校的创造性及特色化的教育内容、方法及实施的方案，全国不同的学校所制定的不同的课程可以展示出多样化的教育。

一、学校课程开发的程序

学校教育课程是根据国家公布的教育课程基准及市、道教育厅制定的教育课程制定、实施指南，并考虑到地区与学校的条件，学生的教育接受程度与水平，由各学校自主制定的教育实施方案，与国家水平教育课程及地区教育课程相比，学校教育课程更具有自身的特色。

韩国的“国家水平教育课程”是指为了达成初、中等教育的目的与目标，依据《初、中等教育法》第23条第2款由教育部长官决定并颁布的关于教育内容的全国共同标准。在这一标准中，制定了小学及初中必须实施的学校教育课程的内容与目标、方法与实施、评价等方面的全国水平的标准及基本指南。学校与教师为了实施适合自己学校的教育课程，在反映国家教育课程标准与市、道教育厅的教育课程制定、实施指南的理念的同时，一定要以学校的特色与实际情况、学生与家长的要求、区域社会的特色与要求等为基础，制定出有特色的教育课程。同时，以国家标准与市、道指南为依据制定的各学校的教育课程，不是单纯意味着教育目标与内容的概念，而是管理学习者教育质量的具体教育计划，是一个具有实践性、概括性性质的概念。

韩国中小学学校教育课程的开发，一般经过以下几个步骤：分析情况→目标设定→制定计划→解释与试行→调整、反馈、评价及重新制定。

分析情况是对外在条件及内在条件的分析，外在条件包括文化的、社会的变化及地区社会的价值观、人际关系的变化，教育条件及面临的挑战，学科的变化及学校内部资源情况等。内在条件是指学生、教师、学校风气及政治结构，包括

[1] [韩]教育部.小学教育课程解说(Ⅰ)[M].首尔:教育部,1988.

设施、设备等在内的物质资源情况，原有课程存在的问题、缺点等。设定目标的过程包括对所期待的学习成果的描述及为了达成目标，教师与学生所要实施的行动，目标包含着对活动方向的价值判断。制定计划的过程包括教授、学习活动的设计，适当的研究设计，人事安排与业务分担，课程安排与规则的制定等。解释与试行过程，是事先预想可能引发教育课程变化的问题，即在目前的机构中，可能存在的新一代与老一代的冲突、对新课程理念的排斥、混乱等，在设计模型中通过总结经验、理论探讨等方法对这些问题给予解决。调整、反馈、评价与重新制定的过程主要包括设计学校内部的调整与沟通体系，计划课程评价的时间，解决持续性评价中产生的问题，调节并维持课程的连续性。

二、学校教育课程的编制与实施

各学校都要编制、实施符合该学校水准的学校教育课程。学校的教育课程，一方面能反映学校的教育目标及教育重点、教育传统、特色，教育哲学等内容，另一方面，也包括有创意、有特色的教育内容与方法，实施方式，体现出各学校多样化的教育面貌。

韩国在 2009 年对教育课程进行修订后，提出要根据学校的实际情况来编制、实施学校的教育课程，强调把教育目标放在以下教育的变化上。

第一，学校中的教育要以教育课程为中心，更关注需求者为主的教育。学校教育课程是教育实践者依据国家水平教育课程及市、道教育厅的课程编制、实施指南，根据学生的情况、学校的情况及地区的特色而实施的教育课程，因此，与以教科书为中心的体制相区别，更关注学习者，尊重学习者的需求。

第二，学校的经营负责者校长与课堂教学的实践者教师，要成为教育内容与方法的主人，保障教育的专业性。编制与实施学校教育课程的主体是具体实施教育的学校与教师，所以教师如果要把教科书作为达成教育目标的工具与资料，成为教学的主体，就要把学校教育课程放在教育的中心位置，即通过教师的研究与努力编制出来的产物才是真正的学校教育课程。

第三，要充分发挥地区与学校的特色、自主性、创造性，实施多样化、富有个性的教育。如果能充分反映出学习者的个性、能力、素质、兴趣、要求及地区与学校的特色、学生家长的要求、教师的创造性与自主性来编制学校教育课程,就能真正实现以学生为中心的教育。

编制及实施学校教育课程的步骤包括准备阶段、编制阶段、实施阶段及评价阶段。准备阶段的工作包括组建并运营学校教育课程委员会,对与课程编制相关的规定进行分析,制定学校教育课程计划,实施相关调查并对结果进行分析,确定课程编制的基本原则,了解区域社会的教育条件等。

编制阶段的工作包括制定计划,确定学校教育课程的基本方向,制作学校教育课程的试行方案,对试行方案进行分析、审议,并最终确定实施方案等。各学校可以根据学校的实际情况编制学年群、学科群的教育课程。学校教育的目标是考虑到教育的价值、实践的可能性、评价的可能性来确定的,而且保障了各学科目标、各学年目标、各领域的活动目标等下位目标能够被具体化。各学科的学年度目标是根据学校学生的实际情况及特点来确定的(韩国国家水平的课程没有确定各学科的年度目标),各学年目标的水平、设定的领域等都尽量与该学校学生的能力水平相符合,而且是以国家水平教育课程及教师用指导图书的单元目标为依据进行的细化。各学科、各学年的教育内容也是对国家水平教育课程所规定的各学科、各领域、各学年教育内容的细化及补充。

实施阶段的工作包括实施各学科计划及创造性体验活动,进行大学科的学习,提供与课程实施相关的各种准备。评价阶段的工作,包括为了进行并改进学校教育课程的评价,实施学业成就度评价、学校教育课程评价、学年及班级的教育课程评价,教育课程支援评价等,并在各种评价实施之后提出需要改进的地方,反映到下一年度学校课程的编制及实施中。

为了顺利地编制并实施学校水平的教育课程,韩国教育部明确提出了以下要求[1]:

第一,为了加强学校编制、实施教育课程的自主权,要保障教师的积极参与,发挥所有教师在学校教育课程的编制与实施中的专业作用。为此,教师要运用

〔1〕[韩]教育科学技术部.关于2009年修订教育课程中小学教育课程的解说(总论)[M].首尔:教育科学技术部,2009.

所掌握的关于学校教育课程的专业性知识，在制定教育课程的编制、实施计划等工作中积极参与，为制定最佳的教育课程付出自己的努力。教师要参与到编制学校教育课程的所有阶段，包括资料准备、编制工作、审议及分析、修订、确定等过程，发挥其专业方面的长处。学校方面，为了使所有教师都能参与其中，承担一定的任务，要通过民主的程序来编制学校教育课程，在实际的实施过程中，随时对存在的问题进行分析，使教师能依据实施计划进行专业性的课堂教学。

第二，编制、实施学校的教育课程时，要充分考虑到该学校的条件。所谓的学校条件，包括教师的组织、学生的实际状况、家长的要求、区域社会的实际情况及教育设施、设备等教育条件与环境。教师组织的有效管理对于实施创造性的教育课程来说是非常重要的。要把学科及创造性体验活动的教育课程具体化，就认真分析教育课程的合理性，包括：适应学生的实际状态及家长的要求，要重新构建及调整、统合的内容是什么；依据难易程度需要向上或向下调整的内容是什么；指导的顺序、时间如何调整，与其他活动如何相互联系起来；最好的指导方法及合适的评价方法是什么，等等。此外，还要充分考虑到实施教育课程所要使用的设施、设备条件。

第三，学校在开设宗教科目时，要编制包括宗教以外科目在内的复式科目，向学生提供选择的机会。特别是那些建校理念或设立宗旨非常明确的私立学校，要特别注意不能向全体在校学生进行统一的宗教教育，侵害每个学生的宗教自由，要向学生提供宗教以外的其他课程，让学生可以自由选择。

韩国教育部在2009年教育课程修订的说明中，对学校教育课程的结构体系做了一般性的说明，指出学校层面的教育课程一般通过学科课程及创造性体验活动两种方式进行。为了使学校教育课程得以顺利实施，学校要提供一系列的保障，包括制定教职员研修计划、学校内部的监督计划、读书指导计划、生活指导计划、放学后学校的运营计划、基础学力指导计划、各种委员会的运营计划，进行各学科目标的成果管理等，并要对学生及教育课程的实施进行评价。

随着学校层面教育课程的编制与实施，原有的全国统一课程模式被打破了，学校都在基于自身条件编制与实施本校的课程体系，实行“不分年级的教学”“学科群教学”等多种课程编制方式，不仅激发了学校及教师的热情，也给学生的学习带来了良好的效果。如京畿道的吉安高中,根据该校的特点实施了“大课系统”,一节课的时间长达100分钟,学生们可以在课堂上进行各种实践性活动。如在法律课堂上开展模拟法庭活动,整个班级分成3个小组,每组推出一个用来辩论的法律议题,组员分别承担法官、律师、公诉人、陪审员的角色,并参与从法律文书的撰写到法庭辩论的模拟演练的整个过程,通过这样的方式,学生们意识到法律和法庭离我们的日常生活并不遥远[1]。

第四节 学生管理

一、学生的学业成绩管理

为了保证学业评价及管理的客观性、公正性、透明度及可信度,韩国在中小学成立各学科的学科协议会或学业成绩管理委员会,对学生的学习情况进行管理。各学校依据教育课程的目标及国家层面、教育厅层面、学校层面的评价标准,对学生的学业成绩进行目标取向的评价。学校在评价过程中运用多样化的评价工具与方法,评价学业成就,确认学生目标达成程度,其结果应用于改善教学质量。同时,教育部还鼓励学校应用学校外部制定的评价工具对学校教学内容及技能进行评价。

1. 管理机构——学业成就管理委员会

学校中成立学业成就管理委员会的目的,是提高学业成就评价及管理的客观性、公正性、透明度及可信度,制作并管理学生的学校生活记录簿,并有效地行使其他与学校学业成就相关业务的管理。

学业成就管理委员会的委员长由校长担任,总管学业成就管理委员会的业

[1] 2009国家课程:创新与品格教育[J].上海教育,2013(11):36-39.

务;副委员长由校监担任,辅助校长的工作,并在委员长不在时代行其职责。委员的数量根据学校的规模确定,由校长在负责教务工作的教职员中任命,委员对学校与学业成就管理相关的业务进行审议。同时,为了征集家长的意见,保证成绩管理的透明性,校长还可以任命少数的家长委员参与到学生的学业成就管理中。

学业成就委员会的主要工作是对以下各事项进行审议:

(1) 学校学业成绩管理规定的制订及修订。

(2) 各学科协议会所提出的成绩评价及学习过程评价的领域、方法、次数、标准、反映比率等成绩处理的方法及结果的应用方式。

(3) 学校自选活动的评价标准及方法。

(4) 创造性体验活动(特别活动)的评价标准及方法。

(5) 学生行动特性及综合意见的评价项目与方法。

(6) 提高学业成绩评价及管理的客观性、公正性、透明度与可信度的方案(评价的标准、方法、结果的公开与宣传等)。

(7) 与学校生活记录簿的记录方法及记录内容相关的事项。

(8) 各学科成就取得程度的基准(原分数),各成就取得程度所占的比率。

(9) 其他与学校学业成绩管理相关的业务。

2. 学生学习发展情况的评价与管理

对学生进行学科学习的评价是为了帮助所有学生成功地达成教学目标而实施的教育过程,包括对学习情况的平时评价,及依据各学科成就标准、评价标准对每个学生学习成就与学习实施过程的评价。

韩国中小学中,对学科学习发展情况的评价分为通过纸笔测验进行的结果性评价及通过执行评价进行的过程评价。在高中阶段开设的专业性科目及实际技能科目,可以按照各学校的学业成绩管理规定,只进行执行评价。评价的领域、方法、次数、标准、反映比率及成绩处理方法、结果的应用等问题,由学科协议会根据本校各学科指导的具体情况确定后,经学校学业成绩管理委员会的审议后,最终由校长决定。

为了保证评价的可行性、合理性、透明性及客观性,在评价实施之前,学校要组织教职员工进行相关内容的研修，并在每学年初，以家庭通报信、家长会议、学校网页等形式向学生家长公开笔试及执行评价的时间、领域、标准、方法等事项。

韩国的中小学很重视对学习过程的评价，对于过程的执行评价，是由各学科课任教师直接观察学生们学习课题的执行过程与结果，对其观察结果进行专业性判断的一种评价方法。为了很好地实施执行评价，首先要在学科协议会中，对各学科教育课程及学校、学科的特性进行探讨，制定执行评价的实施计划。计划的内容包括实施领域、方法、实施次数、细节分配(配分)、反映比率等成绩处理的方法与结果的应用方式等，经学校学业成绩管理委员会的审议，由校长确定后实施。

其次，学科课任教师要向学生本人公布经学校学业成绩管理委员会的审议后所确定的各学科执性评价计划及评价后的结果，当学生对评价结果提出异议时，进行认真分析后，采取适当的措施。

在实施执行评价时，教师会采取多种多样的评价方式，如论述、观察、讨论、自我评价、同学互评、合作学习等，而不仅限于学生的纸质作业。如果不得不使用传统作业的方式进行评价，教师会事先确认整个计划的制定、实施、最后的结论确实是由学生自己完成的。而且，为了防止剽窃行为(照抄他人的论文或作品)的发生，学校要求教师事先对学生进行教育。

为了保证评价的公正性，在执行评价时，学校一般会鼓励同一科目的任课教师共同进行评价或让学生进行相互评价。同时，向学生公开实验、实习及实际技能评价的结果。对演出或学生的作品进行评价时，也是在评价现场向所有学生公开评价的结果。

评价结束后，执行评价的相关资料(如学生的异议申请书，异议处理、确认过程结束后制作的成绩一览表等)作为计算成绩的证明材料，要保留到在该学生毕业一年以后，该材料也可以作为升入上一级学校时的选拔材料。

对于身体残疾的学生，由于身体残疾而不能参与特定领域的执行评价时，会按照下面的公式给予其分数：

$$\text{分数} = \begin{matrix}\text{特定领域执行}\\\text{评价的基本分数}\end{matrix} + \frac{\begin{matrix}\text{特定领域执行评价分配的}\\\text{分数(基本分数除外)} \times \text{该学生笔试得分}\end{matrix}}{\begin{matrix}\text{纸笔评价}\\\text{分配的总分}\end{matrix}}$$

执行评价及笔试实施的时间，由学校根据年度学事日程来确定。考试时先由各学科协议会制订符合各学科教学目标的出题计划，然后由任课教师出题。原则上不让教师单独出题，而是由同一科目的任课教师相互协商后共同出题，这样可以缩小班级之间的成绩差别。为了能客观地对学生的学习情况进行评价，各学校的《学校学业成绩管理指南》都规定，考试的题目要选择那些可行度、可信度、客观性、辨别度高的问题。所有的出题原稿中，要表示出各题目的分数，尽量提高评价的辨别力，尽量不产生得同样分数的人。另外，增加评价项目的数量，使各项目的分数分配多样化，尤其要注意难易程度的排列〔1〕。

实施评价后，各学校都会依据学生的成绩进行排名，这也是学生以后升学时的重要选拔资料，尤其在学生升入大学时特别重要。各科目的排名等级，是依据笔试成绩与执行评价的反映比率换算分数的总分确定的，具体的排序按表 7-8 的比例来确定等级。

表 7-8　科目排名等级比例

排名等级	排位积累比例
第一等级	4%以下
第二等级	4%～11%
第三等级	11%～23%
第四等级	23%～40%
第五等级	40%～60%
第六等级	60%～77%
第七等级	77%～89%
第八等级	89%～96%
第九等级	96%～100%

Meister 高中、特色化高中的专业性科目，包括农业产业科目、工业科目、商业信息科目、水产海运科目、家政实业科目，其成绩排序与普通学校稍有差别，根据元分数，成就度按以下比例判定：

〔1〕［韩］高中学业成绩管理实施指南[J].首尔特别市教育厅，2012.

- 90%以上:A级
- 80%以上未达到90%:B级
- 70%以上未达到80%:C级
- 60%以上未达到70%:D级
- 未达到60%:E级

学生学业成就评价结后,各学校会对结果进行分析,其分析并不仅限于各学科、班级间平均分数的比例,还包括对各题目的正确率、内容的可行性(包括辨别度)的分析,其结果应用于教学方法的改进及为下一次评价做参考。

二、学生出勤情况的管理

韩国的学校很重视对学生出勤情况的管理,出勤情况会记录到学生生活记录簿中,作为学生升学时重要的参考资料。各学校对学生出勤、缺勤、病假、缺课等情况都有具体而明确的规定。

1. 出勤的相关规定

依据学校规则,在应该出勤的日期而没有出勤的,按缺勤处理。

韩国一直有重视家庭亲情的传统,因此家里有兄弟姐妹结婚时,在校学生会有一天的假期;当父母或父母的父母去世时,学生会有5天的假期;当父母的祖父母或外祖父母、兄弟、姐妹及其配偶去世时,学生会有2天的假期;父母的兄弟、姐妹去世时,学生会有1天的假期;本人被领养时会有20天的假期,这些时间都会按正常出勤计算。

2. 病假的认定

依据学校的规定,下列情况会被认定为病假:在缺勤3日之内持有医生的诊断书或意见书;由于不可抗拒的理由在缺勤3日之内,虽然没有医生的诊断书或意见书,但提交附有可以证明是因为生病而缺勤的资料(家长的意见书、服药袋、班主任的确认书等)。

3. 无故缺勤的认定

依据学校的规定,下列情况会被认定为无故缺勤:没有合理的理由而故意缺勤时(懈怠、离家出走、故意的拒绝出勤、由于违法行为而被相关机构扣押等);

《初、中等教育法实施令》第31条所规定的家庭学习期间;《学校暴力预防及对应的相关法律》第17条所规定的禁止出勤期间。

4. 其他缺勤的认定

依据学校的规定,下列情况会被认定为其他情况的缺勤:由于赡养父母或其他老人,帮助处理家事,看护家长等不得已的个人原因而缺勤;由于拖欠学费而缺勤;其他有正当的理由缺勤并得到校长认可。

5. 迟到、早退、缺课的认定

依据学校的规定,迟到是指截止到校长规定的到校时间没有出勤的情况;早退是指在校长规定的放学时间之前离开学校的情况;缺课是指在上课时间没有参加或故意防碍教育活动的情况。学生迟到、早退、缺课的事由与缺勤的一致,分别按生病、无原因、其他原因处理,如果一天内同时发生迟到、早退、缺课时,由校长确定按哪种情况处理,一天内缺课一次以上,也按一次处理。

三、其他活动的管理

1. 学校自选活动的评价与管理

学校自选活动情况的评价分为学科自选活动与创造性自选活动两类,依据"学校生活记录簿制作及管理指南"及"学校学业成绩管理实施指南"的规定,以及教育课程的标准与学校的实际情况,由校长制定自选活动的编制、运营计划,并实施评价。在自选活动的评价中,与对活动结果的评价相比,对活动过程的评价更为重要。因此,整体评价中蔡综合考虑对活动计划、活动过程与方法、集团的变化与发展、学生个人发展的评价。

学科自选活动中,选择科目与特别色化高中的学科自选活动作为专业性学科学习的时候,评价按照"学科学习发展情况评价与管理"的规定实施;国民共同基本科目的深化、补充学习,在学期末时,在"细部能力与特技事项"一栏中记入学习的单位时间与学习科目名称。关于创造性自选活动,以简单叙述的方式记载活动领域或主题的相关事项,记录在学生生活记录簿中。

2. 特别活动情况的评价与管理

对特别活动情况的评价是依据"学生生活记录簿的制作及管理指南"及学校

“学业成绩管理指南”进行的，对各领域的活动状况进行均衡的评价。

特别活动的各领域活动内容、细部的评价方法与标准，以教育课程为依据由各学校自行确定。特别活动的平时活动情况，按不同记录者记录的资料，由班主任教师与特别活动负责教师分共同分担进行评价。评价时要记录各领域的学习时间、特别记录项目（参与程度、参加活动的积极性，态度的变化等），按自治活动·适应性活动·集体活动及开发活动、服务活动三个类别，对参加相关活动的学生，以具体叙述的方式进行记录。

3. 创造性体验活动情况的评价与管理

创造性体验活动4个领域的活动内容、评价方法及标准依据教育课程，由各学校自行确定，记录自律活动、社团活动、服务活动、职业生涯活动等各领域的参与时间及特别记录事项（参与度、参加的积极性、态度的变化）。

服务活动领域的实际情况，按学校计划中规定的服务活动与按学生个人计划所进行服务活动两类，其具体的内容在专门的“服务活动实际成绩”中，记录年度进行服务活动的日期与时间，场所与主管机构名称，活动的内容，按活动进行的日期顺序记录下来。系统的、连续的服务活动要在服务活动特别记录栏中详细记载。

各领域记录的内容要保障记录的公正性、客观性、透明性、可信性与可行性，各学校按自己的实际情况开发记录的格式，原则上进行计算机管理。

职业生涯活动特别记录项目中，学生的活动参与程度、活动热情、态度的变化与班主任、咨询教师、学科负责教师、升学就业咨询教师咨询、建议的内容等与职业生涯指导相关的事项综合起来，由班主任负责记录。

社团活动中学校体育俱乐部活动的实际情况，以活动认证期间，校长认可的学校体育俱乐部活动的具体活动内容为具体内容，在社团活动栏中记录活动时间及特别记录事项，活动时间与社团活动参与时间合并计算。

4. 校外体验学习活动情况的评价与管理

参照校外体验学习（活动）相关指南，确定校外体验学习的活动类型、认证程序、认证范围、认证期间，在校规确定的范围内记录由校长认证为学习活动的校外体验学习情况。

参与由学校以外的机构主办或主管的体验学习活动的情况，在“校外体验学习情况”栏中记录实施日期、场所或主管机构名称，内容与评价，依据各学校教育课程运营计划所实施的团体活动、修炼活动及以学年、班级为单位进行的体验活动，记录在“特别活动情况”栏中。

第五节 学校的安全管理

一、外部环境的安全管理

一般来说，一名小学生在一年中约有五分之一的时间在学校度过，一名中学生在一年中约有四分之一的时间在学校度过。因此，良好的学校环境是中小学生德智体全面发展的重要因素之一。相反，如果学校选择在污染严重的地方，建筑物的通风、采光不好，或学校内的校园暴力事件层出不穷，校园学习风气不好，将会对青少年学生的正常生长发育和学习生活造成严重的不良影响。因此，创造良好的学校环境已成为学校教育中的一个重要环节。

韩国成立以后，基础教育发展很快，基本普及了中小学教育。在量的扩张的同时，也逐渐重视提高教育的质量，重视学校环境的建设。韩国于 1967 年 3 月 30 日制定并颁布了《学校保健法》，对学校的保健管理和环境卫生的有关事项做了明确的规定。此法在以后又经过了几次修改，成为学校保健方面的指导性文件。《学校保健法》的宗旨是规定学校的保健管理和环境卫生所必须的事项，保护和增进学生和教员的健康，以实现学校教育的效率化。

为了保证良好的学校环境，《学校保健法》中规定所有学校都要设立学校环境卫生净化区域，教育监设立学校环境卫生净化区域时，分别设定绝对净化区域和相对净化区域。绝对净化区域是从学校校门起到直线距离 50 米的地区；相对净化区域是从学校境界线起到直线距离 200 米的地区中除绝对净化区域以外的地区。净化区域由该学校的校长进行管理。任何人不得在学校环境净化区域内发生属于下列各款之一的行为或建设属于下列各款之一的设施：

(1) 超过《环境保全法》第4条所定的污染物质排出允许标准，妨碍学习和学校保健卫生的行为和设施。

(2) 剧场、枪炮火药类生产场所和储藏场所，压缩瓦斯、液化瓦斯的制造场所和储藏场所。

(3) 屠宰场、火葬场。

(4) 污物堆积场所。

(5) 污物掩埋场、污物烧毁场、垃圾最终处理设施和粪尿最终处理设施。

(6) 废水处理场、净化场。

(7) 传染病院、传染病隔离病房、隔离场所。

(8) 传染病疗养所、诊疗所。

(9) 家畜市场。

(10) 专门饮食店，各种游乐饮食店、简易酒店。

(11) 宾馆、旅馆、旅社。

(12) 公共浴场中的休息设施。

(13) 射击场、台球场、赛马场。

(14) 其他有伤良风美俗的行为和设施。

并规定对违反此规定者，处以一年以下的徒刑或者100万韩元以下的罚款。

同时，为审议有关学校环境卫生净化工作的各事项，在教育监所属之下设立学校环境卫生净化委员会，由包括委员长及副委员长各一人在内的9人以上15人以内的委员组成。委员长由副教育监担任，委员由教育监在所属职员或有关机关的公务员和学生家长以及在维持地域社会中有学识和经验者中任命或委托。委员长统管会务，代表净化委员会。

《学校保健法》中还规定，设立学校时，经营者应依据总统令的规定设置养护室并具备学校保健所需要的设施和器具。学校校长应依据教育部令的规定，切实维持校舍内的换气、采光、照明、温湿度、食器、食品、饮用水、上下水道、便所、污物处理及其他环境卫生和食品卫生。

二、教室环境的安全管理

对学生来说，教室是他们一天中所待时间最长的一个场所，因此教室环境如果明朗、平和，将会成为引发强烈学习动机的场所。以前的教室只要有学生、教师、黑板、粉笔就可以了，但现在理想的教室要成为能为学习者自主地、自律地学习和生活提供帮助的环境。因此，在教室中要有班级图书设备、学生的资料整理台、标本台、学生用品台、黑板、布告板等基本设施，而且温度、湿度、通风、采光、换气、清扫、桌椅的合理配置也是必要的。这此教室的设施是建立学校时就要考虑的，除此之外在日常的学习生活中也要注意良好环境的创造。

1. 对于情绪环境的安全管理

教室要布置得漂亮、令人愉快，成为像学生乐园一样的安全、安静的生活场所。而且教师的人品也是在使班级内学习的学生情绪安定的一个重要因素。

要把教室布置得漂亮、令人愉快，首先要维持教室的整洁，同时布置一些能唤起童心的这样那样的装饰。适合做教室装饰的有好的图片、照片、花瓶、模型、学生的作品等，这此东西要经常变化以唤起学生的情绪和学习的欲望。而且这样的环境要在自主的、合作气氛中形成，以追求愉快的、明朗的情绪。

2. 对于视听觉环境的安全管理

在班级学习中经常使用的教材主要是视听觉教材。在运用视听觉教材的时候首先要注意的一点就是用电时的电压问题，因为有些视听觉教材需要使用很高的电压。其次，在强光直射的时候要注意对视力产生的影响。

一般情况下我们在提到视听觉教材的时候，都会想到特殊的机器教材，其实在普通的教室中经常使用的实物、图表、标本、模型、图形等都是视听觉教材，这些都对学生们的情绪、视力、学习的欲望产生很大的影响。

3. 对于健康环境的安全管理

在教室中应该安置能够观测学生身体发展状况的小型身体测定设备，使学生能经常了解自己的身体发展状况，这样学生们会对自己身体的发展感兴趣并怀有期待。相反，如果周围环境中有阻碍学生身体发展的因素，就会影响学生的正常发展。

同时要科学地安置室内的保健卫生设施，使学生养成良好的健康习惯，实现健康的安全管理。

三、保健环境的管理

1. 噪音的管理

噪音是学校保健管理中的重要问题。近年来城市的急速发展一直没有注意到居民的心理和生理方面，其中学生周围的噪声源也在不断增加，本应是十分安静的学习环境也逐渐变成了喧哗的场所。校内的噪声源主要来自校园、运动场的噪音，音乐教室劳作教室的工作噪音、走廊的噪音。这些噪音通过各教科教学和生活指导来减少，也可以通过在走廊和楼梯地面上铺设橡胶等不发出声音的材料，在窗缝中填加缓冲材料来降低噪音。

2. 照明管理

良好的照明可以使学生清楚地看到教科书和黑板上的字，使学生能愉快地学习。对于预防近些年来逐渐增加的近视也是非常重要的。教室中的照明度最低要有 200 Lx，黑板的最佳照明度为 300 Lx。对照明工具的清扫的规定是每月用干抹布清理一次，每年用湿抹布清洗一次，在空气污染严重的环境要经常注意保持足够的照明。

3. 空气的管理

为了调节温度，创造愉快的学习环境，经常进行教室换气是很必要的。夏天教室的温度要尽可能保持在 24～26 摄氏度。冬天气温经常在 10 摄氏度以下的地区要安装暖气设备，使温度保持在 16～18 摄氏度，这时要注意由于学生位置的不同而温差严重的现象，也要考虑取暖设备附近热辐射多的问题。

4. 饮用水的管理

在学校中必须向学生提供卫生的饮用水，并对饮用水的供给源—上水道进行严格管理。在使用井水的时候，要使水源与卫生间、下水道的距离至少保持在 15 米以上，而且要对井水进行必要的消毒。自来水设施和设备要避免使用对水质有不良影响的材料，要经常对设施进行检查，对故障和破损的地方进行修理。

第八章

韩国升学考试制度

二战后,韩国在发展教育中一直被升学考试激烈竞争带来的社会弊端所困扰。为解决这个问题,实施了"教育平准化政策",取消了小学升初中的考试,对高中及大学入学考试制度也进行不断的调整,取得了一定效果。目前,韩国已经基本普及了高中教育,高等教育也基本进入了大众化阶段,也就是说学生只要有就学的意愿就可以进入大学学习。但是韩国升学考试中追逐名校(主要是高中和大学)的竞争还未消除,升学考试对学生的压力依然巨大。

第一节　初中及高中的入学考试制度

一、初中免试升学制度

由于实施初中免试升学制,不需要再用考试来决定某个学生能否升学。而且由于"教育平准化政策"的推进,韩国各地区的初中在资源配备、教师队伍建设等方面都没有太大的差别,消除了学校之间在教育质量上的差别。学生升入初中的原则是将邻近不同小学毕业班的学生名字全部输入电脑,由电脑随机投放到附近的不同中学,这是韩国教育史上首次实行抽签分配学校的制度。

可以说,韩国的初中免试升学制度是以教育平准化政策的实施为前提的,通过免试制度的实施,促进了学生身心的健康发展,缓和了当时过热的课外补习,消除了学校之间的巨大差别,促进了小学教育的正常化。但是,这一制度的实施也带来了以下一些问题:

第一,侵害了学校,特别是私立学校的自律性,限制了私立初中的发展;

第二,出现水平向下均衡的现象,整体的教育质量并没有得到明显的提高;

第三,同一学校内学生的差别变大了,学习指导和生活指导越来越困难;

第四,实施初中均衡化政给教育财政带来了新的困难。

尽管面临着一些批评与指责,这种制度有得有失,但进一步推动了初中义务教育的急速发展,是既定事实。

二、各具特色的高中升学制度

1. 推行"教育平准化"政策时期的高中入学制度

取消初中考试入学制度以后,原来存在于小学阶段的压力和负面效应转到初中,加剧了从初中升入高中的考试竞争,制约了初中教育的正常发展。为解决这一道难题,韩国政府从1974年开始推广高中阶段的平准化改革,以消除学校间、区域间教育和设施的差异,提高高中教育质量。在推进高中"教育平准化"政策过程中,对高中升学制度进行了改革,希望通过新的入学选拔制度来缓解课外辅导热、补习热,减轻考试对学生、家长和学校的巨大压力,这一改革方案的目的在于:促进教育的正常化;实现高中均衡化;振兴实业、科学、技术教育;推动地方学校的发展;减少国民教育费负担;抑制学生向城市集中的现象。

改革方案提出,高中通过接受推荐、书面材料、区域配置等方式招收学生。采取三类学校不同的招生模式。

普通高中:设置包括公立及私立学校的高中学区,经过选拔考试确定入学资格之后,按学区分配抽签给学生分配学校,普通高中在后期实施考试;

职业高中:以市为单位,初中毕业生可任选自己所希望的学校,根据选拔考试成绩按学校选拔,职业高中在前期实施考试,但合格者不得申报普通高中。

普通高中采用学区内先分配的原则,而实业高中按学校进行选拔。

特殊目的的高中:选拔考试合格者可任意申报全国的特殊目的高中,按学校选拔,实施第一批招生。凡申报特殊目的高中的不合格者,可以在后期考试之后按所在市、道被推荐分配到普通高中。

实施高中均衡化的政策,由于教育财政不足而带来不少问题,在观念上,均衡化与追求优化产生矛盾,侵害了私立学校的自律性和发展,也给教育指导带来很多问题。对此,韩国一直到现在仍然争论不休。而实际上"高中均衡化"并没有在全国完全实施,出现了高中升学考试与均衡化的抽签分配制相结合的二元化现象(表8-1)。

表 8-1 韩国高中升学考试的二元化现象[1]

分类	均衡化政策实施地区			均衡化政策未实施地区		
	前期学校		后期学校	前期学校		后期学校
选拔者	教育监			学校校长确定选拔方式后，需得到教育监的认可		
报志愿方法	可选择 1 所学校		可选 2 所以上学校	可选择 1 所学校		可选择 1 所学校
招生区域	广域市	全国	广域市	广域市	全国	广域市
入学选拔方式	内申资料，选拔考试，实际技能，适应性检查，实验；面试等（自律型私立高中采用推荐的方式）		抽签或分配	内申资料，选拔考查，实际技能，适应性检查，实验，面试等（自律型私立高中禁止进行各学校的笔试考查）		内申资料或选拔考查

2. 高中多样化带来升学制度的问题

由于特殊目的高中，自律型私立高中，国际高中等学校，在入学考试中进行英语听力评价、涉及学科知识的口语面试，使学生为了取得好成绩而不得不参加私人辅导。而且，为了选拔学习成绩优秀的学生而实施的特殊选拔、插班考试制度，使得这些学校成为优秀学生竞争的场所，违背了其最初成立的目的。另外，一部分学校实施的入学审定官制度，在入学选拔时会参考学生的获奖情况、认证考试的分数，有可能会引发过分关注学习能力等情况。

前期、后期学校的僵化划分，也限制了学生的学校选择权。

3. 对特殊目的高中、自律型私立高中等学校入学制度的改善

(1) 引入由入学审定官主管的“自我主导学习选拔”制度

“自我主导学习选拔”是指以学生的自我主导学习结果和学习的潜在能力为基准，由入学审定官对学生进行评价的一种选拔制度。这一选拔以报考者全员为对象，其中定员的 20%以上要求为社会弱势群体，政府会给予财政上的支持。

---

〔1〕[韩]教育科学技术部. 促进高中教育先进化的入学制度与体制改革方案[EB/OL]. [2013-12-10]. http://www.moe.go.kr/web/100099/ko/board/view.do?bbsId=348&boardSeq=16090&mode=view.

选拔的资料包括学生的学校生活记录簿、学习计划书、校长的推荐信，通过这些材料对学生的自我主导学习能力进行评价，消除了可能引发学生事先学习的因素，如英语等各种认证考试、竞赛的成绩。

选拔方法是由入学审定官组成入学选拔委员会，对学生提供的书面材料进行评价，并进行面试。入学选拔委员会由 2 名以上的校内入学审定官、1 名以上的教育厅委托入学审定官、1 名以上的各学科专业入学审定官组成。面试通过审查读书记录、学习计划等材料，重点考查学生的自我主导学习能力。

韩国政府为了推进这一入学选拔制度，每年都制作介绍“自我主导学习选拔”内容与方法的手册在各学校发放，并组织以入学审定官为对象的特别进修。“自我主导学习选拔”从外语学校及国际高中开始实施，逐步推进到自立型私立高中及非平准化区域的自律型私立高中、自主选拔学生的学校。

(2) 尽量消除可能引发私人补习辅导的入学选拔因素

禁止各学校进行笔试考查及变形的笔试考查，各特殊目的高中、自律型私立高中，自律学校不能进行笔试考查，也不能进行以考查学科知识为主的口试面试及适应性检查。

进一步改善初中的学校生活记录簿的内容，取消可能引发学生先行学习的要素，如参加校外竞赛、认证考试、资格证考试等内容。在学校生活记录簿中新设读书一项，记录学生读书的实际情况，作为“自我主导学习选拔”的资料。同时，对特殊目的高中、自律型私立高中、自律学校等学校的转学、编入制度进行改革。

(3) 引入“高中入学考试私人辅导影响评价”制度

“高中入学考试私人辅导影响评价”是指具有学生选拔权的高中，在选拔学生时，要对学生选拔是否会对增加私人教育经费产生影响进行调查、预测及评价，寻求可以缩减私人辅导的方案。韩国计划首先在特殊目的高中(科学高中、外语高中、国际高中)及自律型私立高中，自律 学校中开始实施这一制度。

“高中入学考试私人辅导影响评价”的实施，首先是制作私人辅导影响评价书，在各学校中对新入学学生的私人辅导经历、家庭周边条件、学生及家长的意见等进行调查，制定相关对策及计划；然后由学校进行自我评价，各学校针对学校的对策及计划收集教职员会、社区及学生、家长的意见，并进行修订；再在学校自我评价的基础上进行市·道教育厅的评价。学校向市·道教育厅提交评价书后，由市·道教育厅的高中入学考试私人辅导影响评价委员会对评价书进行评价。

韩国从2010年开始，对高中选拔材料中的私教育影响程度进行评价，从2011年开始反映到入学选拔中。教育部门在制定入学选拔基本计划时，把私人辅导影响评价计划也包括其中，各学校要以私人辅导影响评价的结果为基础来制定本校的入学选拔实施计划。

(4) 高中入学选拔的日程及时间的调整

长期以来，韩国各市、道进行高中入学选拔的时间各不相同，大概有1个月左右的差异，从学生的立场来看时间比较混乱，实际上限制了学生的选择权。因此，从2011年开始，各市、道的高中入学选拔前期、后期的日程都调整为相同的时间。

(5) 对前期、后期学校划分的调整

韩国计划对目前的前期、后期招生学校进行调整，改编为甲、乙、丙三类学校群，进一步扩大学生的学校选择权。学生可以在各学校群所属的学校中按顺序或并列选择学校，最多可以选择3所学校（表8-2）。

表8-2 学校群实施案例

分类	甲群	乙群	丙群
学校	A高中（特殊目的高中） B高中（自律型私立高中） C高中（Meister高中）	D高中（自律型公立高中） E高中（普通高中） F高中（特色化高中）	G高中（自律型公立高中） H高中（普通高中） I高中（特色化、职业系列高中）

其中，艺术、体育类高中优先推荐，普通高中从非平准化区域开始接受申请进行推荐。

第二节 大学入学招生制度

一、现行大学入学招生制度

大学招生制度对基础教育尤其对高中教育的影响十分巨大。韩国的大学招生制度经历几十年、十多次的改革,这些改革在韩国的高等教育专述中再作详细介绍,本书只择其对中等学校的影响,作一概要的论述。

1. 大学的录取方式

韩国现行的大学入学选拔,按其目的大致可以分为一般录取和特殊录取。一般录取是指根据一般性的教育标准,以普通学生为其录取对象,以公平公开的方式来选拔学生;特殊录取是在不影响大学教育基本质量的前提下,以学生的特别经历和素质等为标准,选拔拥有特长和特殊能力的学生。特殊录取又分为“定额内特殊录取”和“定额外特别录取”两种类型。定额内特殊录取的对象主要包括艺术体育特长生、创意设计特长生等。定额外特殊录取的对象包括学校法人指定的农、渔村学生;《残疾人福利法》第 32 条所规定的残疾者;在外国民或外国人;脱北者(指从朝鲜脱离移居到韩国的居民);在国外完成全部 12 年基础教育的国民;特色化高中毕业生;受产业大学或专业大学委托的学生等。

各大学在录取新生时,采取“随时招生”(nonscheduled admission),“定时招生”(scheduled admission),“追加招生”(additional admission)等不同的方式。随时招生制度从 2002 年开始实施,目的是通过把学生多样的才能和素质纳入评价范围,一方面减少私人教育投入,另一方面提高大学的自主性和社会责任感〔1〕。

〔1〕 刘志峰,朴相信.韩国入学招生制度现状及针对弱势群体相关政策研究[J].中国高等教育研究,2013(10):28-34.

由于“随时招生”在大学修学能力考试之前进行，因此选拔的标准多样化，中学学校生活记录簿成绩，各大学单独考试成绩所占的比率比较大，很多学校把修学能力考试成绩只视为最低学历标准。考生可以重复报考，但随时招生合格者不可以报考定时招生和追加招生。

2. 大学录取的主要依据

目前的大学入学录取制度是从 2002 年开始实施的，《2008 年大学入学制度改善方案》做了部分调整。学生能否进入自己希望的大学，主要依据其大学修学能力考试的成绩、高中 3 年的在校表现和大学组织的单独考试成绩。

(1) 大学修学能力考试

目前实施的大学修学能力考试是从 1994 年开始的。大学修学能力考试不仅检测学校所教授的内容，还根据高中教育课程的内容和水平，统合教材的资料对学生的学习能力进行检测，因此学校从未教授过的内容也包含在出题范围内。

从 2014 年开始，大学修学能力考试与以往相比发生一些变化，主要体现在以下两个方面：第一，按难易程度，实施 A、B 型考试。国语、数理、英语领域将提供不同水平的试题，参加考试的学生可以选择程度简单的 A 型或程度难的 B 型进行考试，但 B 型只能选择两个领域，而且不同时选择国语 B 和数学 B，大部分的大学要求人文系列的学生选择国语 B、数学 A、英语 B，自然系列的学生选择国语 A、数学 B、英语 B，艺术系列的学生选择国语 A、数学 A、英语 A。第二，增加考试的次数，大学修学能力考试由原来的每年一次改为在每年的 11 月分两次进行，中间间隔 15 天，考生可自愿选择考试次数，成绩取两次考试中分数高的一次。

目前，大学修学能力考试的科目包括国语，数理探究，科学探究，社会探究，职业探究及外语，报考外语专业的学生还要加试第二外语。国语的 A 型包括文学Ⅰ，阅读与文法Ⅰ，口语与作文Ⅰ；B 型包括文学Ⅱ，阅读与文法Ⅱ，口语与作文Ⅱ。数理探究的 A 型包括包括数学Ⅰ、数学Ⅱ、积分与统计、几何与矢量等内容；B 型包括数学Ⅰ、微积分和统计基础。社会探究在韩国地理，世界地理，经济地理，韩国近现代史，国史，世界史，法与社会，政体，经济，社会文化，伦理等 11 个科目中选择 3 科考试。科学探究在物理Ⅰ，化学Ⅰ，生物Ⅰ，地球科学Ⅰ，物理

Ⅱ,化学Ⅱ,生物Ⅱ,地球科学Ⅱ等8个科目中选择3个科目。职业探究在与计算机相关的4个科目中选择一科(农业信息管理,信息技术基础,计算机基础,水产海运信息),在与专业相关的13个科目中选择2科,只有履修一定的与职业相关的课程后才可以参加职业探究领域的考试[1]。

(2) 学生的在校表现——综合生活记录簿

现行的中小学综合生活记录簿制度是在1995年颁布的"建立主导国际化、信息化时代的新教育体制改革方案"中提出来的,主要针对的是原有的内申制度没有考虑学生个性的多样化、评价方式过于单一等问题。内申制度是把学生在校期间各方面的表现合算成总分,分成15个等级,其中各学科的学习成绩占80%,出席成绩占10%,特别活动、行为发展状况及校内外服务活动占10%。由于在大学招生时重视的只是学习成绩,做为品格教育重要环节的特别服务活动只是流于形式,因而抑制了学生适应性的发展和自我开发的机会。

实施综合生活记录簿制度的基本依据是每个人都有各自不同的兴趣和素质,教育的目的就是要发现、开发学生个体的兴趣与素质,帮助学生实现自我。因此,在综合生活记录簿中不仅记载学生在校期间各科的成绩水平、名次、学习能力、兴趣等情况,还包括出勤情况、课外活动情况、集体活动、服务活动、有关资格证书的取得情况、参加有关学科竞赛大会的成绩与获奖情况、思想品德等学生在校生活的总的情况。对学生的评价由原来的相对评价转变为定向目标评价,相对评价是把集体中的某一学生与其他学生相比来判断其水平,目标评价是依据确定的教学——学习目标或完成标准,对每个人的教育完成程度提供直接信息的评价。在综合生活记录簿的记录过程中,不再只重视教育过程各领域的计量化,根据总分序列化,而是以文字表述的方式记录各学科的目标完成程度和其他各方面的总体情况。

在大学入学考试中,综合生活记录簿的成绩一度占很大的比率。在1997年,国、公立大学中要占40%以上。1998年以后大学可以自己决定,根据不同的专业,侧重综合生活记录簿所记载内容中的特定内容。如课外活动、服务活动

---

[1] [韩]金申永.大学修学能力考试的改善方案探索[J].教育评价研究,2009,22(1):1-27.

等。大学还可以根据各自学校的实际情况确定综合生活记录簿在选拔中所占的比例。以2013年随时招生考试为例,首尔大学在初选阶段按选拔人数的1.5～3倍,全部依靠学校生活记录簿来选拔学生,在复试阶段,学校生活记录簿与论述的成绩各占50%;高丽大学在优先选拔阶段,学校生活记录簿的成绩占30%,论述成绩占70%,在一般选拔阶段,学校生活记录簿与论述成绩各占50%;延世大学招生时学校生活记录簿成绩所占的比例与高丽大学相同,只是其中学科教学内容与课外活动内容所占的比例略有差别。

(3) 大学的单独考试

随着高等教育的快速发展及社会人口增长率的降低,韩国的部分大学已经出现了生源不足的现象,尤其是那些地方的私立大学。但名牌大学的竞争十分激烈,这些名牌大学为了能招收到优秀的学生,在选拔新生的时候除了参考大学修学能力考试成绩及高中期间的在校表现外,还要根据各大学的需要进行单独的选拔考试。

各大学实施的考试主要以论述考试为主,部分大学还会以口试、面试、能力倾向测试等多样化的方式对学生进行评价,从2007年开始,各大学还纷纷引入了入学审定官制度。

二、考试地狱:大学入学选拔考试的影响

1. 大学入学选拔考试的地位——至高无上

在韩国,上好大学对孩子一生影响深远,毕业找到好工作自不必说,就连结婚找对象也要看对方是哪所大学毕业的。所以,虽然随着高等教育的发展,几乎所有的学生都可以接受高等教育,但升入名牌大学的竞争依然激烈,学生如果能进首尔大学、高丽大学、延世大学等名校就意味着人生"已成功了一半"。

所以每到大学入学考试期间,数十万韩国家长都要拥到寺庙里为参加高考的孩子祈福,媒体和政府也要紧锣密鼓地为高考忙活。可以说,整个韩国社会都在围着高考转。如:为缓解高考当天的交通压力,除济州岛外各地的韩国政府机关、公司,甚至连证券交易所的上班时间都由上午9时推迟到10时。各城市交通部门所有警员上街疏导交通,为考生服务。所有运输工具行驶到考场周边时

都必须减速，并禁止鸣笛。不仅如此，在考听力时，考场上空禁止飞机飞行，就连驻韩美军都要减少训练和飞行活动。韩国一些演艺明星也出面举办各种活动，帮考生释放压力。媒体会不厌其烦地为考生刊登各种考试注意事项和考前维持良好状态的“秘诀”。

大学入学考试的紧张气氛弥漫在考生周围，影响到其周边的所有人。临近大学修学能力考试的时候，韩国寺庙的香火非常旺，寺庙里满是祈祷考试顺利的考生和家长(图 8-1)。有的家长为了不影响孩子的学习，会拿着应试学生照片替孩子去寺庙祝祷，可能是怕佛祖保佑错人吧。中学生们的妈妈们还会参加一些高考考前辅导讲座，为了帮助孩子们取得好的成绩进入理想的大学，家长们也需要努力学习。

图 8-1 韩国全国高考 家长涌入寺庙为考生祈祷〔1〕

注：前排左边第二位就是拿着孩子照片去寺庙拜佛，为孩子的大学入学考试祈祷的。

而高一高二的师弟师妹们会举着标语、喊口号为考生加油打气(图 8-2)。

〔1〕 http://news.szhk.com/2008/11/15/282699931888240.html.

商家也抓住人们对高考的关注，一些蛋糕店就抓住时机赶做一批"金榜题名"字样的糕点，这成了考生互赠的小礼物。各地社团青年组织知道考生很辛苦，考试后会专门为考生提供免费的休闲娱乐活动，一些商家也针对考生搞优惠促销。

图 8-2 为参加大学入学考试加油助威的学妹们

2. 大学入学选拔对学生和家长的影响

(1)"四进五出"彰显竞争压力

为了减轻学生的学业负担，韩国不断对大学入学选拔制度进行改革，而且在扩大大学选拔自主性、多样化和优先选拔有特长的学生方面取得了一定的成效。相比 2002 年以前高考制度下的录取工作，以日常成绩为主要参考标准而被择优录取的学生比例已经增加了将近 15%。但是，韩国每年仍有一半以上的考生要凭借其高考分数才能被高校录取，"一考定终身"的现象没有得到根本改变。而且韩国现行的大学修学能力考试，其试题是根据教科书内容综合而出的，涉及领域很广，难度也很大，很多考生和家长都认为，在高中课堂上的学习根本不能达到顺利通过高考的要求。因此，上补习班和强化班，以及请家教的情况在韩国高中十分盛行。学生在公立学校的学业负担不重，即使是高三的学生，一般下午 4

点多也就离校了，但学生们放学后一般都会到附近的补习学校继续学习，回家后再对补习学校学习的内容进行整理，休息的时候就会很晚了。

“四进五出”是专门针对应试考生的特有说法，是指学生如果一天睡 4 个小时，就会金榜题名；如果一天睡 5 个小时，就要名落孙山。除此之外，还有“三上四下”的说法，即每天睡 3 个小时会考上名牌大学，如果每天睡 4 个小时以上就会与名牌大学无缘，可见考生有多么大的学习压力。有韩国媒体这样形容高考：“这是一年一度决定人命运的大型活动，比死刑更残酷，只有少数人能在高考后成为贵族，大多数人都将沦为被害者。”

(2)“高三妈妈”

“高三妈妈”就是指家里有准备大学入学考试学生的家长，但在韩国，其包括的意义并不仅是字面上的意思。韩国的传统是女性结婚尤其是在生子之后就会辞去工作，安心在家里做专职主妇，全心照顾家庭。因此照顾孩子的生活及学习的任务自然而然地就落在妈妈的肩上。由于大学入学选拔的重要性，妈妈们也会十分的紧张、焦虑，有时候会控制不了自己的情绪。因此，如果有人告诉你这是一位“高三妈妈”，其内在的含义是，和她打交道时一定要小心，因为你说的话说不定哪一句就会刺激她脆弱的神经，可能会让她和你吵闹起来，借此机会发泄情绪。也就是说，在韩国，高三妈妈承受的压力太大，造成这种现象的原因就是大学入学的选拔，可见韩国大学入学竞争的激烈。

3. 大学入学选拔对学校教育的影响：补习班严重挤压公立校

走在韩国的大街小巷，林林总总的“学院”“考试院”等招牌特别醒目，这些都是课外补习班的代称。韩国的课外补习班基本分为“学院”和“考试院”两类。“学院”一般指的是学生课后学习的地方，课程设置与正规学校差不多，数学、英语和韩语等为主要科目。“考试院”特指专门应对考试的补习班，一般以升学考试和英语考试等为主。另外，如果某位老师在某门课程上非常有名，他会单独打出自己的招牌，比如“某某老师某某课程补习班”。近些年，韩国的网络补习也呈活跃趋势，涌现出许多明星老师。

可以说，韩国中小学生无人不上课外补习班。课外补习班如此火热，很大程度上与大学入学选拔制度紧密相关，因为补习班能在一定程度上提高学生大学入学选拔的成绩。在韩国,正规学校(无论是公立还是私立学校)的教师不能在补习学校兼职,多数补习班的教学以应试为主,而学校倡导的是全面发展,提升学生的综合能力与素质。因此学校与补习班讲师(韩国对在学院任教者的特定称呼)的工作重点是不一样的,在目前的大学入学选拔制度下,显然讲师的教学更受学生及家长的欢迎。首尔的江南地区是私立补习班集中的区域,许多家长为了让自己的孩子受到更好的补习教育,不惜把家搬迁到这一地区,造成江南地区房价远高于其他地区的现象。

虽然补习班受到学生和家长的青睐,但课外补习班的林立致使韩国公立教育出现极大危机。很多学生放学后要在补习班学习 4～5 个小时,花费了大量的精力,晚上回家后还要再花时间复习,第二天上学时的状态可想而之。"课上睡大觉,补习班上拼命学"已经成为韩国教育的一种常态。学生在学校上课的状态也会影响到教师的工作态度,加之学校中各种活动比较多,教师的负担很重,在如何提高学生考试成绩方面所投入的精力势必要比补习班讲师少,而这又会带来家长的不满。如此恶性循环,结果就是学生及家长对学校教育的不信任。

正因为课外补习班"势力强大",部分程度上导致韩国公立学校教育质量出现不断下滑的现象,韩国公立教育正在遭受私立教育的严重挤压,公立教育失去了应有的权威,学校老师甚至成了无用的摆设,学生考试和升学主要依靠校外补习班。

为了提高孩子的学习成绩,家长每年会花费高额的补习费用,据韩国教育开发院的统计,2008 年韩国课外补习班总收入为 11 万亿韩元(约合 611 亿元人民币);高中学生每个月用于补习的费用平均在 20 万韩元以上,而且,其花费还呈不断增加之势。现行的大学入学选拔制度给家庭带来了不小的经济负担。

第九章

中小学的道德教育

二战后,韩国十分重视发展和改革教育,采取了许多政策措施使教育事业迅速发展。为其实施外向型经济开发战略培养出大批具有较高水平的技术人才和竞争意识较强的人才,使其经济持续高速增长。成功地培养出这些人才的重要原因之一,就是十分重视加强学校道德教育和"国民精神"教育。这种教育从中小学道德教育抓起,贯穿在家庭教育、学校教育和社会教育之中。

第一节 基础学校道德教育与"国民精神教育"的内容

一、20世纪80年代的道德教育

进入20世纪80年代,韩国进行了两次教育课程,改革虽然基本目标没有大的变动,但在内容上做了不少调整。

1. 小学道德教育的内容

1981年,在小学试行综合教材,即对刚入学的学生开设"我们是一年级生"课,并把小学一、二年级的所有科目编写为3个综合教材,其中"国语""道德""社会"课被统合编为"正确生活"课。1987年,又对综合教材做了修改,将"国语"从"正确生活"课中独立出来,加强了德育教育。

小学从第四次课程改革起,只在3—6年级开设"道德"课,其教学内容设定了四个方面,即"个人和发展生活""明朗的社会生活""国家发展生活""和平统一生活"。每个年级根据学生年龄的特点、知识的多少及思想准备程度,将其内容不断扩大和加深。从层次的目标要求上分为两个阶段,即三、四年级和五、六年级。

例如,三、四年级的教育目标是:使学生理解作为个人生活方面所必要的基本规范的意义和重要性,领悟什么是正确的个人生活;理解作为社会的一员的生活方面基本规范的意义和必要性,能够正确地领悟怎样才是社会生活;理解个人国家的关系,从而有通力合作促进国家发展的态度;了解北朝鲜劳动党和北朝鲜居民的生活状况;具有对北朝鲜劳动党警惕的态度等。

在1987年进行第五次教育课程改革时,对小学道德教育的目标和内容进行了修改和调整,对道德教育的目标,按年级和领域分别进行了设定和表述。新设立家庭与邻里生活领域并强调发扬传统伦理道德;强调用对比方法,以价值观促进道德思考;通过对比南北方的生活,认识自由(市场)经济体制的优越性;追加了国家与个人之间的关系,强调自由(市场)经济体制的优越性等适应现代社会的教育内容。

2. 初中道德教育的内容

初中道德教育设定为个人生活、家庭与邻居生活、国家生活、统一与安全、保卫生活等五个领域。

例如,初中一年级的道德教育内容中,个人生活领域要求以什么是道德为主题,掌握健全的道德判断标准;家庭与邻里生活领域要求以家庭生活对于个人具有怎样的意义为主题,掌握一定深度的家庭与邻里伦理;市民社会领域要求以值得信赖的共同生活是怎样的为主题,掌握公民社会的性质和公民社会的伦理;国家生活领域要求以国家和个人是怎样的关系为主题,掌握国民的姿态;统一安全、保卫生活领域要求以国土分裂的现实是怎样的为主题,对比南北方的现实,强调韩国"体制的优越性"。

3. 高中道德教育的内容

高中"国民伦理"课,设定了六个内容领域,并制定了各个领域的教育目标和基本内容。六个领域具体为:人与伦理、伦理思想的脉络与特征、社会与伦理、国家与伦理、民主主义理念与现代意识形态问题、祖国统一与繁荣。

二、进入全球化时代的道德教育(1997年至今)

在即将进入21世纪之时,韩国在"尖端科技立国"发展战略的基础上提出了"第二次建国"的战略口号,强调培养"21世纪的头脑人才"。这期间,于1997年颁布了第七次教育课程改革大纲,这次的教育课程改革大纲体现了韩国在探索道德课理想模式道路中的新进展。

1. 道德教育的目标

这次教育课程改革中指出了中小学道德教育的两大目标:人性教育与民主市民教育。为实现该目标,此次改革采取了三大策略:第一,对原有道德课内容的结构比例进行调整,增大有关日常行为习惯、道德实践方面的内容,设计一种以实践为主的人性教育课程;第二,顺应时代的发展,将国际合作的价值观和全球化的意识融入道德课中,课程内容不仅能体现出作为一个韩国人必须具有的道德品质,而且能反映出国际共同的价值取向和普遍的伦理标准,使道德课内容进一步合理化,是走向世界,与国际接轨的重要一步;第三,强调树立正确的评价观,进一步丰富评价手段,以提高学生的道德品质和道德课的教学水平。

2. 中小学道德教育的课程设置

韩国的"道德"课设在小学三年级到高中一年级,"道德"课的内容涉及"个人生活""家庭、邻里、学校生活""社会生活"和"国家民族生活"四个领域。具体内容的展开基本是由近及远,从个人出发逐渐扩展到家庭、邻里、学校、社会、国家。其中"个人生活"领域包括热爱生活、尊重生命、发展个性、自立自强、博爱宽容等;"家庭、邻里、学校生活"领域包括热爱家乡、尊敬长辈、家庭礼节、邻里和睦、学校礼仪等;"社会生活"领域包括尊重社会、互帮互助、社会伦理、公正民主、遵守秩序等;"国家民族生活"领域包括热爱国家、民族自豪、南北统一、面向世界、关心人类等。

第二节 中小学道德教育的实施与评估

一、中小学道德教育的实施

韩国的学校道德教育不仅坚持系统的道德知识的传授,更重视在实践活动中进行道德教育。小学阶段以培养学生良好的道德习惯为主，中学阶段以内化道德规范，培养学生正确的道德观念为主[1]。将道德教育的实施与个人、家庭、邻里、学校、社会、国家民族的生活紧密联系在一起，注重理论与实践的高度结合。

1. 讲授系统的道德知识

目前，韩国学校道德教育已形成完整的目标体系和符合学生年龄特点、循序渐进的德育内容。围绕这些德育内容，由浅入深地对学生进行系统的理论知识的讲授。以韩国初中三年级的德育课本《道德》为例，全书分成四大部分，包括正确的人生观、家庭与邻里及学校生活的意义、民主社会和道德、民族的统一和韩国的未来。通过这四部分理论知识的系统讲授，教会学生如何树立正确的人生观、发展自己的个性和陶冶自己的人格，如何追求幸福的家庭生活、同邻里和睦相处和融入学校生活，如何学会尊重他人、树立正确的价值观和生活中的伦理道德，如何认识自己的民族、树立民族自豪感和促进南北的统一。其他年级也根据学生年龄的特点和认知能力编制了相应的系统的道德知识。

2. 注重通过实践活动进行道德教育

在坚持讲授系统的道德知识的同时，韩国学校还十分重视通过实践活动进行道德教育。具体的做法有：

第一，把实践活动引入课堂，在实践活动中进行教学，使学生从直接的体验当中接受教育。

第二，开展各种形式的课外活动，课本上的知识作为一种间接经验的传授在道德教育上无法取得最佳、最直接的效果，通过各种形式的课外活动，使学生在活动中掌握直接经验，进行亲身体验，以保证较好的教学效果。韩国中小学开展了大量不同类型的校内外活动，大致可以分为精神价值观、生活活动、传统文化、爱国主义活动、自我调控训练、领导能力训练、各种技能训练、国际交流活动、社会服务以及参加各种仪式等[2]。

---

[1] 孙启林.战后韩国教育研究[M].南昌:江西教育出版社,1995:234.
[2] 索丰.韩国基础教育[M].呼和浩特:内蒙古教育出版社,2003:136.

第三,鼓励学生参加各项社会活动和社会服务。例如20世纪70年代,由朴正熙总统倡导的以整顿社会秩序、发扬传统文化、适应社会发展需要为目的的“新村运动”,作为一次十分有意义的社会活动,吸引了很多学校的目光,参与该项活动的学校达到两千多所,在这次活动中学生不仅受到了锻炼,而且对他们形成忠孝、勤劳、协作、诚信、博爱、坚忍的品德十分有帮助。

3. 重视青少年的“养成教育”

韩国中小学的道德教育在实践中还十分重视青少年的“养成教育”,即基础知识与理论、基本行为与习惯的培养与训练,强调“坐而言不如起而行”,通过设置“道德教室”对学生进行行为规范的训练。仅礼节教育方面的内容就具体包括:

(1) 个人生活礼节,包括坐、立、走的姿势,着装,与不同人谈话时的语气、语体、眼神及面部表情,接递物品时的举止等。

(2) 家庭生活礼节,包括对父母长辈、兄弟姐妹、亲戚邻里的礼节。

(3) 学校生活礼节,包括对老师、同学的礼节,上学、放学时的见面礼、道别礼。

(4) 社会生活礼节,包括社会交往过程中的鞠躬礼、举手礼、注目礼、对拜礼以及各种称呼。

(5) 国家生活礼节,包括对国旗、国歌的礼节等。正是通过这些日常化、生活化的教育,使青少年逐步形成良好的行为举止,成为懂礼节、有礼貌、品学兼优的学生。

二、中小学道德教育的评价方式

道德教育的目的在于培养学生良好的道德品质和行为,而不是道德知识的传授。因此,单一的评价方法很难对学生的道德品质和行为进行客观全面的评价。韩国教育部关于道德课评价的规定中强调:“道德课评价应坚持多样化原则。评价内容应包括道德知识、道德信念与态度、道德思考能力等方面,方法上体现多样化,尽量避免单一化(例如笔试)。评价结果用于改善道德课教学、提高学生的道德水平”。

现行中小学“道德”课的评价分为四个方面:第一,道德知识的评价,主要是笔试,采取多元选择题、主观阐述题等多种形式;第二,道德理念的评价,包括行为观察、面试、课堂问答观察等;第三,道德思考能力的评价,主要对道德价值判断能力和辨别是非能力进行评估;第四,道德实践能力的评价,这是道德课评价中的重点也是难点,评价方法更加多样,更加全面。除了上面提到的各种方法外,中小学生的"综合生活记录簿"中所记载的内容是评价重要的参考依据。

第三节 韩国中小学道德教育的特点

道德教育是道德活动的一种重要形式,它是一定社会或阶级根据自己的道德观念、道德原则和道德规范的要求,有目的、有组织、有计划地对人们施加系统的道德影响的活动。我们从韩国中小学道德教育的历史过程和道德教育内容等方面不难看出,其学校道德教育有以下几个特点。

一、始终重视道德教育

1945 年 8 月 15 日,韩国刚从日本殖民主义统治下解放出来,就紧抓进行反日教育。目的是消除日本帝国主义影响,恢复民族传统、民族观念,影响青少年学生。同时,为了恢复本民族的道德观念和传统伦理道德,提出了"道义教育"。这种"道义教育"是封建道德观在新的历史条件上的翻版。随着韩国在经济上得以发展,封建伦理道德观已不适应韩国的需要,便提出了"国民伦理道德教育"。可以说,韩国始终重视中小学中的道德教育,并根据社会变化和经济增长,不断地调整其目标、内容和范畴。[1]

二、重视"国民精神教育"

可以说,韩国教育这所以成功的原因之一,就是十分重视在道德教育中进行

〔1〕[韩]李奎浩.政治教育与道德教育[J].新教育,1981(1):19.

"国民精神教育"。这种教育贯穿在其家庭教育、学校教育和社会教育中,振奋了民族精神,为其经济发展奠定了精神基础。

1968年12月5日公布的《国民教育宪章》,阐述了韩国道德教育的方向和目标,即对青少年学生及全体国民进行"国民精神教育",振奋民族精神,提高竞争意识和民族生存精神的教育。这是韩国发展外向型经济开发战略的精神力量,是不容忽视的。因为这一时期的产业多半是劳动密型产业,其中主要劳动力是职业技术学校的毕业生;在其经济发展到知识和技术密集型产业时,其产业的主要生力军是受过学校系统的"国民精神教育"的大学毕业生和学位研究生。他们的工作干劲和竞争意识就连被世界公认为勤劳钻研典型的日本人也自叹不如。例如,1957年日本试制电视机成功,16年后,韩国生产出电视机。可是,韩国仅用5年和4年时间,就在收录机和录像机这两大产品的生产方面赶上了日本,而摄像机只用了1年时间。这种竞争精神,即是韩国"国民精神教育"的重要内容和结果。从韩国三星手机在国际上的地位,我们也可以看出国民精神教育的影响。

三、大力进行爱国主义和传统道德教育

韩国十分重视对中小学生和青少年进行传统文化教育。从教育内容、教育环境上,都予以注意。在中小学的校园、走廊、教室、办公室,都能看到精美遒劲有力的书法艺术和传统的山水画,书法内容多是先哲贤人关于做人的至理名言。在中小学的道德教育中,也把学习传统的习俗、传统美德作为重要内容。一般学校里都设有传统习俗教育室,在这里不仅有许多传统衣食习俗的实物供学生参观,还有供学生学习传统礼节的场所。在首都首尔还建有民俗村,不仅可供旅游观光,也是对青少年学生进行传统习俗教育的好地方。

韩国在进行道德教育时还十分重视对青少年学生进行爱国主义教育。为抗日英雄战士们树碑立传、塑像、建立陵园庙宇,在公共场所耸立抗击日本侵略者烈士的塑像,以纪念先人教育后人。认真保护历史文物,以增强青少年的热爱祖国热爱民族的自豪感。现在,全体韩国人都以乘坐本国生产的汽车为荣,这就是进行爱国主义教育的结晶。

第十章

韩国的社会教育资源与基础教育

第一节　社会教育设施中的青少年教育

韩国十分重视社会教育，在1948年颁布的《大韩民国宪法》中规定国家要振兴终身教育，并于1982年制订并颁布《社会教育法》，对社会教育的内容、公共设施的利用等问题都做了明文规定，使社会教育有法可依。随着终身教育理论的传播，韩国对社会教育法进行了修订，于1998年改为《终身教育法》，进一步拓展了社会教育的广度与深度，目前各种社会教育机构以青少年为对象进行的各种活动成为学校教育的重要补充。

一、综合社会教育机构

综合社会教育机构中针对青少年所实施的教育，其目的主要在于增进青少年的素养及市民意识，如会进行与消费者意识、消费者权益追求、环境公害问题的批判等市民参与意识等，开发相关的教育内容，也会涉及女性社会地位、男女平等内容。专门以青少年为对象的社会教育机构，其教育内容则更符合其生理及心理特点，主要的教育内容包括自我开发、家庭生活规划、社会服务、身心修炼活动及国际理解与和平教育等。

1. 图书馆

韩国的图书馆不仅帮助国民读书活动，而且还组织、运营国民读书会、读书讲习会以及各种讲座，利用图书馆的设施召开或举办艺术集会、展览会、娱乐活动和研讨会，对农村开展图书借阅、巡回文库、汽车文库等服务活动和组织成人教育班等活动。

韩国十分注意发挥图书馆的作用。1955年就组成了韩国图书馆协会，1963年制定了《图书馆法》(1991年修改为《图书馆振兴法》)，以法律的形式保障了图书馆的工作任务。

2. 博物馆

韩国认为,博物馆收集、保存文化遗产,让国民参观文化遗产,使之增长知识、理解本国论,并执行着给国民以生活经验的社会教育职能。[1] 因此,韩国非常重视博物馆的社会教育职能,在全国各地建立了许多博物馆。其中,国立的博物馆包括中央博物馆、民俗博物馆、庆州博物馆、光州博物馆等。此外还有一些起到博物馆职能的美术馆和科学馆,如国立现代美术馆、国立中央科学馆和艺术殿堂等。下面,以国立中央博物馆为例,看其在青少年社会教育方面所发挥的作用。

韩国国立中央博物馆是世界六大博物馆之一,占地面积为4.2万平方米,建筑面积为13.4万多平方米,其前身是朝鲜总督府博物馆,1954年6月迁移到有韩国最早的西洋式建筑—石造殿内,1972年在朝鲜时代皇宫——景福宫新建馆舍,命名为国立中央博物馆。2005年迁至现在的首尔市汉江江畔的龙山区。

馆内除常设展览、企划展览、专题展览和举办学术活动外,韩国国立中央博物馆还设有“博物馆特别讲座”来开展教育普及工作,每年招收学员,为他们讲授考古学、工艺、民俗、绘画、佛教艺术、科学保护等方面的知识,并且定期举办学术讲座和发表调查报告。该馆的博物馆之友每月还进行一次史迹调查活动。韩国国立中央博物馆针对不同的教育课程参与者,运用多元化的阐释及解说方法,构建出多样的课程,为观众提供了相应的体验场所和学习空间。

目前,韩国国立中央博物馆针对青少年所进行的教育教育活动主要包括以下几个方面[2]。

(1) 与学校教育的连接教育

针对学校的教师,为了提高其对博物馆及历史文化的理解能力,每年暑假/寒假期间对中小学教师实施“中小学教师文化进修”课程。针对学生,为了方便中小学生的团体访问,正在准备以展品讲解为主的“讲解导览活动”以及学生自

---

[1] 孙启林. 社会教育[M]. 长春:吉林教育出版社 2000:217.
[2] 国立中央博物馆业务介绍[EB/OL]. [2015-03-02]. http://www.museum.go.kr.

己参观时可利用的“自助导览活动”(活动名称可更改)。

(2) 与学校相关的教育

博物馆根据各年龄段学生的特点,开设了各具特色的活动。这些活动分为不同的主题,向学生介绍韩国的文化。如《爸爸、妈妈!绘画有什么特点呢?》是以6—7岁儿童及其家族成员为对象的活动,参与者可以观赏内容丰富的韩国画,寻找材料试着绘图,以近距离的接触感受韩国画。《融合在陶瓷里的先魂》是以小学1—3年级学生及其家族成员为对象的活动,观赏陶瓷,积极参加陶瓷制作活动,亲自感受泥土的质感,体会古代陶匠的精神。《三国时期灿烂的金属首饰》是以小学4—6年级学生及其家族成员为对象的活动,观赏三国时期美丽的首饰,参加制作活动,体验当时的金属工艺技术。《去古代旅行!》是以小学1—3年级儿童为对象的活动,观赏各式各样的文物及石刻画,了解史前时期的人类生活,并亲手制作石刻画。此外,博物馆还设有儿童博物馆学校,开展以4—6年级儿童为对象的假期活动,通过参观展览,了解博物馆的历史和作用,体验文物登编、保护、展览策划等各种博物馆活动。

(3) 为残障儿童准备的活动

为了让所有儿童都能在博物馆接受到相关的教育,博物馆还专门为残障儿童准备了特别的活动。如针对盲儿只能通过教科书上的语言记录(点字)接触韩国的文物,没有机会实际接触物质形态的文物或多彩多姿的故事这种情况,博物馆专为他们制作了国宝级的文物模型,让他们亲身体验并简单表达自己的感受。针对聋哑儿,则是给他们提供多方面的视觉乐趣,让他们了解祖先曾使用过的屏风用途和美感,并安排亲手制作活动,使孩子们从日常生活中起到不少作用的屏风中,重新感受传统文化的珍贵。

(4) 外国人活动

为了使外国人尽快适应在韩国的生活,充分利用“文化”这一媒介使其更深入地了解韩国。随着全球化的进程,韩国开始向多元文化社会发展,父母双方或一方为外国人的家庭日益增多,针对这种家庭的孩子,博物馆持续提供多样的文化活动,让他们更容易了解韩国文化,并让他们感到亲近感,认同他们是组成韩国社会的一个成员。

(5) 特别活动

通过历史和文化等各领域的专家讲座和文化遗址考察,更有系统地了解韩国传统文化及历史。如周六文化广场、女性文化教室、陶瓷体验教室、传统染色教室、书画体验教室、金属工艺教室、银河文化学校等,提供亲身体验韩国传统文化的机会,分享乐趣,有助于加深对韩国文化的理解。

二、专门青少年社会机构中的教育

在韩国,有很多种青少年的活动基地。如青少年修炼院、修炼馆、青少年教育院、青年文化之家、青年旅馆、青年文化交流中心及各种有针对性、专业性的拓展基地等,面向青少年提供符合其年龄特点的活动,促进他们的全面发展。

1. 青少年修炼院

韩国的青少年修炼院从设置主体上可分为三种,即国立、省立和私立的。目前,韩国国立的青少年修炼院只有平昌青少年修炼院和国立中央青少年修炼院两所。原则上,所有的韩国学生都有机会参加国立修炼院的活动,它是辅助学校教育的第二课堂。学生在这里学到的事物是在学校接触不到的,因此它又是学校教育相辅相承、不可分割的一部分。下面就以国立中央青少年修炼院为例,介绍其针对青少年的教育活动。

国立中央青少年修炼院是韩国政府于 1991 年制定的"韩国青少年基本计划"的成果之一。负责青少年指导者研修、青少年示范性修炼活动、修炼项目的开发、推广、修炼设施间的网络构建、信息交流、国际交流活动等这些民间机构很推进的领域,以全国的青少年修炼活动提供支持。修炼院具有进行青少年指导者及青少年研修修炼所必需的多样的文化、体育、信息设施及野外体验设施,行使先导性的研修修炼活动及作为全国青少年修炼设施的中心所应具有的职能。其设立的目的就是为了培养健康的青少年,对青少年的修炼活动提供援助,把青少年培养成为德、智、体全面发展的人[1]。

---

[1] 韩国国立青少年修炼院机构介绍[EB/OL]. [2015-03-03]. https://www.nyc.or.kr:446/intro/purpose.jsp.

国立中央青少年修炼院目前是韩国最大的青少年综合修炼设施，具有同时容纳1 000余名青少年活动的住宿、饮食设施和陶艺室、民俗馆、国际交流馆、室外演出场等多种活动设施。修炼院举办以小学生为对象的示范性修炼活动和以青少年为对象的特色夏令营、家庭夏令营、青少年文化节等多种多样的青少年活动，及开发青少年指导者力量的各种研究项目。此外，还举办音乐剧社团、地球村英语夏令营、独立军体验夏令营、障碍夏令营、多文化青少年夏令营等活动，对提高社会弱势青少年力量的活动提供支持。

2. 青少年教育院：以首尔青少年教育院为例

韩国的青少年教育院是以培养青少年健全的品格为主要目标的综合性教育机构。位于首都的首尔青少年教育院建立于1975年，建院40余年来，一直是综合性的品格教育的场所。历任院长所描绘的教育蓝图都是为所有人提供幸福的、创新性的未来教育，教育目标就是培养具有健康身体和健全品格的青少年。

目前，首尔青少年教育院推进的主要工作包括[1]：

(1) 对培养品格及情感的创造性体验活动提供支持。

(2) 通过共同感受及分享，进行对治愈性活动提供支持的修炼教育。

(3) 力争进行与教育共同体合作的修炼教育活动。

(4) 加强对学生进行安全、让家长信任、放心的修炼教育。

针对这些主要的工作，首尔青少年教育院主要是通过与自然权力及社会权力相关的修炼活动，进行对青少年的品格修炼教育。教育院非常重视对社会贫困阶层学生及其他需要关照的学生的教育，通过各种活动帮助他们适应社会，并对残障儿童(心理或身体上存在问题的学生)提供相应的治疗活动。同时，为了适应国际化的要求，教育院还开发并实施培养国际性人才的英语体验教育，提高学生的英语交流能力。

目前，教育院的课程主要分为定制性课程及特色课程两大类，面向从幼儿园到初中的学生，并有部分课程面向小学及初中的教师及家长，通过这些课程也把学校及家庭联系起来。

---

〔1〕 首尔青少年教育院机构介绍[EB/OL].[2015-03-03]. http://www.sensec.go.kr/pages/main.asp.

首尔地区的青少年教育院使用的对象一般仅限于受首尔特别市教育厅指导、监督的学校中的学生及教职员、首尔特别市教育厅所属的公务员及其他教育院长官指定的对象，其中学生只限于团体的教育活动，不接受学生个人的申请。具体的申请程序为：向相应的教育场所咨询或协商后，提交利用申请书（在主页资料室中下载使用申请书的样式）→教育院的负责人确定并通报使用申请（传真或电子文件）→事前的实地调查（鼓励）→缴纳费用（需要时）→使用教育场所。

三、教会学校中的青少年教育

根据2008年社会统计调查，50.7%的韩国人信奉某种宗教。其中佛教徒占信教人口45.6%；基督教新教教徒占信教人口的38.7%；天道教教徒占信教人口的13.1%。但基督教人口发展速度很快，在韩国，处处能感到基督教的存在，只要是居民区，就有那高耸入云的教堂尖顶。基督教和天主教在韩国立足、生根并大面积普及绝不是偶然的。教会通过各自方式传播宗教的教义，开办学校向青少年进行宗教教育就是其重要方式之一，在传播宗教的同时，也向青少年转递了正直、诚实等价值观念。

教会主要以两种方式开办学校，一种是正规的学校，韩国在基础教育阶段实施义务教育，所以私立的中小学数量很少，据2009年统计，私立小学的数量仅占1%左右，教会学校在其中占有一定的数量，且质量很高，如首尔的景福小学和启星小学都是排名在前的学校。

另一种就是在教会内部开办的主日教会学校，几乎所有的教会都开办面向幼儿园到高中学生的这种教会学校，在向儿童传播教会教义的同时，也开展丰富的活动促进学生的全面发展。

第二节 利用网络资源进行的青少年教育

一、韩国教育信息化发展战略

韩国于1996年开始着手建设教育信息基础设施，旨在为知识社会奠定物质基础，使韩国国民能够接触和使用先进的信息技术。韩国教育信息基础设施建设经历了五个发展阶段，分别是：国家教育骨干网络的建立、校园网和硬件设施建设、E-Learning支撑环境建设、U-Learning支撑环境建设和SMART教育支撑环境建设[1]。

1. 第一阶段：国家教育骨干网络的建立（1996年）

1996年，韩国建立了覆盖全国的教育信息服务系统EDUNET，该系统由韩国教育研究信息院组建和管理，以期为全国的教师、学生、家长提供综合性的教育服务。EDUNET有五大目标：一是增强中小学基础设施建设，支持数字化学习；二是为教育资源的收集、分享、传播建立基础；三是支持教学项目，提供综合性的服务；四是利用教育资源提高课堂教学质量；五是增强公共教育竞争力。

2. 第二阶段：校园网和硬件设施建设（1997—2000）

EDUNET搭建完成后，韩国在第二阶段教育信息基础设施建设的主要任务是搭建校园网，配备计算机实验室、多媒体实验室等硬件设施。1997年，韩国发布了第一个《教育信息化发展规划》，主要任务是普及小学、初中和高中学校计算机网络和个人电脑、多媒体教学设备等。该阶段韩国中小学校的信息技术基础设施建设取得了较大进展：截至1999年年底，在计算机实验室及师机比方面，韩

---

〔1〕 吴砥，尉小荣，朱莎．韩国教育信息基础设施建设经验的启示[J]．现代远程教育研究，2014(5)：86-93.

国中小学内计算机实验室的计算机覆盖率为76%；教师拥有计算机的比例为70%；学生与计算机(486-CPU系统以上)的比例为23.8∶1；中小学校平均师机比达1.4∶1。在多媒体教学设备安装方面，韩国中小学校安装了多媒体教学设备(含电视、录像机、投影仪、计算机、打印机等)的教室占所有教室的比例达51.8%。其中，小学、初中、高中的比例各有不同，分别为57%、48.2%、43.2%。在局域网组建及因特网连接方面，42.7%的学校完成了局域网的组建，超过了预期计划的147%。在韩国教育网络(Korean Education Network)的支持下，每个地区的教育部门都能根据当地的实际为学校选择最合适的因特网系统。

总的来说，韩国第一个教育信息化发展规划的实施为韩国教育信息基础设施的发展奠定了坚实的基础。到2000年，韩国的每所中小学校都组建了局域网，共建立了13 000个计算机实验室，成为世界上第一个通过因特网与全球10 000多所学校建立联系的国家。(韩国教育部，2000)

3. 第三阶段：E-Learning支撑环境建设(2001—2005)

随着计算机和互联网的普及，E-Learning逐渐在韩国兴起。2004年，韩国发布《E-Learning支持系统综合开发计划》(*Comprehensive Development Plan for E-Learning Support System*)，在该计划的推动下，韩国实施了四个重大项目，以支持E-Learning环境的构建。

教育资源共享系统。2002年，韩国教育部建立了教育资源共享系统(Educational Resources Sharing System)，旨在通过EDUNET在各道、市的教育部门之间分享教育内容。

国家教育信息系统。为提高教育管理的效率、透明性和便捷性，以及为公民提供方便、优质的教育服务，韩国教育部于2002年建立了覆盖全国教育管理部门和各级各类学校的综合性教育管理系统，即国家教育信息系统(National Education Information System，NEIS)。截至2007年，韩国所有学校(10 940所)、182个地方教育部门和16个市、道教育厅都通过互联网接入了国家教育信息系统。

数字图书馆系统。2003年，韩国教育部发布了为期5年的《学校图书馆综合改善计划》,旨在通过网络让学生接触更多的书籍,以期使每个学生拥有的书籍数量平均由5.5本上升至10本。(韩国教育部,2004)该计划总计投入49.6亿韩元建立数字图书馆系统。数字图书馆系统是一个多功能、综合性的信息中心,提供虚拟的学习环境,教师和学生能够搜索、阅读学校图书馆的所有数据资源。

家庭网络学习系统。2004年,韩国教育部建立了覆盖全国的E-Learning服务系统——家庭网络学习系统,旨在缩小教育鸿沟,减少个人教育支出,提高公共教育质量。家庭网络学习系统由学习管理系统、学习内容管理系统、学习评价系统和咨询系统4个子系统构成。截至2006年12月,家庭网络学习系统的活跃用户数超过223万。

4. 第四阶段:U-Learning支撑环境建设(2006—2010)

2006年,韩国发布《U-Korea》(2006—2015)战略规划,旨在通过智能设施和服务实现定制化教育。为了实现无处不在的学习,韩国开始着手U-Learning支撑平台的建设,主要举措有两项:一是增加计算机配置,争取到2010年生机比达到4∶1。此外,对被损坏或淘汰的计算机进行维修和更换,鼓励教师使用笔记本或平板电脑,为教广泛的育环境做好准备。二是开发数字教材。其目的是为了克服传统纸质教材的局限性,以适应无处不在的学习的要求。韩国教育部计划到2011年为100所试点学校的25门课程开发、应用数字教材。

5. 第五阶段:SMART教育支撑环境建设(2011—)

2011年,韩国提出SMART教育信息化愿景。前面已经介绍过SMART是自我主导的、兴趣的、能力与水平、丰富的资源、技术应用这五个短语首字母缩写的集合。SMART教育战略与第四阶段的教育信息化战略规划几乎是同步进行的。SMART教育战略着眼于教育信息化的高层次应用层面,具体举措包括以下四个方面:

第一,开发、应用数字教材。数字教材的开发始于2007年,并已应用到132所示范学校。在此基础上,韩国在数字教材的开发和应用方面进行了新的尝试。例如,修订相关法规保障数字教材的合法地位,制定开发、编辑、出版数字教材的准则,开发能通过HTML5在移动设备上运行的数字教材,以及开发基于云学习环境的、包含更丰富材料 、具有更强大功能的数字教材。

第二，开发网络课堂与在线评价系统。为了使那些身体残疾、患病及偏远地区的学生能够及时获得学习机会，韩国政府计划增加学校网络课堂的课时数，以保障学生的学习权利。此外，韩国将利用智能技术建立在线评价系统，提供多样化、便捷的评价方式。当前，韩国正在实行基于网络的测试（TBT）方法。

第三，建立教育云服务平台。为促进 SMART 教育，利用云计算技术建立教育云服务环境非常必要。为了搭建教育云服务平台，首先在学校覆盖无线网络，并建立信息安全系统以保障能随时随地获取安全的教育资源。

第四，建设下一代国家教育信息系统。2010 年韩国启动了下一代国家教育信息系统建设项目，2011 年升级后的国家教育信息系统投入使用。升级后的 SMART 国家教育信息系统意指敏感的（Sensitive）、可管理的（Manageable）、适应性的（Adaptable）、反应快的（Responsive）、及时（Timely）的系统。

经过近 30 年的发展，韩国信息化的整体水平，尤其是信息化基础设施建设水平已经处于世界领先地位。根据世界银行 2013 年最新发布的《全球信息技术报告》，韩国的网络准备指数在 144 个国家（地区）中位居第 11，在亚洲国家（地区）中位居第 3。在网络准备指数包含的众多测量指标中，韩国的信息化参与指数、家庭联网比例、政府网络服务指数均排名第 1，移动宽带网用户数量排名第 2，因特网服务器的安全性排名第 3，宽带网用户数量排名第 4，学校因特网连接速率排名第 7。[1]

二、网络教育对学校教育的补充

随着韩国教育信息化的发展，信息化的基础设施、各种网络教育资源的开发不仅改变了校园内课堂教育的方式，网络教育也对学生在学校外的学习提供了充分的教育资源，成为学校教育的有力补充。

1. 韩国国家教育网

1996 年建立的韩国教育网（www. edunet. net）是由教育部下属的韩国教育

〔1〕 吴砥，尉小荣，朱莎．韩国教育信息基础设施建设经验的启示[J]．现代远程教育研究．2014(5)：86-93.

学术信息院运营的教育门户网站,教育网作为一个综合性服务平台,连接着每所学校的信息系统,支持教与学的项目。申请成为会员后,所有的教育资源都可以免费利用。教育网的学习服务是由专业的研究人员及全国16个市、道教育厅共同开发的教育资源,可以保证其专业性。由于所有的资源都可以免费使用,使所有家庭的学生特别是那些经济条件不好的学生都可以使用学习。教育网最具有代表性的服务是利用多媒体进行学科课程学习的网络家庭学习及管理系统,尤其是网络家庭学习可以使学生在家里对学校的课程进行补充及深化学习,使按学生接受能力进行的分层学习成为可能,学生还可以按各主题进行深化学习,对核心内容进行整理,多样化的资源可以大大提高学生的学习效率。

同时,学生在利用问题解答的相关服务时,可以自行选择问题的难易程度及问题的数量,形成试卷来答题,还可以自动评定分数,得到类似于模拟考试的效果,试卷可以直接打印出来,学生可以随时测定自己的水平。

此外,还提供把教科书按内容进行汇集整理的多种学习资料的多媒体资料室,把对学习非常有帮助的网站集中到一起的数据学习,教育网会员的学科咨询、提问及网络教师咨询,问答室等许多对学习有帮助的服务,这些服务也都是免费的。各年级的学生(包括小学、初中、高中)都可以通过教育网来寻找自己所需要的资料,使持续的学习成为可能。到2011年10月,EDUNET的使用者数量已经达到627万,EDUNET的访客数量达到每天41万人次。

2. 电子书的发展

电子书的成效之一,就是它能随时随地地被学生所使用。电子书所提供的丰富资源,使学生在课堂外也能获得生动的学习资源,尤其有利于那些家庭条件不好的学生。在经过试点学校的测验之后,电子书在2011年开始的SMART教育提升策略中得到广泛传播。为了能够更加有效地利用电子书,现在已支持台式电脑、笔记本、上网本的使用,平板电脑也在2010年经过试点后作为一种终端投入了使用。在电子书的开发过程中,通过研究各个学校存在问题来寻找合适的发展领域,在其正式开始传播之前搜集教师和学生的意见,使电子书能够满足他们的需求。

结合传统的教科书内容和现代多媒体互动技术,电子书将以一个简单的设备(例如苹果 iPad 平板电脑)为载体,运用到一对一的教学环境中。也就是说,每个学生都将拥有自己的学习终端。教育研究信息院认为,这种一对一的环境和电子书使韩国教育更加以学生为中心,让学生由被动的接受者转变成为积极的参与者。这种改变将会使学生更加具有团队合作意识,不仅能学会如何讨论,如何协调,如何达成共识,而且会有更多的动手机会,在实践中学习,自己收集数据,寻找解决问题的办法〔1〕。

3. 阅读教育支持系统的建立

韩国教育部自 2003 年以来就一直在为不断提升学校图书馆使用效率而努力,其最终的目标是提高学生学习的主观能动性。为此,韩国教育与研究信息服务中心受教育部的委托,开发并不断完善阅读教育系统。阅读教育系统是一个在地区水平上建立和执行的标准化系统,它保障每个学校能够通过网络得到全面的服务,就像阅读行为管理功能使现存的学校图书馆支持功能能够一体化一样。阅读教育的支持系统是 2010 年 7 月由釜山市教育厅首先提出的,到 2011 年 9 月,阅读教育支持系统已在 15 个市、道教育厅建立并开始运行。2012 年,阅读教育的支持系统开始在全国范围内执行,系统的操作稳定性和系统功能不断提升,进一步方便了用户的应用。

4. EBS 网络服务

韩国教育部在 2004 年 4 月发布了 EBS 互联网服务计划,EBS 互联网服务计划的目标在于通过网络提供大学入学考试所需要的免费的、高质量的课程,从而减少课外教育的开支。通过促进 EBS 和韩国课程及评价机构的合作,持续加强与大学入学考试的衔接。为了提高网络课程的效果,EBS 通过选拔优秀教师来承担相关的课程来加强课程的竞争力。

学生可以按自己的需要来选择网络课程,与学校提供的课程相比,更符合学生个体的个性化,提供一对一的服务。此外,EBS 还提供入学考试的高级信息服务,方便了学生对大学的选择,从而提高了网络服务的能力。

〔1〕 杨勇.韩国教育信息化概览[J].世界教育信息,2012(6):23-26.

第十一章

韩国教育的特点及未来发展

第一节　传统与现代相结合的教育

第二次世界大战之后，韩国受美国的影响非常大，西方文化及先进的技术被大量引进，韩国也通过“汉江奇迹”成为新兴的发达国家。韩国在文化上有最前卫的思潮和创意，却仍保持着最传统的东西，传统与现代共存成为这个国家文化的特点。在教育方面，韩国在吸收西方理念及先进技术的同时，也保持着儒家文化的传统，形成教育上的传统与现代的结合。

中国的儒家文化传入韩国已有漫长的历史，在韩国的文化史上起了重要的作用。在韩国的发展过程中，其政治理念、人才使用、教育制度及人的内在修养等所有方面，都受到了儒家思想的影响。在教育方面，近代以前，以四书、五经等儒家经典为主要内容来教育其贵族子弟，各个时期的教育都是以儒家思想为中心来进行的。从18世纪以后，西欧文明的传入，韩国儒家传统文化与西方文化之间产生了冲突。在新建的学校中开始按照西方的学问体制教授知识，建立了新的教育制度，儒家思想的影响力逐渐减弱。但在引进西方的教育理念、先进技术的同时，也带来了社会的无秩序和人们在精神上的贫困，使人们开始对现代文化进行反思，根植于韩国社会的儒家传统文化在其现代化进程中深刻地反映出来，形成目前传统与现代结合的韩国教育。

一、儒家思想对现代韩国教育理念的影响

儒家学者们认为，教育能促进和保证一个国家民族物质文明和精神文明的建设，促进和保证一个国家的兴旺发达。大韩民国成立后优先发展教育，对国家经济的腾飞起到了重要的作用。因此，有人说，儒家思想和文化是韩国经济发展的原动力。韩国光复以后，各个时期根据社会的不同需要，确立了不同的教育理

念，但每种教育理念都或多或少地受到儒家思想的影响。

1968年韩国《国民教育宪章》的制定可以说是韩国教育史上的一个里程碑。二战结束后由于西方文化和技术的大规模涌入，传统的价值观念受到冲击，给韩国社会造成了很大的混乱。因此《国民教育宪章》强调了教育的哲理基础，重新强调教育应有助于韩国国民树立牢固的国格观念，培养尊重历史与传统的态度和创造性进取的先锋精神及发展性的价值观，这对于保持韩国的传统与现代化、个人需要与国家需要之间的平衡起到了很重要的推动作用。为体现《国民教育宪章》的理念，韩国在这一时期开展了“国籍教育”“新村教育”“社会教育”等一系列教育运动。1980年，韩国推行了教育正常化和禁止过热的课外学习等措施，在全人教育、精神教育、科学教育和终身教育这四大原则下实施了多种教育改革方案，这一时期的主要教育理念为终身教育及全人教育。进入20世纪90年代，韩国总统咨询教育改革委员会为了建立主导世界化、信息化、多元化时代的新教育体制，发表了教育改革方案。在这一改革方案中指出，新教育所要培养的人应是有合作精神的人、智慧的人、开放的人和劳动的人。

从韩国教育理念的变迁过程看，韩国光复后，首先强调的是教育的民族性和民主性及“弘益人间”的教育理念、民主理念的确立。在二战刚刚结束这一历史背景下是必然的结果，而民族这一教育理念的确立和国家理念的强化则是受儒家思想一定影响的结果。儒家文化强调家庭、集体和社会的相互尊重，这对韩国的民族主义观念具有潜在的促进作用。20世纪60年代，韩国的经济开始快速发展，可以说教育为其经济的腾飞起了很大的促进作用。但另一方面，生活水平的提高使现实主义的生活方式和追求享乐的生活方式也开始在韩国滋生。因此，在《国民教育宪章》中重新强调了国民伦理、传统与改革的平衡。这一时期所开展的“新村教育”就是基于儒家文化中的群体观念和勤勉、自励、合作的原则进行的。终身教育思想是在20世纪60年代提出的一种教育思潮。这一思想一经提出，许多国家就在它的指导下着手建立终身学习体系。其实，儒家重视教育，更重视学习，把学习与修身、齐家、治国、平天下等直接联系起来。在学习化时代的今天来理解儒家的这种思想，就是将学习放在首位，树立终身教育、终身学习的观念并付诸实施。因此，对于韩国这样一个深受儒家文化影响的国家来说，终身学习体系的建立，除了终身教育思潮的影响外，儒家文化也起了潜移默化的影响作用。儒家思想虽然在社会价值和个人价值上更强调其社会价值的教育，但就个人的发展而言，非常注重人格的陶冶，这在物质文明高度发达的今天是非常重要的。可以说，韩国自光复以来各个时期的教育理念或多或少地都受到儒家思想的影响。尽管传统的儒家文化是韩国教育的源泉之一，但随着韩国现代化的进程，韩国的教育并不是对此毫无保留地全盘吸收，而是从中选择合乎社会需求的内容和适宜传授的内容。

在根深蒂固的儒家文化的影响下，韩国民众也具有重视教育的悠久传统。韩国很多位总统，如金泳三、卢武铉等在竞选时都提出一系列教育改革方案，表明要做一个"教育总统"，因而受到人们的欢迎。儒家的"学而优则仕"的思想历来被韩国人所重视，任何人要想改变自己的处境，获得财富和地位，必须努力学习，从而在整个社会上形成一种崇尚知识、尊重教育的风气。不论城市还是农村，家家父母都怀有强烈的让子女受教育的愿望，即使家境贫穷，也要千方百计地供子女读书，使之受到最好的教育。在结婚生育子女后，子女立刻成了家庭生活的重心，而让子女学习又成为养育子女问题的中心。父母为使其子女受到良好的教育，可以牺牲个人的一切，对子女教育的重视超过对吃、住的关心。韩国在基础教育阶段，私学教育非常活跃也从一个侧面说明了这个问题。对教育的重视，促成了对知识和知识分子的重视与崇敬，形成了尊师重教的优良传统。儒家认为，只有尊师，才能重道；只有重道，才能在全社会形成重视教育、尊重教师的良好风尚。受此影响，韩国历来都有尊重教师的传统。当今社会，由于教师担负着为国家培养人才、传递科学文化知识的重任，教师更是受到全社会的尊重。

二、儒家思想对学校教育内容的影响

儒家从重视教育的社会价值取向出发，自然而然地得出"学而优则仕"的办学指导思想，因此与政治或入仕有关的人文学科（尤其是儒家学说）得到高度重视。儒家非常注重伦理道德教育和道德修养，它可以说是一个以教化伦理道德为核心的学派，其哲学是以政治伦理道德为特征的，形成了独特的政治伦理一体化的特色。儒家主张通过个人修养的自我完善过程来协调个人同社会的关系，个体的修养是整个社会安定和谐的最根本的保证。从儒家的这一思想出发，韩国一直重视各级各类学校中的道德教育，加强学生的道德修养，以达到促进社会安定和整个社会迈向现代化的目的。

在1968年颁布的《国民教育宪章》中，第一条就规定："教育的宗旨在于协助所有的人完善其个人品德、培养独立生活能力和取得参加建设国家及促进全人类繁荣活动的公民资格。"因此，在学校课程的设置上十分重视道德课程和社会人文课程。在道德课的设置上，鲜明的民族性和浓厚的传统文化色彩是韩国学校道德教育最为突出的特征。韩国在实施学校道德教育的过程中，始终把国民精神教育作为德育工作的核心任务，把传统道德教育作为德育之根本。在《国民教育宪章》所确定的韩国道德教育的方向和目标中，明确规定必须对青少年学生进行国民精神教育，弘扬民主精神，提高竞争意识和民族生存能力。此后，这一目标成为韩国各级各类学校德育工作的核心任务。儒家重视现世，主张在现实生活中"刚健有为，自强不息"。在儒家"自强精神"的基础上，陆九渊又提出"自立、自重，不可随人脚跟，学人言语"的思想，主张独立自主。而所谓的"国民精神"教育，就是要确立民族自信心和自立、自我的意识，培养民族自尊和民族复兴的责任，确立民族主体性，以实现复兴韩国的民主理想。可以看出，韩国在推行国民精神教育的过程中，始终把传统文化特别是儒家伦理作为载体，即通过传播儒家伦理来达到铸造韩国民族精神的目的。

随着产业化、信息化的飞速发展，传统的伦理观念逐渐衰退，青少年的不良行为等严重的社会问题不断出现。针对这种情况，韩国教育部提出的解决策略之一就是强化基于儒家传统思想的"人性教育"（尊重人的精神的道德教育），其内容的重点是基本礼节、自我的确立、亲孝行、共同体意识等。在实施中，除了通过"道德""伦理"等学科教育之外，还通过教师的训话、生活指导、社会服务活动等特别活动来广泛开展"人性教育"，培养"民主的市民"。韩国的人性教育是分阶段进行的，幼儿园至小学三年级为礼貌、基本秩序、共同体意识等教育；小学四年级至初中为民主公民教育（尊重他人、公共法律秩序等）；高中以上为世界公民的教育，如帮助学生正确理解多元化的国际关系、世界和平教育、国际礼仪和外国语教育等。

在当今的韩国教育改革中，儒家提倡的勤劳和仁爱，注重家庭和集体，维护人与自然的和谐以及中庸、太和的思想也得到了充分的体现。现在，这样的观念已经成为韩国人的共识：儒家注重人文教育的思想可以弥补西方片面发展专业技术教育的缺陷。儒家以人的存在为其核心，强调精神与物质的统一性。儒家的仁、和、公等思想有利于创造安定祥和、齐心协力的社会氛围，纠正现代化过程中过分物化、享受至上、极端个人主义、拜金主义的价值观念。据此，韩国的教育改革大力提倡恢复民族传统、吸收儒家文化，将加强人性修养、提高学生人文素质作为首要任务。虽然孔子以义统利的义利观表现在教育上，就是融生产科技知识于德育课程中，孟子也注意到了经济建设与道德和教育是紧密联系的。但儒家发展到后来只重视道德教育而忽视科技教育。这一思想也长期影响了韩国的教育，但随着教育与经济联系的日益紧密，韩国已逐渐改革了这种状况，越来越重视科学技术科目的教育。

三、儒家思想对学校教学方法及评价的影响

在教学原则和方法上，儒家学者提出了许多真知灼见，如因材施教、教学相长、及时施教、学思行结合、启发教学、循序渐进、温故知新等，这些原则和方法被广泛应用于当今韩国中小学的课堂上。1995 年总统咨询教育改革委员会制定的《关于建立新教育体制的教育改革方案》就贯穿了儒家的因材施教的教育思想和以人为本、充分尊重人的个性、恢复教育的陶冶个性及人格的精神的思想。但是，由于儒家强调教师的权威，在教学中以教师为中心，受此影响，韩国的中小学仍然普遍存在着教学以教师和课堂为中心，学生学习的自主性差的问题。因此，在《关于建立新教育体制的教育改革方案》中，还大力改革传统的应试教育，改革教育方法，注重提高学生自主学习的能力，摆脱以教科书和以教师为主的单一的注入式教学方法，确立以学生为中心的讨论学习、实践学习、创造性地解决问题等学习方式，并广泛开展以人文教育为核心的课外教育活动。

在教学评价方面，由于深受儒家传统的选拔和科举制度文化的影响，韩国长期以来实施的是着眼于选拔淘汰的评价，使考试凌驾于教育和教学之上，考取上一级学校成了教育和教学的实质性目标。人们评价教学的效果也就自然而然地放到应考的结果上来，导致为考而教、为考而学的弊端，颠倒了教学与评价之间的关系。同时，考试内容的局限性也直接约束了教学的内容，因为既然为考而

教、为考而学,不考的学科很容易就被排除在教学科目之外了。

但韩国对传统的儒家文化并不是全盘地继承,而是随着社会的现代化和对人的认识的加深对传统文化不断进行改造。如1993年以前实施的"高中在校成绩呈报制",把学生按各方面的表现合算成总分后分成15个等级,其中各学科的学习成绩占80%,出席成绩占10%,特别活动、行为发展状况及校内外服务活动占10%。以及目前实行的"综合生活记录簿制",注重发现、开发学生个体的兴趣与素质,帮助学生实现自我,因此在综合生活记录簿中不仅记载学生在校期间各科的成绩水平、名次、学习能力、兴趣等情况,还包括了出勤情况、课外活动情况、集体活动、服务活动、有关资格证书的取得情况、参加有关学科竞赛大会的成绩与获奖情况、思想品德等学生在校生活的总体状况。

儒家文化虽然对韩国教育的发展起了很重要的作用,但儒家思想中由"唯有读书高"观念产生的"考试竞争""学历病"等弊端也给韩国教育带来了负面影响。传统与现代之间总是存在着对立的方面,对传统文化的继承也不可能是绝对的。韩国比较好地吸取了儒家文化中积极的东西,对不适应现代社会的东西加以改造,使传统与现代很好地结合起来。儒家文化给韩国以巨大的影响,这种影响没有随时代的发展而淡薄,而是随着现代化进程的深入发展越来越在新层次上深刻地表现出来。随着时代的发展,韩国人更加自觉地意识到了儒家文化教育的价值,越来越多的人起来呼吁儒家文化的现代昌明,儒家文化也将在韩国的教育现代化进程中起到越来越重要的作用。

四、儒家文化对社会教育观念的影响

1. "教育热"产生的原因

受儒家文化的影响,韩国的家庭特别重视子女的教育,"教育热"是韩国社会媒体和民众口中经常提到的一个词,是韩国社会中一种突出的教育现象。"教育热",作为一个比喻词,在韩语里是由两个汉字词"教育"与"热"组合成的复合词。最初是在日本殖民统治时期作为一个日常用语出现的[1]。当时韩民族社

〔1〕 赵同友,李钟珏.韩国社会"教育热"起源与影响因素研究[J].外国中小学教育,2012(4):8-12.

会为了恢复人民的爱国心，设立了大量的私立教育机构，进行民族教育和爱国主义教育，因此“教育热”和当时的一些类似“学校热”“向学热”等用语一起出现在有关的教育文件和新闻记事中。韩国光复之后，人们从日本的殖民统治中摆脱出来，被压抑的教育热情重新焕发，加上国家对民间开办学校的大力支持，教育热出现了爆发的景象。

“教育热”产生的原因从文化起源看，源于儒家文化对人们观念的影响，受儒家文化的入世主义与成功观的影响，教育一直是韩国家庭中的重中之重，被看作是影响个人和家庭命运、荣耀、社会地位的重要因素，并且由此形成了“家庭中心主义的教育”和“利己主义的教育”等现象。具体来说，当代教育热首先是缘于韩国父母的危机意识过于强烈。家长普遍认为，只有进入好的高中才能进入名牌大学，韩国非常重视“学缘”，一个人的学历及毕业学校往往决定一个人的社会地位。所以韩国家长们拼命将孩子送往特殊目的高中，就是因为这些学校是基于韩国国情的“贵族学校”。虽然特殊目的高中只有十几年的历史，但是它培养出来的人才已经进入了韩国的主流社会。近些年来，向韩国最高学府首尔大学输送人才最多的前十所学校都是特殊目的高中。在韩国，进入名校就等于踏上了上流人脉的阶梯，有了这些人脉便可顺利进入上流社会。而为了通过特殊目的高中严格的选拔考试，父母只能是督促孩子更加努力地学习。其次，在经济全球化时代下，不会说英语或者汉语，将来肯定难以生存。在这种思维定势下，父母从小就把孩子送到各种补习班学习外语，经济条件好的家庭会在孩子很小的时候就将其送到国外去留学，经济条件一般的家庭则会选择在假期的时候送孩子去国外的外语夏令营。再次，韩国家长们为了孩子教育甘愿牺牲一切的精神在全球也是不多见的。很多家长为了能让孩子接受更好的、更便捷的教育，可以随着补习学校而不断搬家，所以首尔江南区域私人补习学校聚集的位置，也是韩国房价最高的地方，极端的家庭甚至举债送子女去课外补习班或出国留学。

一位精神科医生说，这正是属于“不安”及“恐惧”的一种精神障碍症。他们总感觉，如果不把自己的孩子送国外留学、不送课外补习班，就将永远脱离主流轨道。正因如此，父母比孩子更加急躁、焦虑不安，从而对孩子的学习严格要求，不断地加大私人对教育的投入。

2. 家庭支出私教育费的现状

教育热是家长对子女教育成功的一种内在动机,这种动机的外在表现形式就是家长们的具体支援行为,包括私人的教育投资、参与学校的 PTA(parent-teacher association)组织和送子女到课外补习班学习等。对家庭的显著影响就是私人教育费的支出占据了很大的比重(表 11-1)。私人教育费除了学生家庭支付给正规教育机构的学业费用,还包括各类补习学校的学杂费、家庭教师费、教材费、学习用品费、膳食费、交通费、住宿费、校服费、团体活动费等[1]。

表 11-1 各年度私教育费的主要统计[2]

年份	2011	2010	2009	2008
私教育费总额/兆韩元	20.1	20.9	21.6	20.9
人均每月私教育费/万韩元	24.0	24.0	24.2	23.3
私教育参与率	71.7%	73.6%	75.0%	75.1%

韩国的教育之所以取得良好的发展,很重要的一部分原因就在于学生父母以私人教育费的形式所投入的巨额资金,这些私人支出的教育费用成为韩国教育发展不可缺少的支柱。但由于韩国大学入学竞争,尤其是名牌大学入学竞争的激烈,民众对于公立学校教育质量的不信任(在 20 世纪 90 年代,韩国甚至出现了“班级崩溃”论),使家庭在私人教育经费方面的负担越来越重,也严重影响了公立学校的正常发展。

为了减轻家庭私教育费的负担,韩国政府从多方面着手出台相应的措施,如在促进公共教育正常化方面,采取了学校自律化政策、引入学科教室制度、引入教师能力开发评价制度、改进学业成就度评价并对学力提升的重点学校进行支援、提高教育质量并消除教育差别等措施;在改善入学考试制度方面,采取了大学入学审定官制度、改进特殊目的高中入学考试制度、改革科学奥林匹克竞赛参加人员及英才教育对象的选拔方式等措施;在私教育替换服务方面,推进了“无私教育的学校计划”、加强放学后学校教育服务、提出 EBS 大学考试课程的服务

[1] 余伟民.“私人教育费”在韩国教育发展中的地位和作用[J].当代韩国,1997(1),79-80.
[2] 金洪源.放学后学校减少私教育费的效果及课题[R].韩国教育开发院研究报告,2012.5.

质量以及提供在线学习的资源等项目。在政府及学校的共同努力下，从2007年开始，家庭私教育费的支出总额开始呈下降的趋势，人均的平均私教育费也从2010年开始呈下降的趋势，私教育参与的比率从2007年开始也每年都在下降。

第二节 韩国基础教育的发展方向

2013年3月28日，韩国教育部发表了2013年国家课题实施计划，提出了新政府的教育发展目标。新政府把"幸福教育，培养创造性人才"设定为教育政策的目标，制定了"培养拥有梦想和能力的学生，促进学校教育正常化""构筑以能力为中心的社会基础，培养未来人才的""保障平等的教育机会，减少教育费负担"等三项措施。

一、政策出台背景

1. 韩国教育的现实情况

韩国在实现了初等免费教育后，在比较短的时间内构建了公共教育体制，促进了国民教育质量的提高和经济的增长。韩国基础教育的质量在21世纪以来，一直居世界前列，如2009年PISA成绩，阅读第2，数学第3，科学第4。教师的数量也不断增加，并随着研究年制度、首席教师制度等促进教师专业发展措施的推行，教师的质量也得到大幅提高。在高等教育方面，国家奖学金的额度大幅提高，硕士、博士课程也大量增加，国家不断加强对高等教育的支持，而且通过在大学内设立终身教育院，大学的终身教育职能也得到了扩充，终身教育的参与人数从2008年的1 140万人增加到1 760万人。

但从学生、家长等国民个人的立场来看，由于以入学考试为主的竞争过于激烈，学生的学校生活没有幸福感，家长对教育质量也持续地表示不满。在学生方面,由于过重的学业负担和学校暴力等原因,学生的幸福感处于非常低的状态,儿童与青少年的幸福指数在 OECD 的 23 个的调查对象国中处于最后一位,学生对学业的兴趣度也十分低下。据 2011 年 TIMSS 调查显示,小学生四年级学生对数学感兴趣的比例为 23%,而中学二年级学生对数学感兴趣的比例只有 8%。在家长层面,复杂的大学入学选拔方式、过高的私教育费、高额的大学学费等,给家长带来了极大的负担。在教师方面,虽然民众对教师作用的期待逐渐增高,但由于过度的行政业务负担及侵犯教师权利的事件不断增多(侵犯教师权益的事件,2009 年为 1 570 件,到 2012 年则上升到 4 477 件),教师的士气及职业满意度大幅下降。

2. 对现有教育条件的诊断

考虑到每位国民的幸福,韩国政府决定要使教育从划一性的学历竞争中摆脱出来,最大程度地发挥个人的潜在能力,开发出社会所需要的各种能力。

依据对教育现实的基本性诊断,提出了积极应对最近条件变化的策略。

(1) 恢复教育的本质的需要

与学生的学业成绩相比,更要重视"培养正直的人格"这一教育的本来价值。与"学阀"相比,创造性、人性更加重要,人们正逐渐达成这一共识。从恢复教育的本质出发,要求学校要加强人性教育,加强校本课程及生活指导,使公共教育逐渐正常化。

(2) 学龄人口的减少

韩国的学龄人口(6—21 岁)正在减少,预计到 2020 年将从 2010 年的 1 001 万人减少到 776 万人,在这种情况下,开发所有国民各自的潜在能力就显得更加重要。国家要努力培养创造性人才,使每个人的潜力都能得到最大程度的发挥。从这一角度出发,国家要对学生的职业生涯设计提供援助,减少其考试的负担。

(3) 对教育需求的多样化

对幼儿教育的支持、高中的免费教育、高校的半价学费等减少教育费用负担的多种要求正在增加,学校的看护功能及统合残障、多元文化学生的要求正在加强。从这一角度出发,要求扩充各生涯周期教育福祉的基本设施,加强对残障儿童、多元文化学生的关照。

(4) 幸福的重要性正在提升

学生们大部分的时间都在学校内度过,其学校生活的质量直接与学生们的幸福相联系。与入学考试和知识教育相比,咨询、照顾等人性教育更能增进学生的幸福感这一观念正逐渐被人们所认同。从这一角度出发,人们更重视将学校建成为幸福的学校、安全的学校。

(5) 就业条件的恶化

与就业相分离,以理论为中心的教育没能培养出社会所需要的实际能力;对地方大学的低喜爱度及毕业生被冷落的问题,使地方大学逐渐萎缩。这些问题要求大学加强以现场为中心的教育,加强以能力为中心的评价,培育地方性的应用型大学。

二、“幸福教育”的主要政策目标

依据以上对教育问题的诊断,新政府提出了“幸福教育”的总目标,在其下提出了三大项具体的政策课题,与基础教育相关的主要内容包括:

1. 为了培养拥有梦想和能力的学生,促进学校教育正常化

主要的推进目标是:

学校教育的正常化——通过不是以入学考试为主,而是充分符合教育本质的教育课程,以人性教育为中心的课堂教学和符合个人特点的职业生涯教育,使教育能激发每个人的潜在能力。

安全的学校——使学生从学校暴力及可能给学生带来危险的环境中摆脱出来,创造出使学生安全成长的条件。

专注于教育的条件——通过减少班额等措施,为教师提供一个能专注于每个学生个性成长的环境。

大学入学考试的简单化——简化原来复杂的大学入学选拔制度,缓解大学入学准备的负担。

具体的推进课题包括实施能激发学生梦想的教育课程、对符合学生个性的职业生涯设计进行指导、积极开展学校体育等几个方面。

第一,计划到 2016 年全面实施初中的自由学期制度。其目的是使学生从过

多的考试负担中摆脱出来,按照自己的特性和素质来设计未来。在初中阶段选择一个学期为自由学期,实施弹性的课程计划(可以增减各学科的教学时数),可以运用调查、发表、讨论、实习等以学生的参与为中心的教学方式,还可以进行多样化的文化艺术、体育、职业生涯计划项目等,扩大学校的自主性。在评价方面,也废除了以前只以笔试为主的方式,为了使学生能从考试负担中摆脱出来,把学生的主题发言、合作课题研究等学习活动过程和结果都记录在“学校生活记录簿”中,加强了对过程的评价。为了使自由学期制能在学校顺畅地实施,韩国教育部分阶段地推行,从2013年秋季学期开始,在全国首先选择了37所学校作为研究学校,2014—2015年扩大到所有计划实施自由学期制的学校,将于2016年在全国全面推行这一制度。同时,设置了政策咨询团队、自由学期制支援中心等推进体制,对各地区的实施模型、运行项目进行开发,对教师进行培训,使这一制度的实施不对学校的正常运营带来影响。

为了减轻学生的负担,初中阶段的国家水平学业成就评价将从5个科目(国语、英语、数学、社会、科学)缩减到3个(国语、英语、数学);取消小学阶段的国家水平学业成就评价。市、道教育厅层次的学历评价将变得简单。

此外,在课程方面更加重视人性教育,从2013年4月开始构建以人性教育为中心的课堂教学支援体系。

第二,加强符合学生特点的发展方向设计。为了使学生能了解自己的特点与才能,使各自的梦想得以实现,在学校教育中进一步加强发展方向教育。

为了达到这一目标,计划到2014年在所有的初中、高中都设置专门的发展方向指导教师,从2013年4月开始示范性地实施和自由学期制连接起来的学校发展方向教育计划。为了使学生能自己了解自己的特点,学校将进行发展方向心理检定和发展方向咨询,并提供多样化的发展方向体验机会。为了进行持续的、深层次的发展方向指导,教育部还提供了能把小学的发展方向认识活动和初中阶段的探索活动联系起来的方案,通过普通的学科也进行发展方向及职业理解教育,对积极进行各学科间的合作给予支援。为了进行以体验为中心的发展方向教育,学校还加强了和区域团体、机构的联系,设立了发展方向体验体系。目前,各市、道教育厅也以职业体验支援中心为基地,对约132万名初、高中学生进行了支援。

第三,为了使学生能在体、德、智等方面均衡发展,加强学校的体育教育。

为了增强学生的体质和社会化、人性素养,教育部将推进充实体育活动、提供多样化的体育计划、构筑学生体育活动的基础设施等激活学校体育的方案。

这些计划包括在所有的小学安排专任体育教师;在初中和高中实施多样化的体育计划,使每个学生至少对一种体育项目感兴趣,加强学校的体育文化建设;加强体育馆、运动场等设施建设等。尤其要加强女生们喜爱的体育俱乐部的运营,所有的地方教育支援部门要开展一种以上的体育俱乐部联赛,并提供更衣室等促进女生体育活动的基础设施。

第四,提供能减少学校暴力、降低学生危险的校园环境。

建设幸福的学校文化,使学生能愉快地生活,家长能够安心地把孩子送去学习。为此,学校要与社祉部、警察厅等部门合作,共同管理学校周边半径 200 米的学生安全区域,扩充监控摄像及学生保护人力等学校安全设施,通过长期性的学校安全状况监测来保障学校的安全。对于学校暴力案件很难处理或学校暴力事件发生率较高的学校,可选定为生活指导特别支援学校,通过学校咨询、调和计划等集中性的支援帮助学校改变状况。

同时,为了对需要帮助的学生提供及时的支援,扩大专业心理咨询教师和 Wee 教室、Wee 中心、Wee 学校的数量。[1] 尤其重要的是,为了早期发现属于高危群体的学生,定期进行学生情绪、行动特性检查,并依据检查结果与医院、专门机构合作,加强对学生提供适合的帮助和指导。

此外,为了加强以学校、学生为中心的学校暴力预防活动,不断探讨及普及优秀的学校暴力预防项目。如在首尔名新小学实施的"豆荚家庭"项目,就是加强学生、家长和教师的联系,通过家庭访问、服务活动等多种人性教育活动来有效地预防学校暴力。

第五,提供使教师能安心于学校教育的各种条件。

---

〔1〕 Wee 为 We+education 的缩写,在韩国为学校、教育厅、区域社会联系起来,为学生们健康愉快的学校生活提供支援的多种机构,2013 年,Wee 教室的数量从 2012 年的 4 658 个扩充到 5 158 个。

以OECD国家水平为标准，改善教育条件，降低班平均学生数和生师比，使教师能对学生进行符合学生修改特点的个别指导。依据学生数减少的趋势和学校、班级数量的变化，计划至2020年，分阶段地增加教师的数量。在平均班额方面，在小学计划从2012年的24.3人降低到2017年的23.0人，至2020年则降至21.0人；在生师比方面，在小学计划从2012年的20.8降低到2017年的18.1，至2020年则降至15.9。

从2014年开始分阶段地扩大教务行政人员的数量，减少教师的行政业务负担，使教师集中精力进行学生的教学及生活指导。同时，调整教师能力开发评价、成就评价及业务成绩评价的周期，减轻各种评价给教师带来的负担，并改善评价指标，对在课堂教学及生活指导方面优秀的教师给予奖励。

期待通过以上各种校内外条件的调整，使所有的学生能得到优质的教育，使教师能专心于学生的教育活动。

第六，为了减轻大学入学考试的负担，改革大学入学考试制度。

把目前复杂的大学入学选拔制度简单化，简化选拔学生的资料及各种资料所占的比例，如随时招生以学生“综合生活记录簿”或论述为主，定时招生以大学修学能力考试为主。同时，扩大以农渔村出身学生、低收入层学生、高中毕业后就业者为对象的平等机会入学选拔。

2. 为了培养未来的人才，构筑以能力为中心的社会的基础

主要的推进目标是：

以能力为中心的教育——与国家职务能力标准的开发联系起来，以企业现场实际需要的能力为中心，改编教育内容，为学生提供多样化的教育渠道。

加强大学的竞争力——通过特色化，加强高等教育机构的竞争力，培养企业和地区所需要的优秀人才。

构建百岁时代的国家终身学习体系——扩大终身教育项目的参与机会，培养人生后半段所需要的能力。

具体的推进课题包括加强培养专业人才的职业教育，把专科大学建成高等职业教育的核心教育机构，加强大学的特色化及地方大学的建设，构建百岁时代的国家终身学习体系等。

第一,构建联接教育和工作岗位的国家职务能力标准。

教育不是为了学历及资格证书,而是要奠定拥有与职务相关的实际能力的基础。为了使学生能顺利就业,至2014年教育部将与雇佣部共同制定与所有职业种类(858种)相关的职务标准,国家职务能力标准是在产业现场成功地履行其职责所要求具备的能力(包括知识、技术、态度)在国家层面的规范化。为了制定这一国家职务能力标准,在2013年4月成立国家职务能力标准运营委员会,推进国家职务标准的开发、实施及应用方案及国家能力系统。同时,为了使特色化高中及专业大学的学生一毕业就能应用在学校中所学的知识及能力(职务能力标准)找到工作岗位,从2013年下半年开始指定并运营职务能力标准适用示范学校,并在此后不断扩大其规模。

此外,将构建能使学校教育、终身教育、职场教育相互联系的国家能力系统(National Qualification Framework),使学生在学校中所取得的学分和职场生活中所取得的经验相互联系并转换成职业能力。

第二,为了培养专业人才,加强职业教育。

为了使高中阶段的职业教育与就业能有实质性的联系,将以国家职务能力标准为基础改编专家(Meister)高中[1]和特色化高中的教育课程。在2013年,将进一步开发国家与地区战略产业等需要培养技术名匠的领域,选定该领域的专家高中并给予大力支持。同时扩大对特色化高中的支持,以满足相关企业对人才培养的急迫需要。

同时,为了扩大希望就业的学生接受职业教育的机会,将在全国范围内扩大目前在部分市、道教育厅运营的"就业志愿者特别选拔"制度。为了使那些在普通高中就学但毕业后希望就业的学生也能接受到职业教育,扩大普通高中的职业教育委托课程。

此外,在大学入学考试中扩大在职者的特别选拔,强化高中毕业生就业后能一边工作一边学习的后入学体系,为了使高中毕业就业者能在相关领域不断提

---

[1] 专家高中是韩国《初、中等教育法实施令》第90条第1项第10款所规定的符合产业需要的高中,具体定义为"为了发展专业的职业教育,以实施与产业界的需求直接相联系的适应型教育课程为目的的高等中学"。

升其专业性,还将选拔去海外留学的学生,使其继续深造。

3. 保障教育机会的均等,减少教育费负担。

主要的推进目标是:

加强看护服务——通过加强能安心地托付孩子的校内看护服务,减缓双职工父母的养育负担。

减轻教育费负担——通过对幼儿园、高中教育经费的支援及大学半价学费的实施,减轻家庭的负担,为梦想的实现提供基础。

保障平等的教育机会——使每个人都不因为经济的、文化的、区域的差异等因素放弃梦想,提供公平的教育机会。

具体的推进课题包括扩大课后看护服务,实现不为教育经费担忧的幼儿园、初等、中等教育,减轻大学教育费用负担,加强对残障、多元文化、"脱北"(即脱离朝鲜来到韩国)学生的教育支援等。

第一,扩大课后看护服务。

以双职工家庭和低收入家庭的子女等需要课后看护的学生为对象,加强幼儿园和小学的看护职能。在幼儿园阶段,调整 nuri 课程的运营时间,从原来的3～5小时,扩大到包括午休时间在内的 5 个小时,并将提供从上午 7 点到下午 10 点的晨间看护、nuri 课程的放学后课程、傍晚看护等服务。在小学阶段,从 2014 年开始,逐渐向所有学生提供至下午 5 点的免费课后看护,对于需要额外看护的低收入阶层及双职工父母家庭的子女,逐步提供至晚上 10 点的免费看护。

为了确保优秀的教师队伍,保证项目的有效运营,缓解学校的负担,将逐年扩大由家长、看护教师、相关专家等共同参与的与课后看护相关的社会性团体及合作行会的合作。同时,为了使学生及家长能自由地选择和利用学校及校外的看护服务,至 2013 年年末,以市、郡、区为单位构建并运营教育支援厅和地方自治团体间的看护协商体,加强各部门看护服务工作的联系。

第二,实现没有教育费负担的幼儿园、小学及中学教育。

国家将加强对各级教育的教育费支援,在幼儿教育方面,扩大国家对 3—5 岁幼儿教育的支援和责任,确实实现对 3—5 岁儿童 nuri 课程的支援,对私立幼儿园实施园费上涨上限制度,减轻父母们的幼儿教育费用负担。2012 年对所有满 5 岁儿童的支援为每月20万韩元,对70%低收入层的3、4岁儿童的支援分别为每月19.7万韩元和17.7万韩元。到2013年,将对所有3—5岁的儿童给予每月22万韩元的支援,到2016年将提高到30万韩元,切实减轻家长的幼儿教育负担。

高中教育方面,将分阶段地推行免费教育。2013年度开始原来由各部处分别进行的高中教育经费支援工作转由市、道教育厅统一负责。2013年度将制定并颁布包括高中免费教育的范围、对象等内容的《高中免费教育阶段性实施方案》,并从2014年开始阶段性地推进高中免费教育,到2017年全部完成。

为了疏导提前性学习,将制定《促进公共教育正常化的特别法》,其中将包括以下内容:在小学及初中的教育课程中,禁止提前性的学习,并禁止可能诱发提前性学习评价;在高中及大学的入学考试中,高中及大学的校长有义务对该校的入学考试是否诱发了提前性学习进行评价,并将其结果反映到下一年度的入学选拔中。当违反了以上事项时,教育部长官及教育监经过由家长及教育专家组成的审议委员会的审议后,可以对相关学校的校长下达改正命令,如该校长不近期改正将对其采取进一步的行政、财政处罚。

第三,加强对残障、多元文化家庭儿童及脱北学生的支援。

加强对弱势阶层的教育支援,以避免其从教育优惠中疏离出去。为了扩充残障儿童的教育条件,将通过增加特殊教师的数量来提高残疾儿童的入学率和保留率,通过增设特殊学校和特殊班级来减少过密班级及上学距离过远带来的不方便。特殊教师的数量在2013年增加662名,在2014—2017年将每年增加1 500名;特殊班级到2017年(累计)增加3 000个。

为了帮助多元文化学生提高韩国语能力及适应韩国社会,将扩大多元文化特别班级的运营,通过加强多元文化理解教育,创造多元文化融合的学校氛围。设立多元文化特别班级的学校由2013年的13所小学增加到2017年的120所小学及初中。

同时,为了实施符合“脱北”学生个性及条件的教育,将安排专门的协调者来发现优秀学生并对其能力开发提供支持。

附 录

一、韩国基础教育学制图

韩国基础教育学制见附图1。

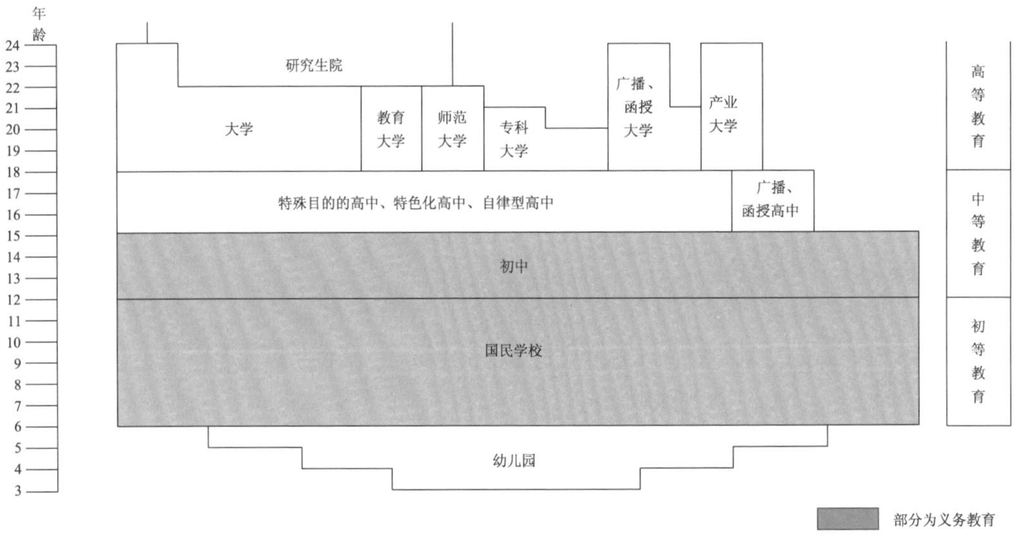

韩国学制图

附图1 韩国学制图

二、著名学校

1. 中央大学师范学院附属小学

学校建立于1964年,位于首尔铜雀区,是首尔市学业成绩名列前茅的私立小学。学校的教育目标是培养具有良好品格、竞争力和创造能力的可持续发展的人才。学校在课程设置上强调实践性,课程目标具体体现在以下几个方面:

第一,强化自主学习能力。实施严格的基础教育,推进五大授课战略(按水平和小组进行的英语学习;按水平进行的深化式数学学习;自我主导型项目学习;综合型读书论述学习;正反方讨论模型下的讨论学习),充实读书、论述、讨论教育,强化ICT教育。第二,通过严格的基础教育达成人性教育目标,使学生形成基本生活习惯,强化自治活动,参与体验中心的仁性教育项目。并使学生的自我管理日常化,形成市民意识。第三,通过多样化的教育课程营造愉快的学校氛围。实施现场、体验学习,特色学校、特色年级、特色班级,举办多样化的大赛,丰富放学后学校教育,与家长共同实施对孩子的教育。第四,适应未来社会的教育。在教学中强调浸透式学习法(immersion education),充实化科学、信息、汉字教育,英才教育,提高5日制授课的效率,强调环境教育、国际理解和统一教育。附图2为学校举办歌唱大会的场景。

附图2　举办歌唱大会

学校在开设教育部规定的教育课程的同时,还开展具有学校特色的教育活动,目前实施的特色活动包括:爱兄妹活动(附图 3)、挑战 750 字汉字活动等。学校特别通过丰富的艺体能教育来启发学生素质,具体的要求包括:每学年每个学生学会演奏一个乐器;定期演奏合唱和交响乐;定期开展美术展;进行晨跑、跳绳活动,并根据每个学生的体质来定制专门的训练,培养学生的基础体力;举办特技综合发布会。附图 4 为撰写的感谢信。

附图 3　爱兄妹活动

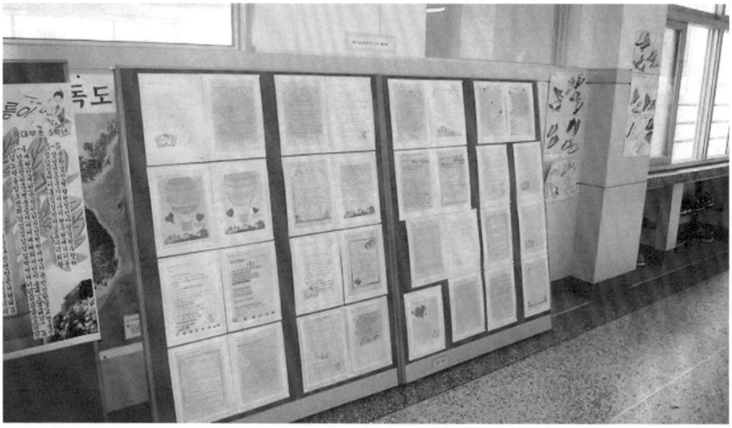

附图 4　撰写感谢信〔1〕

〔1〕［韩］中央大学师范学院附属小学主页. http://www.caude.es.kr/index/index.do.

2. 首尔园名草小学

该校成立于1989年,是一所教育质量保持高水准的公立小学。2011年,在小学六年级国家水平学业成就度评价成绩在全国公立学校排行第一,学校有自己的品牌和特色活动。

教育总目标是培养通过学生的品格来造就梦想和技能的有创意的人才。具体的目的包括:第一,通过打下坚实的基础培养学生的自主学习能力和创意性问题解决能力。第二,通过多样化的体验活动来施展学生的梦想和技能。第三,加强健全的人格教育让学生们相互照顾和尊重,兼顾共同体意识。

为了达到这一教育目标,除了开设国家共同课程外,学校还根据自己的实际情况,开展学校的特色教育活动。附图5为学校开展的少年健康成长项目。

附图5 少年健康成长项目:某企业职员们与该学校4—6年级女学生共同进行跑步运动,培养学生们的社会性和身体的发展〔1〕

特色活动1:培养梦想和技能的体验中心型职业教育。

具体包括实施SMART leader制度,进行充分利用家长及区域社会资源的职业生涯指导教育,并通过与学科·创造性活动相联系的以体验为中心的项目来

〔1〕[韩]首尔园名草小学主页. http://wonmyong.es.kr/index/index.do.

加强职业生涯教育。同时,开办主题性放学后学校,依据素质及适应性培养学生的各种技能。

特色活动 2:进行照顾和尊重他人的品格教育。

具体包括积极开展面向学生的咨询活动,促进学生的身心健康。同时,积极开展小组活动来培养学生的协作学习能力。

特色活动 3:培养思考能力的读书、讨论、论述教育。

将读书、讨论、论述与教育课程连接起来展开教育活动,实施多样性的读书活动增进学生的思考能力。

3. 狎鸥亭初中

建立于 1983 年的公立初中,位于首尔市江南区狎鸥亭路,目前学校设有 3 个年级共 39 个班级。在 2013 年全国中学学业成就度评价中排名第四,并多次在品性教育、创造性教育、英语教育等方面受到首尔市教育厅、韩国教育课程评价院等机构的表彰。学校以“健康的身体,正确的心态,智慧的人”为校训,教育目标为“培养具有创造力和思考力的且拥有健康品性的人”。附图 6 为学校的体验活动。

附图 6 学校的体验活动[1]

〔1〕[韩]首尔狎鸥亭初中主页:http://www.apgujong.es.kr/index/index.do.

4. 真善女子初中

建立于1976年,是韩国著名的私立女子中学,在2013年全国中学学业成就度评价中排名第12位。学校的教育目标是“以智慧、慈悲、勇猛为基础来培养学生的人格,培养引领21世纪的未来主人,培养忠孝国家和社会的健康又有创意的女性”。学校特别重视学生道德修养,通过“种植真善树”活动来培养学生健全的品格。

培养“具有才气的真善人、散发香气的真善人、生机勃勃的真善人”,通过“种植真善树”活动使其种子具有生命力、生活化并内在化。

5. 大源国际初中——特殊目的中学

是韩国著名的私立特殊目的中学,建立于1977年,2008年被指定为国际特色化中学。2013年毕业生升入特殊目的高中的比率在全国排名第一,升学率高达61.3%。2013年全国中学学业成就度评价排名第一。

教育目标:“知、仁、勇”,培养拥抱世界的知性人、培养具有爱和谦虚的人格人、培养正确实践的行动人,进行国际领袖责任教育。

教学理念:自主人、人情人、实践人。

学校教育的重点放在“培养遵守原则且能够被信赖的领袖”方面,主要教育项目如下:

(1) 领袖教育

通过国际志愿服务等体验活动、国家机构实习生活动、聆听国内外知名人士讲演等活动培养个有国际意识的领袖。

(2) 国际化教育

通过与国内外国际学校进行交流和联合进行学生活动、世界文化多样性体验活动、参与联合国教科文组织国际理解青少年项目、为外国人开设韩语学校等活动培养引领世界的国际人。

(3) 品德教育

通过实施“骄傲的大元人”品德资格认定制度、强化技艺教育、生活化志愿活动和体验活动、实施家长协作教育制度、加强传统礼节教育和孝敬教育、加强对学生基本生活的指导等方式,培养懂得分享的绅士与女士。

后记

望着眼前的书稿，真的感想颇多，既有如释重负之感，又心怀忐忑，感到了更多的责任。2003 年我的第一本著作也是《韩国基础教育》，12 年后与孙启林教授合作重新来写韩国基础教育，这期间发生了太多的变化。首先是教育本身的不断发展，韩国经历了几届政府的变迁，教育的理念也从追求平等转变到更加注重教育的多样性，这一理念的变化对教育的实践产生了重要的影响。其次是自身研究视角的变化，在介绍韩国教育最新发展变化的同时，也力图挖掘其教育发展的深层影响因素，以比较的视野对其教育的发展作出客观性的评价。

本书各章节分工为：引言、第三章、第九章与第十一章由孙启林撰写；第一、二、四、五、六、七、八、十、十一章由索丰撰写；附录由索丰整理。全书最后由索丰统稿。

书稿写作的期间，可谓痛苦并快乐着，艰苦且充实。经历了与同行及出版社编辑的共同探讨，也经历了把自己关在办公室静心写作的日子。经历了这么多，首先要感谢孙启林教授的悉心指导，从提纲的拟定到每章节的具体内容安排，孙老师都给予许多建设性的意见。其次要感谢李成实同学在资料收集方面所做出的努力，也要感谢家人在写作过程中给予的支持。

心怀感激，在未来的工作中将以更加努力来回报，对韩国教育的进一步研究将是自己今后努力的方向。

索　丰

2015 年 7 月